时尚的受害者

致命服饰图鉴史

FASHION VICTIMS

The Dangers of Dress Past and Present

Alison Matthews David

[英] 艾莉森·马修斯·戴维／著

李婵／译

重庆大学出版社

谨以此书献给我最爱的父母——阿诺德·马修和茱莉娅·马修斯（Arnold and Julia Matthews），是你们给了我创造力，同时让我学会自制；献给我的丈夫——吉恩-马克·大卫（Jean-Marc David），感谢你的耐心支持与温柔鼓舞；献给我的孩子萨莎和拉斐尔（Sasha and Raphael），谢谢你们的认同。在你们眼中，每一位时尚受害者都是真实鲜活的重要存在，理应得到人们的关注与同情。

TYPHOID FEVER
CONSUMPTION
INFLUENZA
GERMS
MICROBES

目 录

致谢

过去的十年，是我致力于本书的调研与书写的十年，也是我的心理认知及专业认识发生重大转变的十年。非常感谢我的家人、同事，以及在本书写作过程中结识的朋友们。很荣幸曾与位于多伦多的百图鞋博物馆（Bata Shoe Museum）的高级策展人 Elizabeth Semmelhack 共事。无数次交流讨论，使思想之花绽放，更成就了《时尚的受害者》一书，也促成了“时尚的受害者：19世纪的服饰之美与服饰之恶”展览的举办。还要感谢 Alison Syme 教授不遗余力的支持，您的慷慨大方和犀利的文笔，极大地影响了我的写作，使我的文稿得以改进，是您的帮助和鼓励，使我坚持书写，最终成书。当然，如果没有瑞尔森大学物理系（Ryerson Physics Department）的Eric Da Silva博士和Ana Pejović-Milić教授的帮助，本书很难以今天的面貌呈世。他们的专业知识，为我调查研究相关历史问题打开了一扇全新的大门。

本书成稿出版，也得益于许多博物馆及档案馆同事们的帮助。他们中有：Alexandra Palmer 教授、安大略皇家博物馆（Royal Ontario Museum）的Karla Livingston及Arthur Smith、伦敦博物馆（Museum of London）的 Tim Long 及 Beatrice Behlen、曼彻斯特服装画廊（Gallery of Costume, Manchester）的 Miles Lambert、巴黎加列拉宫时尚博物馆（Palais Gallièra in Paris）的 Marie-Laure Gutton 及 Alexandra Bosc、Musée du Chapeau et de la Chapellerie博物馆的Christelle Comméat及Éliane Bolomier、梳子和塑料博物馆（Musée du Peigne et de la Plasturgie）的Téréza LeFellic、维尔康姆图书馆（Wellcome Collection）的Ross McFarlane，以及伦敦维多利亚与艾伯特（Victoria and Albert，V&A）博物馆的 Lesley Miller。另外，我还要感谢 Sonja Bata——百图鞋博物馆创建人、Emanuele Lepri、Ada Hopkins、Suzanne Petersen McLean、Nishi Bassi以及鞋博馆的其他员工，他们都很棒！

在这里，特别感谢我的研究助理，时装界业内人士 Jenifer Forrest 和Ryan Ledoux两位。他们视角独到、专业娴熟，内心不乏对本研究课题的好奇探索。很荣幸与他们以及Wendy Sepponen、Victoria Di Poce、Alanna McKnight、 Myriam Couturier，还有所有学生一同努力。另外，感谢Janna Eggebeen博士提供的图片，也感谢同事和朋友们的鼎力相助：Bob Davidson 博士、Vicky Holmes 博士、Julia Abramson 博士、Stéphanie Sotteau-Soualle博士、Dylan Reid、Allison Moorehead博士、Alexandra Kim、Alice Dolan、Anita Quye 博 士、Philip Sykas 博 士、Marlis Schweitzer博士、Elizabeth Hayman博士，以及Caroline Evans教授（感谢教授从研究开始，就给予我精神和物质双方面的大力支持）。私人收藏家也予我帮助良多，感谢“布拉斯珍本藏书”（Brass Rare Books）的 Caroline Brass，以及私人收藏家 Glynnis Murphy、Norma Lammont 借阅给我们的藏品和图片。尤其感谢 Arnold Matthews，是他的不懈努力，才有了本书的各种插图。

整个课题的参与者众，他们中有Matthew夫妇(Colin及Anne-Marie)、Lise Christofferse、法国的大卫一家、Caitlin O’Donovan、Jen Yeung 博士、Ana Serrano、Priam Givord、Tal Henderson、Stephanie Herold、Bruce Perkins博士、Elizabeth Stephenson博士、Dipti Bhagat博士、Alida

Droual、Kristin Heins 博士、Jen Wise 博士、Amanda Cooke、Savannah Bankson、Mirek Lojkasek博士、Laurie Gerber、Alyssa Rocco，以及最后一位，我可爱的猫咪Leo，毛茸茸的Leo先生常常趴在办公桌上伴我左右。遗憾的是，本书成稿时，Leo 先生突然离世，毫无预警地走到了生命的尽头。

感谢瑞尔森大学的同事：时装学院的同仁们，以及Charles Davis博士、Kim Wahl 博士、Joseph Medaglia、Ben Barry 博士、Irene Gammel 博士、Kathryn Church博士、Michael Finn博士、Ingrid Mida、Caroline O'Brien、Gowry Sivapathasundaram、Shirley Lewchuk以及 Jorge Loyo Rosales 博士。

如此大规模的素材分析得益于各方的经济支持。非常感谢以下机构的资金支持：加拿大社会科学与人文研究理事会（Social Sciences and Humanities Research Council of Canada，SSHRC）、瑞尔森大学人力关系管理中心（the Centre for Management Labour Relations，CLMR）、瑞尔森大学通信及设计系（the Faculty of Communication and Design），同时感谢设计史学会成立第二十五周年奖的奖金支持（the Design History Society 25th Anniversary Award），以及南安普敦大学年度研究资金支持（Annual Grant from the University of Southampton）。

感谢 Anna Wright，感谢她的热情与鼓舞。这位来自布鲁姆斯伯里出版社的优秀编辑从研究之初就对我的作品抱有信心。两位天才设计师 Hannah Crump 和 Ariadne Godwin 完成本书的录入与排版后，本书的审稿人们辛苦工作，提供了大量有价值的意见。在所有人的一致努力下，我的手稿终于出版成册，梦想成真！

引言

时尚的死亡陷阱：现实？抑或故事？

1996年8月14日，卡伦·维特汉姆（Karen Wetterham）正专心致志地进行化学实验。这位48岁的达特茅斯学院化学教授多年来致力于有毒金属的研究，那天也不例外。当天，教授的手套上无意中溅上了几滴汞化合物，不到一年，她便与世长辞了[1]。维特汉姆教授当时深信，医用手套对皮肤有极强的保护作用，因此并未在意外发生后及时脱下手套。然而，正是透过这双手套，剧毒物质二甲基汞在15秒内钻进她的皮肤，浸入她的血液中。可怜的教授当时一切正常，没有出现任何症状，六个月后身体状况却急剧恶化。她的听觉、视觉、行动能力及语言表达能力都出现了问题。尽管后期采取了强化治疗措施，教授还是在昏迷五个月后，于1997年6月8日离开人世。医护人员发现她的大脑严重受损，因为头发检测可以有效地测出人体内的汞含量，他们取了教授的一缕头发进行检测。实验证明，维特汉姆教授头发的汞含量是正常含量的4200倍，比人体能承受的重金属含量高出22倍[2]。卡伦·维特汉姆教授陷入昏睡前曾说过，她希望能将自己的案例汇报给医学及科学界相关部门，以期改善“未来面对汞中毒时的认知、治疗及防御能力”[3]。那么，卡伦·维特汉姆的悲剧究竟缘何而起？答案显而易见：一双手套，一双医用手套，一双未能向她提供有效保护的医用手套。

虽说这起事故发生在“遥远的”实验室，但我们必须承认，普通人的日常生活，也得靠各种衣物保护，不是吗？衣物是遮羞布，是身体的铠甲，是心灵的慰藉。从出生时的襁褓，到临终时的寿衣，终其一生，人类都在衣物的陪伴下过活。19世纪的一位法国作家曾经做过这样的描述：衣服，就像房屋，内含一切人类生活所需的物质因素，足以“抵抗来自外部世界的伤害”[4]。然而遗憾的是，本书不得不告知列位，衣物——人类脆弱的血肉之躯的保护者，在很多时候，非但不能正行其责，反而成为邪恶的杀手、死神的帮凶。奇装异服当然杀伤力更强，无聊的常服也不遑多让：袜子、衬衫、短裙、长裙，就连看似舒服的棉质睡袍，都是杀手阵营里的一员。

本书讨论的重灾区，是19世纪末20世纪初的法国、英国、北美，从那时起，时尚机

▲1.半骷髅半时尚男女“死亡信徒”塑像；约1805—1810年；材质：蜡、布料；©维尔康姆图书馆，伦敦

器与其载体——服饰，就一步步改变了肉体的自然法则。对“优雅精致”的时尚男女来说，外在形象远比内在健康更重要：女士们脚踩高跟鞋，身穿有箍衬裙，内裹紧身胸衣，在路上跌跌撞撞；男士们头戴厚重的礼帽，汗如雨下，脖子被浆洗得硬邦邦的衣领勒得透不过气来，他们足下细长的高靴，搁到现在，估计没人受得了。最可怕的，还是所谓的“贵妇时装”，这种强大的社交机器、身份象征，足以令每一位与它“近身相搏”的人，不论是制衣者，还是穿衣人，都饱受折磨，身心俱疲。这些人是“奴隶”，是“受害者”，若将他们神化，还可以称其为“殉道者”。1827年，意大利浪漫主义诗人贾科莫·莱奥帕尔迪（Giacomo Leopardi）在作品《时尚与死神的对话》（Dialogue between Fashion and Death ）中，将“时尚”拟人化，称为死神的姐妹。“时尚”骄傲地宣称，她最爱玩死亡游戏，“被鞋子禁锢的蹒跚世人，束身衣让他们透不过气，眼珠鼓起……我好心劝慰，试图让这些绅士免受苦楚，然而，他们爱我，宁受每日千般折磨，万般痛

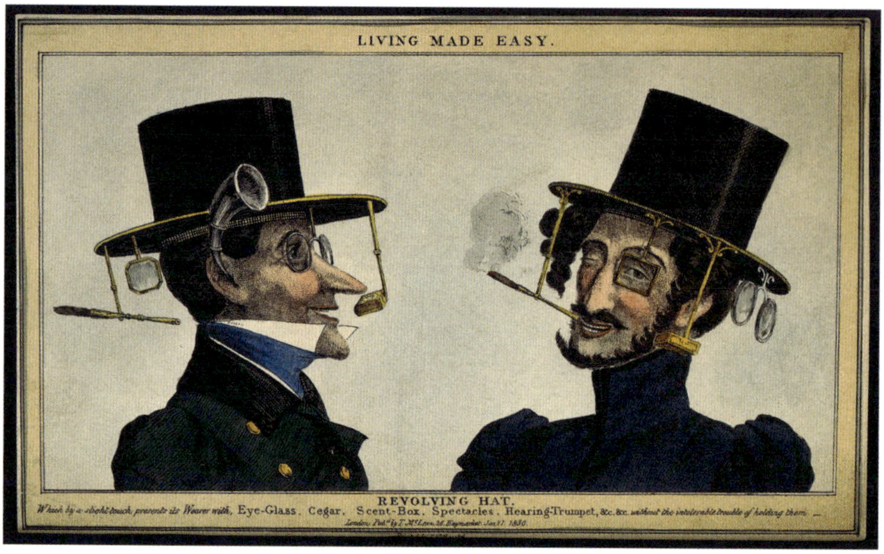

▲2.《便捷生活——多功能旋转帽》；T.麦克利恩（T.Mclean）；1830年；©维尔康姆图书馆，伦敦

苦，就算因此光荣就义，也要爱我[5]。”

19世纪初，时尚荼毒的对象不分男女。两尊蜡制的“死亡信徒”就像是书架的两端，相互呼应，让人看了不禁毛骨悚然，感叹生命脆弱，时尚易逝（图1）。然而，到1830年，性别差异在时尚界突显出来。对男性来说，黑色套装独占鳌头，它既能体现衣物的功能性，同时也是西方世界民主、理性和技术进步的象征。这种态度清清楚楚地通过一幅讽刺画彰显出来，画名叫作“便捷生活”。

这幅画的主角是一种可旋转的帽子，帽子上配有各种装备：眼镜、雪茄、嗅盒、放大镜，甚至还有一副挂在耳朵上的喇叭。有了这些装备，画中人只需伸伸手，就能增强听觉视觉，嗅到芬芳的空气，还能不时吸口雪茄提神醒脑，“完全不需要操心拿东西”。看到这幅画，或许我们会捧腹大笑，但在一个世纪后，更为先进的同类设备确实被制造了出来，即“谷歌眼镜”。它功能更强、分类更细，还带有照相机和网络，可随时随地为人所用。相反，女性“自然而然地”成为愚昧、疯狂、专断的时尚界受众。无论在家或是外出，时尚之锤都重重地打击、阻碍着女性的行动与健康。虽然现代女性的衣着较过去更具实用性与舒适性，然而我们不得不说，“时尚”二字，从未挣脱性别差异的紧箍咒。

▲3. 都筑响一（Kyoichi Tsuzuki）；品牌：安娜苏；《穿衣穿到穷》（Happy Victims），2000年；卢森堡现代美术馆

时尚受害者的过去与现在

从1999年到2006年，日本摄影家都筑响一用镜头书写了这样一系列的故事：《穿衣穿到穷》（图3）。每张照片分别记录一位品牌拥护者的“港湾”——从满满一柜子的爱马仕（Hermès）到一屋子闪闪亮亮的日本朋克品牌Fotus——镜头里的人对特定品牌的痴迷，简直到了病态的地步。照片的每一位主角，都是时尚受害者的绝佳诠释。在一间阴暗狭小的房间里，一位年轻的女士展示了她的全部藏品：衣服、鞋子、化妆品、香水。它们都来自同一个美国品牌——安娜苏。照片中的女主角躺在镜头的最前方，周身波希米亚风——人造皮草、针织、蕾丝、精致的眼妆。在疯狂的“血拼”后，她双目紧闭，精疲力竭，像死了一样躺在一堆五颜六色的战利品中间。作为读者，我们完全可以从批判的视角看待这组照片，把它当作对品牌忠实粉丝的讽刺挖苦，但是对都筑响一来说，创作的出发点不过“兴趣”二字。他想知道，在日本，“品牌的忠实粉丝究竟如何生存”。“这些人并不富有，为了买衣服，他们租住在很小的房间里，省吃俭用。虽然买了一大堆，实际并没有好地方可去，衣服也没有用武之地”[6]。都筑响一的照片表达得

▲4.《惊恐的女士》，又称《穿衣镜中的幽灵》；约翰·坦尼尔（John Tenniel）；《笨拙》（PUNCH）杂志；1863-07-04；©多伦多公共图书馆

客观谨慎，他不希望引导读者对时尚消费者们产生这样或那样的负面情绪，但他也说，与这些拼命购买服饰的“瘾君子”相比，其他物品爱好者，尤其那些具有更多文化内涵的物品的收集者们，往往不会受到他人的轻视。这些物品可以是书籍，或是黑胶唱片，而我，还想在物品名录里加上一种特别的服饰——“古董衣”。

都筑响一的作品发人深省，既催人思考时尚受害者的本质，也使人意识到自身视野的局限性。在维多利亚时代，无论是做衣服的人，还是穿衣服的人，都在疯狂滋长的消费主义浪潮中饱受折磨。在都筑响一的镜头下，消费者是唯一的受害人，而在约翰·坦尼尔的插画《穿衣镜中的幽灵》里，主人翁（一位衣着华丽的女性），在镜子里看到的，却是女裁缝的死亡影像——她死在量身裁衣的工作中（图4）。这幅插画以真实事故为背景，一位名叫玛丽·安·沃克利（Mary Ann Walkley）的女裁缝，年仅20岁，受雇于宫廷服装制衣商埃莉斯夫人（Madame Elise）。在连续工作二十六个半小时后，玛丽死于疲劳过度。那是1863年，当时玛丽的工作内容是为庆祝丹麦新王妃的到来，缝制庆典专用的礼服。卡尔·马克思曾在其名著《资本论》（*Capital*）中提及玛丽·安·沃克利，称她的死亡为“一个司空见惯的故事”，还在报纸上发稿，谴责此类悲剧的发生：“我们白人奴隶，被苦役埋入坟墓，沉默、苍白、死去”[7]。

这幅维多利亚时代的作品，正面抨击了时尚行业的残酷，然而此后，自20世纪90年代起，许多现代的营销团队却反其道而行之，大大地美化了“死亡”“毁灭”和“创伤”[8]。时尚行业的营销机制老辣世故，它极力缩小人们的眼界，说，来！别揪着“时尚”不放，还是看看社会学和心理学吧，这样就能知道罹难者们究竟有些啥毛病了[9]！于是，时装里的危险被深深地隐藏起来，人们不再害怕它，更不会谴责它。一想到“时尚”二字，人们脑海里浮现出的，是一个个打擦边球的心理学名词：买太多的人是“购物狂”；奇装异服是“青春期”的表现，活该被同龄人嘲笑排斥；而貌美如花的“自恋狂”们，自视甚高，只要稍微被网络、杂志和T台上又瘦又白的明星一撩拨，出问题是早晚的事儿。这就是我们看到的时尚的面孔，它精心算计，营造魔性魅力，引诱每一个人。即使你对它的狭隘嗤之以鼻，却仍难逃其诱惑。提到“时尚的受害者”这个词，首先蹦入我们脑海的，总是非西方文化对人体的伤残行为，例如古代中国裹脚的行为、当今社会的整形术或是硅胶填充……[10]然而，真正具有杀伤力的时尚魔爪，剧毒无比，却深藏不露，隐而不现。几个世纪以来，时尚对人类的伤害由外而内，无论制衣者或是穿衣人都难逃其害。土地、空气、水、人和动物，所有的一切都成为时尚的牺牲品。为了揭露这一当今热点问题的真相，本书将当代的问题，融入历史事件中，“借古喻今”，围绕时尚行业的健康及可持续发展问题展开，供大家讨论。

健康问题，或者从更宽泛的层面上讲，环境危机，不只存在于人们的想象中。它不单是工业事故的衍生品，如2013年发生在孟加拉国的“拉纳广场”制衣厂倒塌事故；也不只出现在发展中国家——作为当今的世界工厂，这些国家的纺织行业屡屡发生践踏人权的丑闻和工业事故。19世纪的欧洲，纺织行业在巴黎、伦敦、曼彻斯特等各大城市兴起。医生，往来于家庭、医院，以及各大工厂，成为时尚这个刽子手的第一见证人。这位该死的刽子手讲究公平公正，对任何人一视同仁，无论男女老少，贫富贵贱，都是迎头一刀。后来，日益发展的工业化水平，以及不断精进的科学技术，对于服装行业来说喜忧参半。男人们，无论是化学家、工程师，还是工业家，不断利用新技术发展服装行业，扩大生产和推广新型材料，将过去上流社会才能穿戴的服装、配饰、色彩，引入普通老百姓的生活中，但同时，也带来了不可预见的危险。“奢侈品”范围的“扩大”，引起许多观察家的谴责，认为这将带来更大的伤害，他们客观地指出，与男性消费者有限的兴趣相比，女性对新款服饰的欲望简直毫无理智可言，更应受到批判。

医学界鼓励这种性别偏见，它鼓励各界人士加大对女性的谴责，因为她们的确是生病、受害的主体。于是，19世纪的医生和大众媒体联合起来，广而告之，利用《时尚的自杀》(*Fashionable Suicide*)、《车间里的死亡》(*Death in the Workshop*)等杂志，明确指出时

▲5. 维多利亚时代的鞋子，又窄又直，不分左右；19世纪40年代晚期，Jaques牌，法国；© 百图鞋博物馆，多伦多

▲6.扭曲的“希腊式弯曲”姿势，紧身束胸+裙撑+高跟鞋，《笨拙》杂志，1869年；© 多伦多公共图书馆

尚对女性的伤害。大多数中产阶级评论员尤其关心女性的时装是如何伤害人体的，人们认为它是一系列疾病，包括内脏器官疾病的诱因。过紧的蕾丝、束身衣均可致病。虽然这类猜测不乏夸张之处，但是，所谓的时尚文化的确打造了许多莫名其妙不合乎人体生理特征的东西。鞋就是个绝佳范例。19世纪50年代前流行一种“平鞋”，这种鞋子完全不考虑双脚的形状及其对称性（图5），没有左右之分。虽说对制鞋人来讲是个好事，节约时间又省事，但长期穿着这种鞋子，会让脚部变形。在那个时代，男女鞋都是这样，鞋底窄得不可思议。为了迎合当时的审美标准，获得一双小巧的脚，不少女性选择用布条绑住脚趾，就像为脚穿上束身服一样，不是为脚选择合适的鞋，而是为鞋塑造合适的脚[11]。人体的其他部分也遭受着同样的噩运，不得不屈从于一系列“修正”行为，改变“天然”形态。19世纪60年代的女性流行一种走路姿态，被戏称为“希腊式弯曲”：挺胸翘臀，将周身平衡和安危系于脚后跟（图6）。当然，不是每一位维多利亚时代的女性都会摆出这种极端的造型，但是，只要有人用这种姿势走路，一定会成为众人嘲讽的对象。维多利亚时代的医生和服装历史研究学者把研究重心放在机械束缚方向，但是时尚带来的伤害远不止于此，大大小小的致命案例占据着19世纪报纸杂志的头版头条。不知道为什么，现代社会的我们忘记了这些恐怖致命的危险：有些衣料就是传染病源，或是遗留有化学毒素；工人作业一个不小心，身上的衣物就可能被卷进机器，或者冒烟着火，连带着衣服主人也没有好结果。翻开当年的报纸或是医学杂志，各

式各样的警告铺天盖地，告诫人们小心传播可怕疾病的洗衣房：迷人的绿色裙子是用砷染的色，易使人窒息死亡；裙箍是用易燃材料做的，穿着它有可能被活活烧死。谢天谢地这些事故都发生在过去，但是，只需稍加留意，你就会发现，今天的时尚行业依然荆棘密布，危机四伏。

▲7.左：20世纪70年代，亮片晚礼服厚底凉鞋；约1974—1979年，Loris Azzaro牌，意大利；©百图鞋博物馆，多伦多
右：水牛厚底靴；Ginger Spice私人物品，1997年；©百图鞋博物馆，多伦多

致命的鞋、围巾和短裙

接下来的三个案例表明，女性的穿着打扮较男性艳丽，因此面临更大的风险——事故也有性别之分。家庭、城市、工业环境在改变，而女性的穿衣风格，非但没能与时俱进，从某种意义上来讲，反而更加轻视着装的风险。从历史上看，男性衣裤鞋帽主要用于彰显权力，让他们在公众场合行动自如，安全无忧。反之，女性的鞋从来都是时髦重于实用[12]。因此，各式各样的防水台和恨天高成为多起事故的诱因，着实不令人吃惊。这些鞋要么让人摔倒，要么增加了工作难度。现代时尚圈里最有名的尴尬事件莫过于1993年黑人超模纳奥米·坎贝尔（Naomi Campbell）在天桥上的一摔。当时她脚蹬一双蓝色的鳄鱼皮制高跟厚底鞋，为Vivienne Westwood品牌走秀。受过专业训练的模特儿穿着厚底鞋都难逃一摔，对业余爱好者们来说，上街就更是苦差事一件了。一般情况下，穿这种超高防水台的后果，不外乎伤筋动骨，但在1999年，一位日本的保育员，因为穿着高跟的软木厚底鞋，狠狠摔了一跤，摔坏了头盖骨，几小时后因抢救无效死亡[13]。

20世纪70年代至90年代，超级流行的超高厚底鞋被认为是造成车祸事故的原因之一（图7）。尽管那时也有部分男性穿着厚底鞋，1974年的某研究却把矛头直指女司机，他们将年轻的女学生作为调研对象，明显透着性别歧视的味道。女学生们在实验室里模拟开车，然后进行紧急刹车操作。实验对象的征集标准为“厚底鞋拥有者，有不低于两月穿厚底鞋开车的经历”[14]。她们需在实验时穿着厚底鞋开车40分钟，然后换上普通鞋继续实验。实验表明，厚底鞋无一例外地降低了刹车速度，而且在速度为每小时70英里的高速路段，即使穿着普通的平底鞋，与普通路段相比，驾驶者仍需要额外滑行10英尺才能将车完全停稳[15]。20世纪90年代中期，时尚圈再刮厚底鞋风，类似Ginger Spice的这种黑红相间的水牛厚底靴受到粉丝追捧。这种鞋底约6英寸高，对于警务人员来说，它们简直是驾驶界的不定时炸弹，其危险程度等同于醉酒驾车或边开车边打电话。1995年，日本东京一位25岁的年轻女士和同伴一起开车从购物中心回家。因为鞋底厚8英寸，严重影响刹车效果，车撞上了一个混凝土桩，副驾驶位上的朋友当场死亡。日本的交通法规已明令禁止穿着传统木屐或拖鞋驾驶，但大阪的警察表示，这份名单里还应该加上厚底高跟鞋[16]。厚底鞋事故告诉我们，流行趋势和都市生活并非协调一致。然而，究竟谁该成为我们问责的对象呢？肇事的那位时尚消费者？还是推动他们的时尚潮流和经济需求？

20世纪70年代，复古风胜行，许多20年代的时尚单品重新登上舞台，其中之一就是长围巾——汤姆·贝克（Tom Baker）在系列剧《神秘博士》（*Doctor Who*）里戴的那种，看着挺古怪，针织质地。来自遥远星系的时间之主戴这种围巾毫无违和感，但当越来越多的“凡人”复制“时间之主”的风格时，这种围巾带来了致命危险。1971年，美国一位20多岁的年轻母亲“乘坐缆车时，长围巾缠在对面过来的缆车上，被扯出座位”。《美国医学期刊》(*The Journal of American Medicine*)曾登载一篇文章，抨击了这类长围巾综合征，该文现在已经成为一篇经典例作。文中说，这位不幸的女士“死于窒息，因为她被拖出椅子以后，被长围巾吊在了半空中”[17]。也有幸运儿！同年，一位10岁女孩儿的围巾被缠在上山缆索上，另一位11岁的男孩儿的围巾被搅进雪地车的引擎里，还有一位花季少年弯腰检查摩托车时，围巾卡在了发动机里。好在，这些人都保住了性命，只是面部多处严重撕裂和擦伤。医生总结说，这类事故的死亡率高达45%，而且新的“流行、时尚总在不断刷新此类危险”，儿童更是高危人群。由围巾或是其他服装引发的事故时有发生。例如，如果外套的纽扣卡进游乐场设施里，或者背扣式毛衣缠在玩耍护栏上，一旦小孩钻回护栏内，滑倒在地，毛衣很可能会像“鞋带”一样勒住小孩的脖子，令他无法呼吸。1982年，科学家曾针对儿童的意外死亡事件展开研究，发现在共计233起致死案例中，19起死于衣服引起的事故，20起死于床单缠绕事件[18]。因此，高寒地带国家的许多学校和幼儿园出台政策，禁止儿童佩戴围巾外出，鼓励使用简易围脖保暖。例如，加拿大英属哥伦比亚卫生部日前发文告诫儿童看护类专业人士，“确保儿童不戴围巾、领结，不穿带有抽绳或过于宽松的衣服[19]。”

2004年，英国演员西恩娜·米勒（Sienna Miller）将波希米亚风重新带到时尚巅峰。这种打扮的诀窍是，身着白色的乡村风格或吉卜赛风格的长裙。于是，市场上出现了各种颜色、风格的棉质轻薄长裙，裙子上通常有一层层的荷叶边。荷叶边轻盈舞动，摩擦着脚部关节，看起来灵动可爱。然而，正是这种可爱的裙子，带来了严重的火灾隐患。2005年秋，在一位9岁女孩重度烧伤事件后，北安普顿贸易标准协会（Northamptonshire Trading Standards Association）发布了一条关于这种吉卜赛裙子的高危警告。同年，大不列颠默西医院烧伤科发表名为“吉卜赛裙烧伤病例”的文章，因为仅在2005年一年之内，该专科就接诊了6起因吉卜赛裙子起火烧伤的病例。有两起这类案例，俱因事件的女主角打电话分散了注意力，一不留神，裙子起了火。其中一位女士的裙子是在跳舞时燃起来的，另一位的裙子则是被地板上的装饰蜡烛点着的。这两位女士在事故发生时均未饮酒，可以排除酒精因素[20]。因此，想象一下吧，不过是一条日常穿着的裙子，样式也不算夸张，只不过因为布料有点轻飘飘，就引发了那么多起火灾，随便来点烛火就完蛋，好在我们有现代医学，若是换在古代，有那么多稀奇古怪、危险的服装，加上生活中充斥的明火——可燃气体、木材、煤、蜡烛——危险系数岂不噌噌上涨？！

现代社会，事故发生后，警察、儿保专

▲8.《假发之火》(L' incendie des coeffures)，铜版画，约1770年；安大略美术馆，Trier-Fodor基金会捐赠

➤9.“宫廷女装外套”，背面，纯手工银线刺绣，内衬由柳条或鲸鱼骨支撑，约1740—1745年；©V&A博物馆，伦敦

家、急诊医生，都会立刻跳出来，告诫和保护大家。政府机构常常出台新规，禁止销售有安全隐患的衣服，防患于未然。例如，欧洲委员会下设RAPEX系统（非食物危险产品的快速警报系统），每周定期公布危险品名录，种类包括服装、化妆品，甚至文身药水。只要产品具有“极大的风险”，就会被该机构明文禁止。2013年，超过200种女性比基尼和帽衫，因为带有蕾丝和抽绳，可能致人受伤或窒息，被勒令退出市场，禁止发售[21]。纵观历史，人类对待意外事故的态度在不停地变化。19世纪以前，时装的危害多在道德层面，而非医学层面。夸张的服饰，往往只出现在上流社会。作为整个社会群体的小众，这些人成为漫画的主人翁，既能娱乐大众，又能顺带起到教育作用。18世纪的一幅画作《假发之火》（图8），就是一幅讽刺假发的佳作。画面描绘了一对夫妇，在D’Alexandre皇家咖啡馆享受茶点。这家咖啡馆是典型的巴黎风格，有着巨大的玻璃橱窗。行人透过橱窗，就能看到咖啡馆内华贵时尚的男男女女。画面上，男主角正为同行的女伴拉开座椅，一派绅士风度，然而此时，女伴头顶高高的假发，无意中碰到了天花板上的枝形烛台，被蜡烛一燎，冒出滚滚浓烟。服务员们吓坏了，他们搭起梯子，争先恐后爬上去灭火。配图的文字刚好相反，没有一丝同情：“浇什么水呢？这种愚蠢的发型烧起来才好呢。”当然，真正的假发不可能有图上描绘的那么高，但是固定假发的发胶确属易燃物质。这幅《假发之火》为我们提供了想象的空间，将发饰的危险描绘无遗。然而，此画问世的几十年后，女性的衣饰仍未吸取前车之鉴，棉质衣物、宽大的衬裙、塑料梳子……它们变身火引，将无数爱美女性卷入大火之中——死神降临。

着装无瑕疵：从地狱到病房

"到头来，逃不过，从时尚到地狱。"

——《令人厌恶的巨大裙箍》(*The Enormous Abomination of the Hoop-Petticoat*)，A.W.Esquire，1745年，p.27

早期的基督教堂，为教徒制定了严格的道德标准和苛刻的穿衣准则。至中世纪时期，出现了一些被学者称为"现代时尚"的衣着风格，服装规范越发成为卫道士高举的大旗[22]。过于奢华的穿着被认为有罪，而朴素的打扮，则是"无瑕疵（impeccably）"的标准。"无瑕疵"这个词语来自拉丁语，意思是"无罪"[23]。时尚滋生贪婪、骄傲和虚荣，鼓励邪念、肉欲和物质享受。对人体造成各种扭曲和伤害的服装，引来了漫天责骂。1745年，英国一位作者曾匿名发表一篇文章，对一种叫作箍裙，也叫裙撑的东西大骂特骂。这种箍裙自16世纪开始流行，到18世纪初，女性因长期穿着这种箍裙，臀部比例严重失衡，又宽又大。这件（图9）制作于1740—1745年的宫廷女装外套，宽6英尺，是存世至今最为夸张的一条，仅供有钱的贵族穿着。然而，即使简化版的女装外套，让人看着也爱不起来，只觉得恶心厌恶。上文提到的那位作者用了一系列词语来形容这种裙子："令人深恶痛绝""使人震惊的""丑陋无比""粗俗可憎""荒谬可笑""违背人伦""歪门邪道""不协调""不道德"[24]。作为一位基督徒，这位作者认为，人类应当接受上帝赋予的身体，"女性又勒又塞，把身体扭扯成非自然的形态"简直是创造了"一头怪物，上半身和下半身完全不成比例"[25]。然而，这种裙子带来的问题，并非仅仅是对女性身材的扭曲改造，波及范围更广的是另一个问题：穿裙子的人占地面积太大了！按照A.W.的原话，这种服装造就了一个"完美的公共妨碍事件"，他不无讽刺地反问，世上可还有"公平，一个女人占据的空间凭什么比两到三位男士还要大"[26]？当然，他的怒火虽然主要冲着道德败坏的层面，肢体伤害他也谈了不少。例如，一次他走在伦敦狭窄的街头，被箍裙坚硬的支架"攻击"，它"猛地冲他来了一下"，小腿几乎被戳断。遗憾的是，作者只有一次——在一篇长达27页的文稿里——把对箍裙的攻击换成了对穿着者身体健康的担忧。他担心穿箍裙的人行动不便，或是因此感到疼痛，甚至"怀疑不下百人因此而死"[27]。事实上，相关证据表明，身处18世纪的大都市，周边环境中最大的安全隐患不外乎是一大群牛羊，女性们鲜少因裙致死，反倒是尴尬的情景时有发生。有记录显示，曾有一位女性的裙撑挂在了一头老山羊的角上，"她尖叫，它咩咩咩，其他羊应声而和"[28]。公羊把女士掀翻在肮脏的街道上，路人看了都哈哈大笑。对这位女士而言，此次事件带来的精神伤害可比肢体伤害大多了。

100年后，箍裙转世重生，升级为更圆、更硬的钢制鸟笼，唯一的区别是，这种东西取消了阶级界限，谁都可以穿了（图10）。富人仍然披纱挂丝，手工定制，但曾经的贵

➤10.“女皇最爱”，钢制鸟笼裙箍；约1860—1865年；©V&A博物馆

族——公主王妃们则沦落到和工人百姓一样，成为批量生产的忠实客户。谁承想，工厂主们发现，工人们若是穿着箍裙工作，离危险的机器就太近了。于是，令爱美人士绝望的事情发生了。1860年，兰开夏郡的考陶尔德棉纺厂宣布，禁止工厂员工穿着“最近流行的丑陋箍裙，以及所谓的裙撑”，因为它“与我厂格格不入”[29]。民主、美好的工业新世界成为新型风险制造商，人们对女性安全的担忧层出不穷。在机械化的印刷厂，一位穿着裙撑的年轻女士被裙子下摆绊倒，刚好倒在打印机下面，领班迅速关闭了机器，幸好女孩“非常苗条”，毫发无伤，逃过一劫。事故发生当天，该领班发令禁止穿着裙撑上班，结果第二天，员工们个个全副武装，直接把全套裙撑穿上身了。领班怒气冲冲，威胁说要把这种东西全部扔进火里，女工只好心不甘情不愿地在门口脱掉裙撑，工厂顿时变得五颜六色，成了一个二手服装店：“印刷厂的一角看起来就像个当铺，满满一堆烂布条”[30]。至此，虽然裙撑仍为道德家们所不齿，时尚却不再仅仅被视为不朽灵魂的无形威胁，而是走向明处，被看作人类脆弱身体的有形杀手。对于18世纪来说，有箍裙撑是走向精神地狱的隐形门票，而对于维多利亚时代的人们来讲，它就是通往医院或者棺材的大门。

工业革命时代，哲学迎来启蒙，医学得

▲11. 左：时装贴画《巴黎形象》，约1830—1835年，作者私藏
右：《虚荣工厂的肺结核盛装》，查尔斯·菲利蓬（Charles Philipon），1830年；摄影：布拉斯珍本藏书 David

以进步，世界开始以世俗而非道德的眼光重新审视时尚，这个时代“日益强调对身体的呵护和关照，‘健康’和‘自由’展开激烈角逐，谁才是最大的善”[31]？医生们开始利用专业知识判定哪些时尚元素对人体有害。正如法国作家艾琳·里贝罗（Aileen Ribeiro）所观察到的那样，“对时装的攻击，其依据从《圣经》教条转移为世俗道德，其重心从是否体面得体转换为是否实用且对健康无害”[32]。在医生眼中，职业病也好，日常伤病也罢，都能一目了然。他们观察服装厂的工人，见他们整日吸入粉尘和烟雾，双手、皮肤、鼻子和嘴都饱受折磨，甚至因慢性中毒受到永久伤害，四肢不受控制，抖个不停。他们接诊的病患——服装的使用者，这些人中有孩子，穿了用硝基苯染色的鞋子，唇部发紫；有军人，被制服里的昆虫咬伤，患上致命的斑疹伤寒症；还有芭蕾舞演员，被困在表演服中活活烧死。医务人员详细生动地描绘了时装带来的种种病症，有中毒、意外、慢性病，也有突发急症，他们的描述形象细致，听众无一不觉毛骨悚然。医务人员带来的信息，大大填补了专业时尚人士的研究空白。无论过去还是现在，时尚专家向我们展现的是理想的、不老的广告形象，图片上精致的模特们似乎完全没有作为人的生存需求，他们不吃不喝不睡不流汗，靠修图软件就能完美地出现在我们面前。但是医生，作为真实生活的见证者，视线所及之处，都是受伤受损的人，这些活生生的人，会呼吸，会流泪，受尽折磨，只因所谓的时尚。

19世纪以来，医学逐步演变，以实验研究为基础，日益科学化，在公共健康、卫生体系、疾病防控等各个方面取得了巨大进步。然而，和古代的神职人员一样，面对沉迷时尚的女性患者，医生还得扮演道德审判人员的角色，向她们讲述时尚之罪。低领长礼服被认为是一系列传染病的致病源，包括流感、热病、肺结核等。这一观点在一幅查尔斯·菲利蓬作于19世纪30年代的讽刺画上得以鲜明体现（图11）。左边的时尚宣传画是其原型，在那个年代非常流行，但在查尔斯手中，它却变成了“虚荣工厂的肺结核盛装”。一般说来，那个年代的宣传画上往往印有订货渠道信息，讽刺画利用这一特点，故意说这种肺结核盛装可购于 Père Lachaise——巴黎最著名的公共墓地，真是开足了玩笑。在那个时代，服装脱下罗曼蒂克的外衣，显露了其危险的一面，但对于大部分民众来说，服装之于生命安全，只是一个潜在的威胁，其高危致命的本质，仍然隐而未发。

到19世纪80年代，服装和健康被改革家们牢牢地绑在一起，诸如古斯塔夫·耶格（Gustav Jaeger）在内的一干人等振臂高呼，倡导穿着安全、卫生的羊毛内衣，避免肌肤直接接触有毒染料。剧作家萧伯纳（George Bernar Shaw）收到朋友寄来的一本关于耶格服装理论的书，这位朋友专售耶格牌的羊毛织品，当时萧伯纳幽默地回信说，这本“恶魔般”残忍的书吓坏了他：“得，我的真皮吊带裤害我得风湿，帽檐等于脑膜炎……衣领会让我再也发不出声音，马甲会带来心肌脂肪变性的威胁，长裤里潜伏着水肿隐患……好吧，那么再见。霍乱要来了，好像棉衬衫也无路可去，只好当我的裹尸布吧[33]。”虽然萧伯纳当时反应夸张，颇具喜剧色彩，然而不到一年，他就完全接受了耶格的服装理念，到死也穿着耶格设计的衣服，享年94岁。萧伯纳回信事件几年后，一篇名为《毒帽子》（*Poisonous Hats*）的医学类文章发表，结合某化学家提供的案例，详细地分析了帽子的缎边引发头痛症的医学渊源。实验检测发现，该缎带含有约2.5克铅粉，足以导致铅中毒[34]。这位医生注意到，“在当前高度发达的文明社会里，似乎每一件被视为能够使男性感到身体舒适的生活必需品……都含有致命因素。鞋靴早就被印上了‘人类痛苦之源’的标签，现在轮到帽子接受审判了[35]。”到19世纪末，消费者们面对服饰小心翼翼，从头到脚武装自己。这种恐惧带来的共鸣，促使本书不断挖掘服饰与健康的关联。虽然萧伯纳有幸避开了棉质衬衣带来的健康隐患，其他人却不见得跟他一样幸运——对大多数人来说，身上穿的，手上戴的，就是死亡的裹尸袋。

于我而言，过去的医学研究和当代的实验分析，为此次研究提供了重要保障。博物馆和档案室是为我注入新鲜血液的宝库。那些藏品和图书讲述着一个个悲伤的故事，从它们身上，我们还能触摸到当年创伤的印记，感受悲剧故事主角所经历的伤痛。在伦敦的维多利亚与艾伯特博物馆内，纺织品藏品的管理员们正在做分析实验。实验对象是一顶20世纪30年代的软毡帽。他们发现，截至实验时，这顶帽子仍然含有水银，足以“污染100万升饮用水……以今天的标准来看[36]”。为了证实20世纪医生和化学家们描述的种种危险，几家大型博物馆联合加拿大瑞尔森大学物理实验室，进行了多项细致复杂的实验，希望能够检测出一系列有毒元素。这种方法可以从感觉、触觉、视觉等多个角度，检测出这些有害物质的存在。实验发现，正是这些有形的物质，带来了所谓的美，却在同时将伤害反作用于人体。从古至今，正是它们吸引了无数饮食男女飞蛾扑火。以我个人的经验为例，尽管熟知各种学术及科学研究的结论，然而，一遇到手感绝佳的人工皮草做成的帽子，绿得像翡翠一样的裙子，典雅的真丝流苏披巾，仙气飘飘的薄纱礼服，甚至只是一把雕工一流的梳子，都会让我眼发直，头发麻，完全挪不开腿。我知道，这些东西浑身是毒；我也知道，它们会将穿戴的人置于被勒死或是烧死的危险之中，然而它们的美，依然深深吸引着我，让我又爱又怕。正如下文所述，人类对死亡服饰的向往，由来已久，经久不衰。

从神话到现实：有毒斗篷和化妆品

毒，对于服装而言，是古已有之但乏人问津的一大危机。过去，衣服及化妆品往往由有毒化学物质制成，但直至今天，人们穿的、用的还是它们。正是这种对有毒衣物的恐惧，衍生出无数与有毒衣服相关的神话故事，这些故事存在于各个时期，流传于各种文化之间[37]。只要吸入毒素，人体就会迅速受到伤害。有毒衣物是一件利器，是从古代延续至今的隐形杀手，它直接接触皮肤，毒通过毛孔被人体慢慢吸收。但是，慢，不等于无害，历史和今天都告诉我们，人类无法剥离化学毒品和传染疾病的关系，只需一片被感染的布料，死亡就能在人群之中蔓延。19世纪以前，科学的毒物学和辩论术还未出现，谈到毒物，人们很难说得清它究竟是真实还是幻想。文艺复兴时期，人们认为病就是毒，它通过难闻的空气传播，因此，只要带上一双香喷喷的手套，香水的浓烈气味就可以保护手套主人免受传染病的困扰。但是，手套这东西，可以被喷上香水，也能被喷上毒药。凯瑟琳·美第奇王后（Catherine de Medici，1519—1589）就被指控利用手套投毒[38]。在拜占庭帝国，在这个跨越南亚与中亚，以及非洲撒哈拉沙漠边缘地带的帝国的传统庆典上，人们需着“Khil' at”，又称荣耀之袍（Robes of Honor），因此这种长袍成为当时流行的暗杀工具[39]。按照传统，收到这种华丽丝袍的人，必须立刻穿上这件礼服，于是，两难的局面出现了：“要么拒绝接受这件可能被染上毒物的衣服，然后成为他人眼中的不忠之人；要么平静地接受并穿上它，然后静静地等待可能到来的死神[40]。”

最著名的“毒衣传说”是希腊神话的“涅索斯之袍（Cloak of Nessus）”（图12）。在这则神话故事里，英雄赫拉克勒斯在与人首马身的涅索斯决斗时，没有面对面来场男子汉式的决斗，而是暗箭伤人，射中了这位会飞的敌人的背部，还在箭头上淬了从毒蛇口中提取的毒液。作为报复，死之前，涅索斯骗得赫拉克勒斯的妻子达吉丽亚的信任，让达吉丽亚误以为涅索斯的血液是一种爱情魔药，能使爱人永保忠诚，于是取了一小瓶血液保存起来。当然事实上，涅索斯的血液此时已是剧毒[41]。后来，当赫拉克勒斯移情别恋后，这个女人偷偷地将毒血涂在一件漂亮的外袍上，经由仆人利卡斯向赫拉克勒斯献上衣服。赫拉克勒斯穿上它，为天神献祭。就在这时，祭祀之火催发了衣服的毒性，将英雄活活"烧死"。索福克勒斯（Sophocles）在其悲剧作品《特拉基斯妇女》(*The Women of Trachis*)中，透过赫拉克勒斯的儿子的嘴，描述这出"死亡之袍"的悲剧："一开始，可怜的男人很高兴，他那件漂亮的外衣让他在祷告时愉悦非常。但是，很快，(祭品)着火了……汗水流了下来，外袍开始紧贴身体。突然，剧烈的疼痛猛地撕咬住他的骨头，让他抽搐不止。接着，残忍的一幕发生了，他像被毒蛇咬了一口，然后慢慢地被毒液融化[42]。"衣服脱不下来，赫拉克勒斯只能眼睁睁地看着它像"强酸"一样侵蚀他的皮肤[43]。从技术层面上看，妻子下毒后，赫拉克勒斯就算是中毒了，然而更为痛苦的是，毒性发作的周期显然很漫长，起起伏伏，阴晴不定，作者用了好几个章节，浓墨重彩地描述整个过程。不幸的是，直至今天，这个神话故事仍在反复上演。虽然毒物不同，但对维多利亚时代的人来说，许多腐蚀性的化学药剂也像神话中的毒液一样，通过热和汗水激发活性。无论是发明这些试剂的化学家，还是染布工人、缝纫师，都深受其害。当然，首当其冲的受害者还是消费者。涅索斯的神话不断上演。医学界最权威的学术刊物之一《柳叶刀》(*The Lancet*)困惑于为何读者读到"袜子或内衣使人中毒"这类文章时总是表现出极大的不信任。"或许，这类文章总使人联想到神话故事——诸如赫拉克勒斯之死一类"。一位法国医生曾写道，毒神话变成了毒科学，"就像是涅索斯之袍，被人从幻想作品中，直接拉入了现实"[44]。

今天，人类用毒的技能日益增强，尤其擅长用毒品帮自己变美。肉毒素（Botox）由肉毒杆菌（Clostridium botulinum）繁殖产生，是人类世界已知最致命的病菌之一。肉毒素经稀释后，可注射到人体面部，使面部神经瘫痪，从而平复皱纹。这种做法已经被大多数时尚教主们接受，甚至连一些政治领袖也采用这种方法"永驻青春"。我们或许认为，化妆品含铅的问题，在伊丽莎白时代之后就已经得到了解决，然而事实上，化妆品的时尚"进化"之路漫长曲折，即使是今天，口红中含铅的问题也未能得到解决。

文艺复兴时期，伊丽莎白一世女王常常在脸上涂抹厚厚的铅粉用于美白，这种粉被称作"威尼斯铅粉"(Venetian Ceruse)。因为"铅"能使颜色均匀透亮，创造出令人渴求的"白皙"的皮肤。几个世纪以来，铅一直被用在各种化妆品中。涂抹上铅粉的

▲12.《利卡斯向赫拉克勒斯献衣》(1542—1548年)，汉斯·西博尔德·贝哈姆(Hans Sebald Beham)；©荷兰国立博物馆(Rijksmuseum)，阿姆斯特丹

皮肤，与劳动人民日晒雨淋、又黑又糙的皮肤截然不同，还能进一步强调白种人的优越感。这一时尚一直延续到维多利亚时代，彼时医学界终于将视线投向化妆品领域。一份医学报告的出现，曾直接导致纽约某品牌化妆品生产商被告上法庭。1869年，美国医学协会的创办者之一，刘易斯·塞尔(Lewis Sayre)医生接连救治了三位年轻女士，她们都是在使用了莱而德(Laird)品牌的“绽放青春”系列化妆品后，身体开始变得极度虚弱，刘易斯医生将此种病症命名为“铅麻痹”。该产品的广告声称，该产品具有美白、去皱，使皮肤光滑的作用，然而除此以外，它还具有致残效果。三位女士大约每月一瓶，在连续使用该产品两到三年后，手部肌肉麻痹瘫痪，“枯瘦如柴”[45]。其中一个女孩年仅21岁，显然足够年轻，根本不需要用什么“绽放青春”的产品。该产品的广告和医学杂志插画(图13)，如同两个极端的对立面，一方描绘“高效的美容”，另一方则刻画“高效的致残”。广告中，女孩优雅地打开手中“液体珍珠”的盒盖，然后涂涂抹抹；医学插图里呢，只有一个无头的病人，两手扭曲，无力下垂。现在，我们称这种病症为“腕下垂”或“桡神经麻痹”，致病原因就是铅中毒。插图中19岁的女孩不能

"吃饭、梳头，连一根针或是衣物上的一颗纽扣也拿不动，事实上，她的手什么也做不了[46]。"好在经过几个月的药物治疗和"电疗"，通过在手上植入假体，三位女士"幸运地"康复了。此后几十年间，该品牌产品继续在市面上销售。我们可以通过19世纪80年代的广告看出，该品牌向消费者宣称，产品经美国卫生委员会检测，"完全不含任何有害物质，不损害人体皮肤和健康"。

1875年上市的美国粉饼品牌泰特洛（Tetlow）的"Swan Down"系列，曾经风靡一时。该产品以"安全"作为卖点，外包装上直接印有"无害"两字（图14）。品牌创始人亨利·泰特洛是英国人，移民费城后，成立了一家化妆品及香水公司，大放异彩。泰特洛的品牌之所以取得成功，从表面上看，在于他发现了一种廉价的美白代替品——氧化锌（这种配料现在仍用在防晒产品中），取代了早期化妆品行业使用的有毒物质。于是，原本买不起化妆品的普通妇女们，也能买上一两盒胭脂水粉了。靠着这些人，亨利·泰特洛发家致富[47]。这款粉盒内包装上印着一只天鹅，它悠闲自在，浮在水面上，湖水下方，有这样一行标语，"其他粉

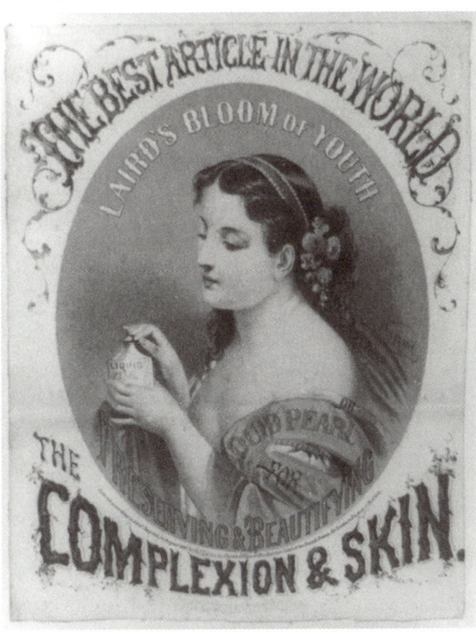

Lead palsy from use of "Laird's Bloom of Youth," from a photograph.

▲13. 左：莱而德品牌"绽放青春"产品广告，1863年，美国国会图书馆收藏
右：19岁患"铅麻痹"的女孩图，因使用"绽放青春"产品手部肌肉麻痹瘫痪；1869年；插画来源于刘易斯·塞尔医生的医学报告《因使用"绽放青春"化妆品患上铅麻痹三案例》[《美国医学协会学报》20（1869）：568]

▲14. 亨利·泰特洛的“无害”Swan Down粉饼，含铅；约1875—1880年；作者私藏；摄影：Emilia Dallman Howley

饼来了又去，只有 Swan Down 伴你永恒”。后来，我从古董商那里买到一盒未开封的 Swan Down，并送到瑞尔森大学实验室进行检测。实验结果让人笑不出来：这种粉饼中确实含有锌，但也含有大量铅粉[48]。泰特洛的市场宣传无疑具有极大的欺骗性，Swan Down 本应起到温和美白的作用，但是，长期使用该产品，其中的铅粉可能通过血液进入肺部，在人体内堆积，然后，“伴你永恒”。遗憾的是，你的永恒不在脸上，而在骨头里、牙齿中。历史上，这样的有毒化妆品不胜枚举，令人毛骨悚然，然而，铅作为染料的重要原料，今时今日，其危害仍然是一个无法解决的大问题。铅为重污染物，法律明令禁止将其用作化妆品配料，因此我们很难在口红的配方表上看到这个成分[49]。口红可能被吃进嘴里，唇部皮肤又薄，有毒物质特别容易经由唇部被人体吸收[50]。尽管法律规定，只要产品含铅，不论含量多少，均为不安全产品，但是美国食品药品监督管理局（FDA，该机关负责规范化妆品安全）表示，就口红而言，现今还没有绝对安全的产品，因为铅仍被“有意”[51]地加入唇膏之中。2011年，FDA抽查了400支口红，成分中无一例外含铅。2013年6月，我特意在多伦多大小药房搜寻铅含量最高的有色唇部用品，发现有两种含铅量位例前七的产品上架，欧莱雅 Colour Riche Volcanic 410号，以及 Tickled Pink 165号。就我本人而言，读了相关医学报告后绝不会再把这两种口红涂在嘴上，但是，吸引力仍在。410号唇管为闪亮的金色，闻起来甜甜的，明亮饱满的橙色是当年的流行色。作为前沿色彩，橙色甚至出现在Prada、Marni、Marc Jacob等一线大牌的2010年的秋季秀场上[52]。2015年我再次检验了这两种口红后发现，410号中的铅含量大大降低，从原有的百万分之七，降低为百万分之一，但是165号中的铅含量，仍与两年前一模一样[53]。到目前为止，没有明确的数据可以表明，女性每日会无意摄入多少口红，也没有数据显示，这些成分的摄入量达到多少时，会对人体造成不可逆转的伤害，但我仍希望在此谴责这种对铅含量监管不力的行业现状。大家得明白，作为消费者，如果仅仅看中口红的香味、色泽、闪亮度，或是被铺天盖地的广告吸引到无法自拔，无视产品安全，继续购买诸如410号之类的产品，那么，一切都不会改变。Swan Down也好，"绽放青春"也罢，此类事件将不断重演。另外我得说，这种危险还有"性别特色"。许多国家的健康与安全的相关规定，将化妆产品明确地区分为两类，一类产品监管力度小，主要用于女性，称为"美容"类产品，包括化妆品、染发剂等，另一类产品监管力度较大，称为"洗护"类产品，包括洗发沐浴液及香水香氛。这种明显具有性别歧视的条款忽略了一个事实，那就是，工作及社交环境要求女性化妆。因此，虽然从古至今，男性因时尚而受害的案例数不胜数，但是，就现代社会而言，社会及科学调研的重点，应该更多地放在那些至今仍被要求穿着时尚的群体，即女性身上，这样，你才能看到延续至今的危险。

章节概述

引言重点描述了颇具威胁的服饰发展演变史，重点着墨于18世纪中期至20世纪30年代的历史事件。

第一章把致病服装放在显微镜下，内容包括通过寄生虫传播疾病的士兵制服、血汗工厂里生病的工人制作的衣物，还有医生的领带等。19世纪的服装行业，一方面微生物和病菌是衣料的主要隐患；另一方面，化学成分的添加，虽然使服装制品变得便宜易得，却让制作者和穿戴者中毒，深受其害。

第二、三章探讨了18、19世纪常见的有毒物质——水银和砷——在服装行业大量使用后带来的不良后果。由于水银主要用于男款礼帽的制造，这种成分严重损害了男性的健康，女性受害者的比重相对较小；砷主要用于染色，可以制造出绚丽的宝石绿，因此其受害者主要为女性，制作或穿戴这种颜色的衣服或人造花，都会对健康产生影响。

第四章着眼于苯胺染剂及其附加产品。各种化学染料改变了缝纫行业，也改变了社会，越来越多新颖鲜活的色彩出现在人们的日常生活中。可惜色彩带来的不仅是多彩，还有死亡。

第五、六、七章的案例研究将视线从"毒药"转移到"事故"上。工业革命将人类带入机械时代，交通运输不再依赖动物力，火车、汽车、飞机相继出现。人们不再用木材、蜡烛取暖照明，天然气和煤，以及随后问世的电能，解决了这一难题。纺织业作为工业革命的重要推手之一，运用机械化的纺织手段，降低了生产成本，将过去仅供贵族消费的平纹细棉、蕾丝花边等物，变成了大众消费产品。媒体大众惊喜于这样的改变，在世人眼中，这些新型产品的问世简直不可思议，值得全人类为其喝彩。遗憾的是，很少有人关注人类为此付出的代价。许多人不顾身体健康和安全，生产销售新社会的新产品。工厂和车间时有火灾、窒息或爆炸事故发生。进入20世纪，妇女儿童即使待在家里也是事故频发。第五章揭示了在这个机械化的现代社会里，服装如何把人们生拉硬扯，拖进灾难里。第六章，一个个令人毛骨悚然的故事围绕着易燃的衬裙和绒布展开，故事中的人们如同飞蛾一般，投入火灾事故之中。最后一章的主角是各种奢侈品的仿品，假象牙梳子、人造丝绸……这些庸俗的时尚单品虽然拯救了濒危动物的生命，却在一声声爆炸声中，夺去了人类的性命。

我衷心地希望，在接下来的章节中，读者们可以透过故事、图像和特定的物品看见真相，幡然悔悟。它们就像维多利亚时代约翰·坦尼尔所作的那幅《惊恐的女士》，引导读者看向那面真实之镜，找到衣柜中藏着的一个个幽灵。

注释

1 John Emsley, *The Elements of Murder* (Oxford: Oxford University Press, 2005), 57. Few of us are exposed to this supertoxin, but other forms of mercury, both inorganic (found in nature) and organic have different levels of toxicity depending on the form, concentration, and type of exposure.

2 Ivan Kempson and Enzo Lombi, "Hair Analysis as a Biomonitor for Toxicology, Disease and Health Status," *Chemical Society Reviews* 40 (2011): 3915–40; David W. Nirenberg et al., "Delayed Cerebellar Disease and Death after Accidental Exposure to Dimethylmercury," *New England Journal of Medicine* 338, no. 23 (1998): 1673.

3 Ibid., 1674.

4 A Debay, *Hygiène vestimentaire. Les modes et les parures chez les Français depuis l'établissement de la monarchie jusqu'à nos jours* (Paris: E. Dentu, 1857), 283.

5 Giacomo Leopardi, *Operette Morali* (Berkeley: University of California Press, 1982), 69.

6 *Kyoichi Tsuzuki, "Happy Victims," Jump Jump (August 22, 2013), accessed August 27, 2014, web. http://www.jumpjump.biz/2013/08/kyoichi-tsuzuki-happy-victims.html.*

7 Karl Marx, *Capital: A Critique of Political Economy*, vol. 1, pt. III,chap. 10.

8 Caroline Evans, *Fashion at The Edge: Spectacle, Modernity and Deathliness*(New Haven: Yale University Press, 2003).

9 Bjeøn Schiermer, "Fashion Victims: On the Individualizing and De-Individualizing Powers of Fashion," *Fashion Theory* 14, no. 1 (2010): 83–104.

10 These examples make a fascinating study of colonialist ideas about "barbarous" fashions; nevertheless, these practices have been extensively studied and deserve their own consideration.

11 The "chiropodist" author advocates this practice, because pressure does not cause corns on the feet. Heyman Lion, *A Complete Treatise upon Spinae Pedum* (Edinburgh: H. Inglis, 1802), 28.

12 Elizabeth Semmelhack, *Heights of Fashion: A History of the Elevated Shoe* (Pittsburgh: Periscope Press, 2008).

13 Jonathan Watts, "Japanese to Ban Driving in Platform Shoes," *Guardian* (Manchester), February 5, 2000, http://www.theguardian.com/world/2000/feb/05/jonathanwatts.

14 Harold Warner and Kenneth Mace, "Effects of Platform Fashion Shoes on Brake Response Time," *Applied Ergonomics* 5, no. 3 (1974): 143.

15 Ibid., 146.

16 Watts, "Japanese to Ban Driving in Platform Shoes." He was the Tokyo correspondent.

17 Mutaz Habal, Michael M. Meguid, and Joseph E. Murray, "The Long Scarf Syndrome—A Potentially Fatal and Preventable Hazard," *Journal of the American Medical Association* 11, no. 221 (1972): 1269.

18 Michael M. Meguid and George H. Gifford, Jr., "The Long Free Flowing Scarf: A New Health Hazard to Children," *Pediatrics* 49(1972): 290–93; François Nicolas, *Les accidents par strangulation chez le nourrisson et l'enfant*, Thèse d'exercise, Médecine, Brest, 1982, 13.

19 *Preventing Injuries in Childcare Settings*, Ministry of Health Planning, Victoria (2003), 18.

20 S. C. L. Leong, I. E. Emecheta, and M. I. James, "The Flaming Gypsy Skirt Injury," *Injury* 38, no. 1 (2007), 122.

21 RAPEX, consulted August 28, 2014, http://ec.europa.eu/consumers/safety/rapex/alerts/main/index.cfm?event=main.listNotifications. There is no similar "rapid" response system in other countries that I am aware of.

22 Sarah-Grace Heller, *Fashion in Medieval France* (Cambridge: D.S. Brewer, 2007).

23 Aileen Ribeiro, *Dress and Morality* (Oxford: Berg, 2003), 12.

24 *The Enormous Abomination of the Hoop-Petticoat* (London: William Russell, 1745).

25 Ibid., 8.

26 Ibid., 14.

27 Ibid., 7.

28 Susan Vincent, *The Anatomy of Fashion* (Oxford: Berg, 2009), 75.

29 Jane Tozer and Sarah Levitt, *Fabric of Society* (Powys: Laura Ashley, 1983), 134.

30 National Library of Scotland: Blackwood Papers: Private Letter Book: Ms30361, (Oct. 1863–Dec. 1865), 260–62.

31 W. F. Bynum et al., *The Western Medical Tradition 1800–2000* (Cambridge: Cambridge University Press, 2006), 13.

32 Ibid., 120.

33 Peter Symms, "George Bernard Shaw's Underwear," *Costume 24* (1990): 94.

34 "Poisonous Hats," *British Medical Journal* vol. 2, No. 1604 (September 26, 1891), 705.

35 Ibid.

36 Graham Martin and Marion Kite, "Potential for Human Exposure to Mercury and Mercury Compounds from Hat Collections," *AICCM Bulletin*, Vol 30, 2007, p.15.

37 Adrienne Mayor, "The Nessus Shirt in the New World: Smallpox Blankets in History and Legend," *Journal of American Folklore* 108, no. 427 (1995): 74 n. 16.

38 "Gloves," *Ciba Review* vol. 61 (1947) (Basel): 2243.

39 Stewart Gordon, *Robes of Honour: Khil'at in Pre-colonial and Colonial India*, New Delhi: Oxford University Press, 2003, p.2

40 Gordon, *Robes of Honour*, 13.

41 Adrienne Mayor, *Greek Fire, Poison Arrows, and Scorpion Bombs: Biological and Chemical Warfare in the Ancient World* (Woodstock, N.Y.; London: Over look Duckworth, 2003), 47.

42 Sophocles, *Women of Trachis, in Four Tragedies: A jax, Women of Trachis, Electra, Philoctetes*, trans. and annot. Paul Woodruff and Peter Meineck, Location 3724.

43 Mayor, *Greek Fire*, 48.

44 M. Tabourin, *Note relative à l'action de la coralline sur l'homme et les animaux*, (Lyon: Imprimerie de Pitrat Ainé, 1871),2,"Poisoned Socks Again," *Lancet* (July 24, 1869): 129.

45 Lewis Sayre, "Three Cases of Lead Palsy from the Use of A Cosmetic Called 'Laird's Bloom of Youth,'" *Transactions of the American Medical Association* 20 (1869), 568.

46 Ibid., 563.

47 Gilbert Vail, *A History of Cosmetics in America* (New York: Toilet Goods Association, Incorporated, 1947), 100.

48 I am grateful to Eric da Silva for this XRF analysis. The powder contains 400 parts per million of lead, which may have been too small a quantity for Victorian instruments to detect.

49 Gillian Deacon, *There's Lead in Your Lipstick: Toxins in Our Everyday Body Care and How to Avoid Them* (Toronto: Penguin Canada, 2011), 33.

50 Ibid., 130.

51 FDA, "Lipstick and Lead: Questions and Answers," accessed June 15, 2013, http://www.fda.gov/cosmetics/productsingredients /products/ucm137224.htm.

52 Behind the Scenes Makeup, "Orange Lips" (October 6, 2010), web. (accessed June 15, 2013). http://www .behindthescenesmakeup.com/trends/orange-lips-stay/.

53 Tickled Pink had approximately 4 parts per million of lead. Testing was done in the physics lab at Ryerson University by Eric Da Silva. A new testing method for lipsticks developed during this project will be published as Eric Da Silva, Alison Matthews David, and Ana Pejovic-Milic, "The quantification of total lead in lipstick specimens by total reflection X-ray fluorescence spectrometry," in *X-Ray Spectrometry*, 2015 (accepted with minor revisions).

YPHOID
FEVER
CONSUMPTION

第一章 致病的衣物：细菌战

1812年的冬天，拿破仑的大军已经分崩离析，饥肠辘辘、筋疲力尽的士兵们跪倒在地，头垂着，冻僵的身体如同婴儿般蜷缩着等死。他们的尸体被随意扔进一个万人坑，大约200年后才被立陶宛首都维尔纽斯的建筑工人们发现。一开始工人们以为，这些是死于“二战”中一场致命冬季战役的德国士兵，然而，考古学家们通过军服残片、军服上的纽扣和仍然戴在头骨上的步兵筒状军帽（图1）辨认出，这些遗骸分属于40个不同的拿破仑军团，比“二战”早得多。经过仔细清点，科学家们在坑内发现超过3 000具年轻男性士兵和一些女性的遗体，其中大多数人年龄在15岁到25岁之间[1]。他们并没有光荣地战死沙场，而是大部分死于恶劣的卫生条件和疾病，衣服污秽不堪，携带体虱，体内藏有致命的寄生虫。

拿破仑于1812年从俄国撤兵的时候，数以万计的士兵患病发烧[2]。他们途经维尔纽斯时有25 000个士兵，最终却只有3 000人活了下来。一个由考古学家和历史流行病学家组成的小组通过现代DNA分析技术和古微生物学知识，在这些士兵的牙髓中检测到了斑疹伤寒和战壕热的存在。尽管大部分士兵死于普通感冒和饥饿，但取样检测的士兵中约三分之一感染了上述虱传播疾病。这些士兵本身已经十分虚弱，斑疹伤寒和战壕热简直是致命一击。我们现在已经知道体虱的粪便传播细菌，造成致命病的流行。因此，考古学家小组特意从墓地土壤中分离出这种小昆虫，开创了从寄生虫中提取遗传物质的技术。结果表明，这些士兵的遗骸在200年后仍然携带疾病。这种体虱（拉丁名：*Pediculus humanus humanus*）和头虱与阴虱截然不同，它藏在衣服的边缝中，例如这件在墓址发掘出的帝国卫队马拉炮兵军官的制服外套（图2）。它们叮咬寄主，害得寄主发烧，等寄主变得身体滚烫，它们就寻找下一个寄主使其感染。可以想象，当时的这支军队里，几乎所有士兵都脏兮兮地挤在肮脏的营房内，紧挨着彼此共同生活，很难找出点安全距离。尽管从科学角度来看，害虫和疾病的联系目前尚不明确，但从古时候开始，斑疹伤寒就和战壕热一起，被人们称为监狱热或船热。因为只要挤在监狱或船只这样有限的空间内，人群中就容易暴发这类

▲1. 2002年发掘于拿破仑大军乱葬坑的制服复原残片，第21线列步兵的筒状军帽；© 立陶宛国家博物馆；摄影：Kestutis Stoškus

▲2. 帝国卫队马拉炮兵士官制服的一部分；© 立陶宛国家博物馆；摄影：Kestutis Stoškus

疾病。抗生素发明之前，斑疹伤寒和伤寒对于士兵来说是致命疾病。从统计学的角度，在诸如拿破仑战争或克里米亚战争这类旷日持久的战争中，“寄生虫造成的死亡甚过武器”[4]。20世纪早期，感染流行性斑疹伤寒的人中有10%~60%没能存活[5]。美国军队里用“体虱”来表示身体糟透了，“觉得lousy（虱子多）”也是“感到糟透了”的意思。在军队行进过程中，对衣物进行彻底地清洗是不太可能的，为此士兵们付出了生命。

一直以来，人类并没有发现体虱和斑疹伤寒有什么联系。直到1909年，法国细菌学家夏尔·尼科勒（Charles Nicolle）把体虱描述为一种寄生虫，认为它们伴随在人类所有的旅途中，只有在“医院大门口或人类有水、肥皂或干净亚麻”[6]的时候才会停下。因为发现体虱是斑疹伤寒的传播者，夏尔·尼科勒获得了诺贝尔奖。斑疹伤寒这种疾病在“一战”中不可小觑，尼科勒的发现使得普通士兵也知道定期为军服除虱。一张“一战”期间的明信片展示了一个士兵坦着胸，戴着法国军帽，系着绑腿，坐在战壕一侧抓虱子的情形（图3）。另外有人，很可能是美国人，用紫色墨水在卡片上草草画了几笔，标出了战壕，写下了图像内容：“这家伙在抓虱子。”士兵弓着身子，费劲地用手去捉白衬衫上的虱子。那个时代很多其他的照片和明信片也描绘了这个过程。文化规范也会影响人对害虫的认知，比如法国兵就真的认为体虱是好运护身符。有一张色情明信片上面印着一个身穿制服正在休假的法国兵，和他的心上人躺在床上，第二天清晨，姑娘低头看自己镶褶有饰带的胸衣，发现他带给她的虱子后惊叹：“谢天谢地！它会给我好运！”（图4）

▲3.正在给军服除虱的士兵（准确标题：Au bord de la tranchée—Poilu cherchant ses poux），约1914—1918年；作者私藏

▲4.《士兵的假期》，法国明信片，约1915—1918年；作者私藏

杀灭虱子最有效的手段就是利用蒸汽和热空气，然而，在前线却少有合适的设备或者燃料。一些军官转而使用化学药品来给军服消毒，可惜这些化学药品对人和虱子均有毒性。这样，一场针对敌军和战线外的害虫的化学战发动了起来。一个由昆虫学家和药理学家组成的小组努力想办法解决战壕里的虱子问题。在“一战”中他们推荐了至少6种测试过的化学药品来对付虱子，包括后来被用于纳粹毒气室的致命氰化氢[7]。但是专家们最青睐的还是氯化苦，这也是一种剧毒化学药剂，德国人1917年开始将其用于毒气攻击。当年的专家们赞其便利，原因是“毒气战中能使用，战争前线也能保证供应”[8]。他们同时警告说，由于氯化苦刺激眼鼻喉且“有毒”，操作人员在对衣物进行烟熏消毒时应戴防毒面具。尽管有上述措施，士兵们仍饱受虱子折磨，特别是夜里，虱子活动频繁，被它们的“尖刺”叮咬过的伤口会变得奇痒无比。关于迫切想要抓挠身体的折磨，一个士兵这样说道：“你觉得会把自己撕成碎片[9]。”1918年有一首歌叫作《虱子行军（那些鬼鬼祟祟令人毛骨悚然的虱子）》刻画了士兵们同体虱做斗争的情形，当然，输的一方总是士兵。

第二节唱道：

我那芝加哥来的哥们斯旺森，
从来没放松过警惕，
要阻止那些虱子们，
爬到他的衬衫里，
即使他坐在那里吹嘘，
他是如何让它们全部开溜，
他仍会开始扭动不安四处挠痒，
更多的虱子跑了出来[10]！

另外一首1919年的《虱子痒痒》的开头这样唱道：“你听说过希米舞，但你是否知道它起源于法国／我从一个士兵处得知，这个有趣的小舞蹈是怎么来的[11]。”尽管用音乐形式进行了滑稽的模仿，斑疹伤寒和战壕热在20世纪早期仍是令人闻之变色的疫病。医学教材上这样描述体虱寄生在人类体毛和贴身衣物的方式：虱子卵“成簇深藏在衣物接缝和褶皱处”[12]。专家建议男性士兵应剃光体毛并且每周更换干净衣物来防止传染[13]。

斑疹伤寒病人的衣物出于偶然、客观情况或疏忽的原因流传开来，造成疾病蔓延，死亡人数增多，然而，带病衣物同样被使用于细菌战中。现代疫苗接种技术出现后，自20世纪70年代末以来，人类世界再没有出现大型天花疫病流行，但目前的医学研究表明天花病毒可在纺织品上存活超过一周[14]。在疾病传播细菌说出现以前，人们对纺织品可作为疾病传播媒介的认识解释了在战略性细菌战中英国人利用“天花病人使用过的毯子”和日用织品的无耻行径。通过毯子，美洲原住民同这些欧洲商品有了亲密的身体接触。英国驻北美总司令杰弗里·阿默斯特（Jeffrey Amherst）同驻皮特堡司令亨利·鲍奎特（Henry Bouquet）上校之间的通信提供了确凿的证据。阿默斯特毫不掩饰他对当地原住民的憎恶，在信中他建议发放从前线医院拿来的天花病人使用过的毛毯来“根除这个该死的种族”[15]。无须阿默斯特的煽动，前线的士兵早已将此策略付诸实践，军人行为标准暂时搁置一边。1763年6月24日，英国人同印第安战士头领海龟心（Turtle Heart）以及酋长曼莫提（Mamaltee）在皮特堡进行了所谓的和平对话，原住民向他们保证“紧紧抓住友谊之链”[16]。为确保协定的达成，合作双方通常要交换礼物以示友好，但这次军官们却利用该场合背叛了原住民头领，他们送给原住民“从治疗天花病的医院拿出来的两张毯子和一张手绢”，希望“礼物能达到预期效果”[17]。尽管历史证据表明在毯子送出去之前，特拉华人中间已经暴发了天花，但在一个本应寻求和平的礼物互换中使用“生化武器”实属欺诈和背信弃义之举。18世纪的欧洲人来自疾病肆虐的旧大陆，普遍获得了一定的免疫力，而原住民则不行，他们饱受天花蹂躏。因此，直到现在，皮特堡“天花毯”事件仍然是民愤的根源。不管毯子有没有达到其致命目的，它们表面上是友谊的象征，实际却成为凶器。

19世纪后半叶病菌说兴起，尼科勒等人也有一系列发现，在这之前，作家们不一定会区别化学物质和传染病——反正两者都是“毒”。在词源学上，“传染病”一词和身体接触有关，意味着“彼此接触”。自14世纪以来，它也被用来描述思想、信仰或习俗流传开来。诸如愚蠢和放荡之类的恶行就被认为是会传染的[18]。“时尚”一直被描绘为“病毒般的”——新的潮流如同热病或病毒一般在人群中迅速传播。普丽西拉·沃尔德（Priscilla Wald）在她的《传染病的文化》（*Cultures of Contagion*）一书中探讨了“传染病”如何“展示出与身体接触的力量与危险，说明了社会关系的脆弱与强韧”[19]。市面流通的织物上所带的病菌可以轻易跨越社会与种族壁垒，接触人类身体，富人和穷人都一样。人们对于血汗工厂生产的衣物恐惧不已，想想这些衣物是生病的穷人在窝棚或贫民区的廉价房里所做，富人们购买衣物，定期送去最穷困的家庭洗熨。富人如何知道他们所穿衣物在何处生产或“清洗”？维多利亚时代的一位首相，罗伯特·皮尔爵士（Sir Robert Peel）的故事能很好说明这一点。他送给女儿一身骑装，这种横鞍女式骑装是当时著名的定制品，真正的富人才会定做用于马术活动[20]。后来，他女儿患上斑疹伤寒，死于婚礼前。原来摄政街的裁缝曾把没做好的骑装送到一个贫苦的女裁缝家，让其完成。女裁缝见骑装的羊毛半身裙十分暖和，便把它盖在患病且“寒战发作正冷得哆嗦的丈夫”身上。如此，这身骑装把病“从最穷之人的棚舍带到了政治家的宫殿”[21]。作者以纺织品的故事隐喻社会融合，写道：“……所以在整个社会生活体系中，我们都是联系在一起的。如果我们忽视最穷最下层的人们，社会将伸张正义，摧毁顶端的最有教养且最富有的人群。”

无论是高级定制还是19世纪中叶开

始涌向市场的便宜的成衣，都可能藏有病菌——毕竟体虱对人是一视同仁的，因此斑疹伤寒可以传染整个社会范围内穿带病衣服的人。1850年，英国最著名的讽刺幽默杂志《笨拙》上刊登了一则小诗。这本画刊受众甚广，从中产阶级到知识分子和社会精英，都喜欢阅读。这首名为《赫拉克勒斯便宜短大衣》（*The Hercules Cheap Paletot*）[22]的诗提醒顾客购买便宜带病成衣的风险，比如新近流行的“短大衣”。这种短大衣外形相对成方形，宽松不收腰，是受水手服启发设计的，我们现在称之为双排扣大衣。衣服在血汗工厂或者廉价成衣店生产出来，制作条件极不卫生，做好的衣服就被称为廉价成衣（slops）。“Slops”也指“海员制服成衣”。尽管短大衣出身不好，却变成了极其时尚的衣橱必备品。1852年，法国作家埃德蒙·特谢尔（Edmond Texier）就注意到它来自劳动阶级却获得了新身份：“这是时髦人士、花花公子、名流淑女们最新的优雅——他们都穿着农民和水手的衣服[23]。”短大衣的流行实现了从水手到花花公子的社会阶层提升，反过来，精英们也因此担心染上水手们的病，比如斑疹伤寒，或者说船热。

在《笨拙》刊登的诗里，赫拉克勒斯并非被毒死，而是死于疾病，将这个经典神话改写成以实验为根据的“科学的”版本：

毒死赫拉克勒斯的背心
购自售卖便宜成衣的商人；
使斩杀无数怪物的英雄痛苦万分的
正是疫病之病毒；
衣服染上的斑疹伤寒
带来痛苦与饥荒……
而这些衣服还在生产；
各式海报、文章、标语牌、传单
都在劝你尝试——
如果你够明智，可千万别买。

这首诗达到了讨好读者的目的——剧毒背心虽害死了英勇的赫拉克勒斯，但“明智的”现代男性却可以避免这种悲惨命运。它对两方面提出质疑，一是“染上”斑疹伤寒的衣服本身，二是虚假广告宣传使得疾病传播。现代读者已经习惯了一样商品使用不同的宣传手段，然而对于维多利亚时代的人来说，用海报、口号、标语牌和传单去鼓动购买一样商品似乎手段过多，令人略有猜疑。仅仅25年过后，澳大利亚版《笨拙》又刊登了一则以血汗工厂工人的口吻写成的小诗，它深谙内情，提醒衣着打眼的年轻人当心“光鲜”的新行头。

尽管你的服饰光鲜得体
它却是热病之温床，疾病之渊薮
每条褶每条缝都潜伏着小小的寄生虫[24]。

诸如1910年成立的纽约卫生控制联合委员会之类的一些组织，开始利用人们对血汗工厂的关注，游说改善工人健康问题。从1925年到1929年，经检查过的工厂生产的衣服都有一个白色的“卫生”标签。此标签是在一个卫生时尚秀上推出的，许多女性消费团体“称之为一次伟大努力，不仅保护制衣工人的健康，也使消费者远离那些在不洁、危险的店铺里制作出来的滋生疾病的衣服[25]。”前人不得不对他们衣物里潜藏的危险做出思考和反应，而基于现代流行病学的研究，抗生素疗法、水洗和干洗的技术，我们现代人不像前人那样担心衣物会传播传染病。尽管穷困潦倒的流浪汉和难民群体仍然会染上传染病，普通大众却已经不再害怕血汗工厂里生产的崭新的海军大衣会带有斑疹伤寒了。

新衣并不是唯一的危险所在。历史上，衣料都很珍贵，在最后做成破布纤维纸之前会一直被转卖和再利用。即使机器纺织已经降低了纺织业的成本，19世纪的许多人还是不得不从商人或街头小贩处购买二手衣服。像E. 吉伯特（E.Gibert）一类的医生就认为，1879年士兵们从非洲回来的同时也把像天花之类的病毒带回了法国，洗衣女工则把疾病传播给了大众。但是，他也说最恶劣的元凶还是二手衣物贸易，因此他呼吁政府成立中央仓库，对带病商品进行杀菌消毒，尤其要注意国内“旧破布、日用织品、衣服和各种用途的破烂料子交易，这些东西或许不会造成大的瘟疫，却可以传播天花、猩红热、麻疹和疥疮等疾病”[26]。城市环境不卫生，社会习俗要求无论男女老少都要用层层衣料把身体从头到脚裹上，加上清洗不足，这就造成了与寄生虫和纺织品有关的皮肤病，特别是湿疹和皮炎[27]。1899年，纽约州首席卫生督察费尼（Feeney）医生叫停了一条“可憎的运输线”——从美国北部“定期把死于传染病或淹死之人的二手衣服”运到美国南部[28]。长久以来，人们普遍认识到病人衣物应烧毁，而医生们，如路易斯·巴斯德（Louis Pasteur）则在19世纪60年代早期就用科学手段证明了污染衣物和疾病之间存在的联系无可辩驳[29]。在巴斯德的发现的推动下，涌现了大批关于衣物消毒的文献资料[30]。相关机构推动发布了一系列公共政策，整顿衣物清洗及卫生，尤其是在战地、医院及其他大型机构。平民们也开始担心家里面的细菌。

败血症女裙

男性水手和讲究的时髦男士可能成为带病衣物的受害者，女性时装同样被认为会携带和传播疾病。美国作家纳撒尼尔·霍桑（Nathaniel Hawthorne）在1838年受哥特式恐怖小说影响写成的短篇小说《埃莉诺小姐的斗篷》（*Lady Eleanor's Mantle*）就是以此为背景。一个高傲的英国贵族小姐乘船来到了马萨诸塞州，参加一个舞会。她穿着华美的刺绣斗篷，那斗篷几乎像施魔法般令她光彩照人，但是却给当地人带来了天花。最后埃莉诺小姐面容尽毁，香消玉殒。斗篷本身完全就是“剧毒外套”。霍桑这样写道：“它奇异的光彩来自一位濒死女人的狂思乱想，是她那僵硬手指苦心孤诣的最后杰作，所以那金线中织进了灾难与痛苦[31]。”那“带诅咒

▲5.《拖细菌长裙》,《泼克》(*Puck*)杂志,1900年;© The Art Archive/Alamy

的斗篷”上美丽的金线上带有天花病毒，给制作斗篷的人、穿着斗篷的人以及殖民地美国的很大一部分人带去了死亡。作者借此来表示对这位小姐的傲慢以及她对社会地位低于她之人的恶劣行径的谴责。

19世纪早期到1905年左右这段时间，拖尾裙又周期性地时髦了起来，女性们穿着拖尾裙“扫过”大街，把散步时沾上的疾病带回了家。这种说法还是有一定真实性的。19世纪的城市街道已“受污染”，满是狗屎、马粪和工人的“大量咳出物”（在一个伦敦医生看来，还有美国人和其他外国人吐的痰）[32]。他表达了行医之人的意见，说“从卫生的角度看，我们强烈反对沾满粪便、尿液和各种致病微生物的长裙进入私人住宅”，因此他推荐女士们走路时穿短裙。医生们拭过“清道夫”裙子的裙边，计算上面“致命杆菌”的数量，用科学的手段证明了他们的观点[33]。裙子携带疾病的形象意在使公众心中产生恐惧。1900年，美国幽默杂志《泼克》上有一幅漫画，一个侍女一脸嫌恶地提起女主人的长裙边（漫画顶部画着女主人之前穿着这条裙子去散过步），整理裙子可不是简单无害的。成团飞扬的尘土传染疾病，飞散出“细菌、微生物”，更明确点的——“伤寒”“肺结核”和“流感”飞到空气中（图5）。潜藏在裙摆下的死神浮现在画面上方，手持镰刀注视这一切。女主人的两个孩子就站在不远处，天真无邪地抱着招人爱的小哈巴狗，而死神的阴霾气息笼罩了女仆和两个孩子。这幅漫画在传达谴责之意的同时也加入了道德评价：女性在公众领域的任何情景下使用双腿都很危险，不管是妓女干张开双腿的营生，传播性病，还是行动方便又有钱的女士们在城里自由自在地溜达逛街。

但是短裙同样可能遭受社会非难。19世纪90年代的妇女们在全美范围内成立了“雨天俱乐部”，发起推行雨天穿短裙的运动，然而《Harper's Bazzar》一类的时装杂志表示，“女性本就该打扮得美丽动人，下雨天有什么要紧的”[34]。新艺术派的“提裙用的夹子”上装饰有栖息的鸟儿，并在1902年取得专利，很好地平衡了健康与美丽的矛盾，又不失优雅（图6）。这样的设计表明它们可以支撑住厚重的户外羊毛裙边，而且它们也是那个时代审美观与卫生标准之间矛盾重重的见证。20世纪初的女裙下摆越来越高，许多时装史都将其归因于女性争取选举权和更多地参与体育运动，但其实，卫生因素也在其中起了关键作用，可能大家都忘了这一点。

抗生素的使用已经在很大程度上根除了上述很多疾病的大规模暴发，包括斑疹伤寒在内。当然，20世纪后半叶，发展中国家仍有疫情出现。19世纪的作家们担心成衣或二手衣服携带寄生虫，而现代西方人却没有特别担心因为穿了越南、孟加拉国和菲律宾的血汗工厂制造的衣服会得传染病。我们应该更多地考虑居住地的危险，毕竟医院仍是通过纺织品传染疾病的温床。近来有关于医疗从业者所穿的感染衣物的研究足以令我们停下来好好思考。西方男医生医学职业精神的象征——白大褂、领带和听诊器，都有可能携带通过病人传播的致命细菌，这其中包括抗甲氧西林金黄色葡萄球菌，它有一个更为人熟知的名字，MRSA超级细菌。我们总认为救死扶伤的医生“不会造成任何危害”，然而被污染的白大褂会辜负我们的信任。医生们有时还会打领带——另一个象征男性地位的穿衣标志，但是许多领带从来不水洗（或干洗）。2006年有人以苏格兰的40位医生为研究对象，发现他们中70%的人从来没洗过领带，剩下的30%大约五个月以前洗过[35]。另有研究表明，医生的领带携带的细菌确实是比他们穿的衬衫多得多，即使衬衫平均两日一洗，50件衬衫中也有8件都携带MRSA超级细菌[36]。还有研究表明，工作人员和访客的衣服带有曲霉菌的孢子，体质虚弱、免疫力低下的病人吸入孢子后会感染上致命的肺病。小孩常常被大人抱着抚慰，感染风险更大[37]。看来在医院本该消过毒的环境中仍然存在着引言中提到的现代版涅索斯之毒衣。2008年，英国卫生部颁布规定禁止医生戴“多余首饰、手表，不准穿白大褂、长袖，不准打领带”，因为这种装束“容易传播病菌，危害极大”[38]。正如本章中探讨的万人坑、“一战”中的战壕、肮脏的裙摆、海军短大衣、医生泛着光泽的丝绸领带所示，日用织品和衣物过去是致命细菌的战场，现在情况仍然如此。

▲6. 新艺术派“提裙用的夹子”，1902取得专利；©V&A博物馆，伦敦

注释

1 Michel Signoli et al., "Discovery of a Mass Grave of Napoleonic Period in Lithuania (1812, Vilnius)," *Human Palaeontology and Prehistory (Palaeopathology)* 3, no. 3 (2004): 219–27. For more artifacts, see "The Retreat of the Grand Army of Napoleon I from Russia" on the National Museum of Lithuania website, http://www.lnm.lt/en/virtual-exhibitions/lithuania-and-the-french-russian-war-of-1812?task=view&id=579.

2 Stephen Talty, *The Illustrious Dead: The Terrifying Story of How Typhus Killed Napoleon's Greatest Army* (New York: Crown, 2009).

3 Didier Raoult et al., "Evidence for Louse-Transmitted Diseases in Soldiers of Napoleon's Grand Army in Vilnius," *Journal of Infectious Diseases* 193, no. 1 (2006): 112–20.

4 Ibid.

5 Henri Bahier, *Les épidemies en temps de guerre: Le typhus éxanthématique 'maladie de misère,'* (Montpellier: Firmin et Montane, 1919), 57.

6 Nicolle in Bahier, 36.

7 William Moore and Arthur Hirschfelder, *An Investigation of the Louse Problem*, (Minneapolis: University of Minnesota Press, 1919), p.26

8 Ibid., 27.

9 A.D. Peacock, "The Louse Problem at the Western Front (Part II)," *BMJ* (May 26, 1916): 749.

10 Bob Gibson, "The March of the Cooties" (Chicago: Robert L.Gibson, 1918).

11 Jack Yellen and Abe Olman, "The Cootie Tickle Shimmie Dance", Sheet Music (New York: Feist, 1919).

12 W. Byam, *Trench Fever: A Louse-Borne Disease* (London: Oxford University Press, 1919), 125.

13 Ibid., 128.

14 In 2007, a U.S. Army soldier infected his two-year old son with smallpox. Not only can smallpox be transmitted through inert objects called fomites, including slippers and washcloths in this case, but the virus can live on common household objects for over a week. J. Marcinak et al., "Household Transmission of Vaccinia Virus from Contact with a Military Smallpox Vaccinee—Illinois and Indiana, 2007," *MMWR* 56 no. 19 (2007): 478–81.

15 Michael McConnell, *A Country Between: The Upper Ohio Valley and Its Peoples, 1724–1774* (Lincoln: University of Nebraska Press, 1992), 194.

16 These are excerpts from the diary of officer William Trent, in *Pen Pictures of Early Western Pennsylvania*, ed. John W. Harpster (Pittsburgh: University of Pittsburgh Press, 1938), 99, 103–04.

17 McConnell, 195.

18 Priscilla Wald, *Contagious: Cultures, Carriers, and the Outbreak Narrative* (Durham: Duke University Press, 2008), 12.

19 Ibid., 13.

20 Nancy Tomes, *The Gospel of Germs: Men, Women, and the Microbe in American Life* (Cambridge: Harvard University Press, 1998), 205.

21 "Sir Robert Peel's Daughter," *Huron Expositor* (July 3, 1891): 6.

22 *Punch* (January 1850): 38.

23 Texier, Tableau de Paris, cited in Philippe Perrot, *Fashioning the Bourgeoisie* (Princeton: Princeton University Press, 1994), 115.

24 "What the 'Sweater' said to the Swell," *Punch* (Melbourne) (Aug. 13, 1874): 327.

25 Tomes, *The Gospel of Germs*, 218.

26 E. Gibert, *Influence du commerce des chiffons et vieux vêtements non désinfectés sur la propagation de la variole et autres maladies contagieuses* (Marseille: Barlatier-Feissat, 1879), 10.

27 Jane Farrell-Beck and Elizabeth Callan-Noble, "Textiles and Apparel in the Etiology of Skin Diseases," *International Journal of Dermatology* 37, no. 4 (1998): 309–14.

28 "Infected Clothing," *Journal of the American Medical Association XXXII(16)* (April 22, 1899): 887.

29 *Rapport de MM. Pasteur et Léon Colin au conseil d'hygiène publique et de salubrité, établissement, Paris, d'étuves publiques pour la désinfection des objets de literie et des linges qui ont été en contact avec des personnes atteintes de maladies infectieuses ou contagieuses* (Paris: Publications de la Préfecture de Police, 1880).

30 Ibid.

31 In Lea Newman, *A Reader's Guide to the Short Stories of Nathaniel Hawthorne* (Boston: G.K. Hall, 1979), 364.

32 "Septic Skirts," *The Lancet* (June 2, 1900): 1600.

33 "The Dangers of Trailing Skirts," *Current Lit* 29 (1900): 433; "The Scavenger Skirt," *Canadian Magazine*, 27 (1906): 471–72.

34 Tomes, *The Gospel of Germs*, 157.

35 I. Ditchburn, "Should Doctors Wear Ties?," *Journal of Hospital Infection* 63 (2006): 227.

36 Pedro-Jose Lopez et al., "Bacterial Counts from Hospital Doctors' Ties Are Higher Than Those from Shirts," *American Journal of Infection Control* 37, no. 1 (2009): 79–80.

37 Carol Potera, "Clothing Spreads Spores," *Environmental Health Perspectives* 109, no. 8 (2001): A 365.

38 Stan Deresinski, "Take Off your Tie!," *Infectious Disease Alert* (Atlanta: AHC Media, February 2008).

1580
1615
1660
1875
1989
1992
1900
1850

第二章
用毒神技：水银帽

世界时尚之都——巴黎的圣路易斯医院的蜡模博物馆（Musée des Moulages）的围墙之内，陈列着一系列的皮肤病仿真蜡塑，让人望而生畏。这个博物馆成立于19世纪60年代，展品反映当时穷人最容易感染的皮肤类疾病的性状，主要用于教学。蜡塑直接取材于临床案例，利用活体倒模成形，然后手绘而成。其中一只25岁男性帽匠的手，看起来栩栩如生，我们一眼就能判断出，这人得了严重的职业皮肤病："汞硝酸使他的指甲变色"（图1）。手模作于1885年，制作者朱勒斯·巴瑞塔（Jules Baretta），手主人是个年轻人，他的工作是利用化学品将动物皮毛变成时尚的男用礼帽，长期接触有毒化学品使他的指甲变色，无法恢复。我们可以想见，年轻的制帽师一定没有防护手套可戴，毒素因此直接通过皮肤影响其身体机能。另外，这个年轻人一定很穷，请不起私人医生，患病后可能去过免费的公立医院。他的指甲轻微膨胀，因慢性缺氧，呈现出一种奇特的杵状。这种杵状的指甲或许由肺病引起，当时许多帽匠都患有肺病，也可能是因先天性心脏病，或是因后天性水银中毒导致的心脏病引发，长期暴露于水银之下或直接接触水银也会导致指甲出现上述病症。不论病因是什么，显而易见的是，这位年轻男子的职业，已经给他25岁的双手和身躯留下了不可磨灭的伤痕[1]。

同样受损的手也出现在1925年国际劳工局开展的一项研究中（图2）。研究报告详细描绘了水银损伤运动神经系统的过程。一行行潦草的字迹，其实是帽匠的签名。他们几乎无法控制颤抖的双手，拿着笔写字就像鬼画符。在北美，这种非自发的手部"运动"被称作"帽匠颤抖"或是"丹伯里颤抖"[2]。图片中的签名很简单"De Cock"，可惜帽匠中毒太深，字迹几乎无法辨认。另一幅签名里，帽匠不会写字，干脆画了个十字代替签名。早在1882年，法国就已立法普及基础教育。这种基本认不出是什么字的字，清晰地说明，帽子已经从当年能工巧匠手中的精品，变成了机械化大工厂的产品。到20世纪早期，这个肮脏、危险、致命的行业，已经全部由年龄更大、受教育程度更低的工人，或是外国移民接手。本章将镜头投向男性时装，以及由此引发的慢性水银中毒事件。让我们撤开深爱的文化偶像们，例如《爱丽丝梦游仙境》中古怪的“疯帽子”先生[创作者刘易斯·卡罗尔（Lewis Carroll）]，揭露制帽业的恐怖真相。

千变万化的风格

> 年轻时，帽子有宽宽大大的帽檐，将帽子折起，我仿佛看到了一把把雨伞，有时帽檐高，有时帽檐低，各种各样的细绳穿插其间。这时，帽子又像一艘艘小船。今天，圆顶、无帽檐的款式似乎挺流行。帽子就是海神普罗特斯，只要能想到，就可以变幻千变万化的形状。
>
> 路易-塞巴斯蒂安·梅西埃（Louis-Sébastien Mercier），《帽子》（*Chapeaux*），Tableau de Paris，第IV章，1782，第62页

写到巴黎，作者梅西埃用嘲弄的口吻描述了男士头顶的这种饰品，说它变化莫

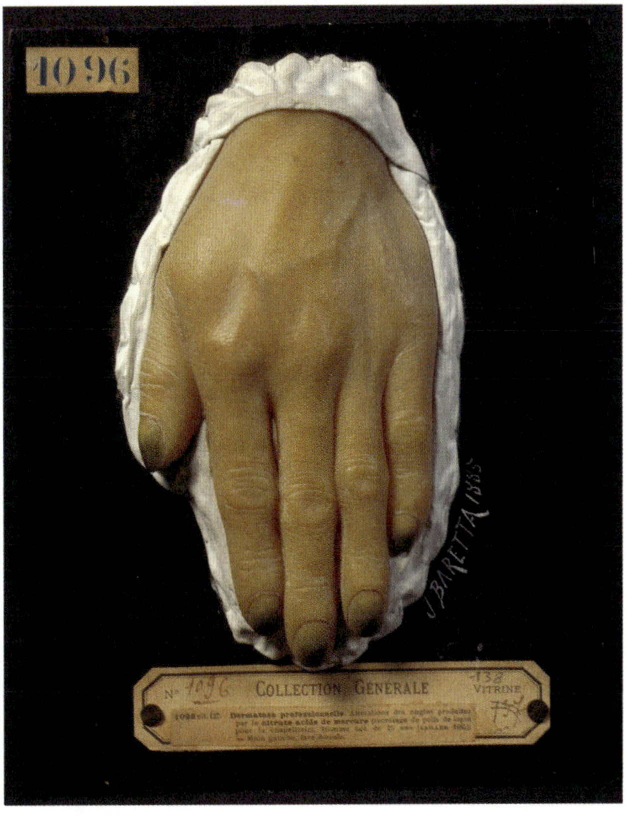

➤1. 制作者皮肤科专家朱勒斯·巴瑞塔：25岁帽匠的手，因汞硝酸导致指甲变色；1885年；模型编号：1096；圣路易斯医院蜡模博物馆，公立医院，巴黎

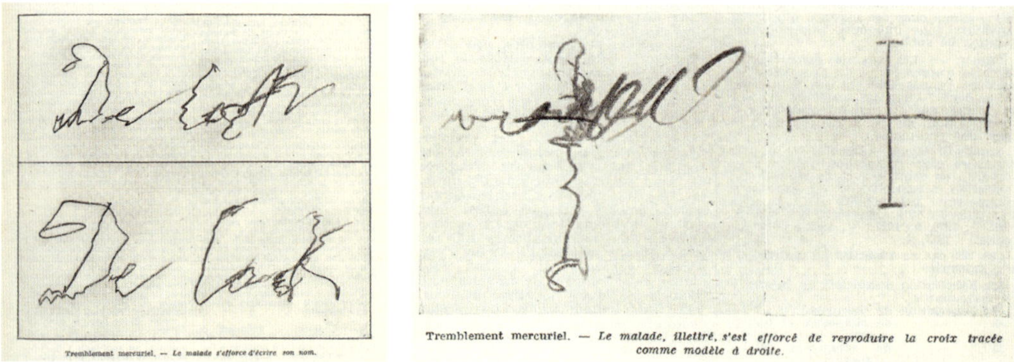

▲2. 水银中毒者签名：受教育的帽匠（左图），文盲帽匠（右图）；法国，1925年；国际劳工局

▲3. 左：Josiah Child 爵士肖像，Tylney 伯爵一世之子；弗朗西斯·柯特斯；作于Lydiard庄园，斯温登郡
右：Adol Ludvi Stierneld 男爵肖像；乌尔丽卡·帕施；1780年；©瑞典国家博物馆

测。在他看来，帽子的形状就像海神普罗特斯手中的水，想怎么变，就怎么变。18世纪50年代，梅西埃年轻时，巴黎流行宽檐帽，帽檐可高可低，就像弗朗西斯·柯特斯（Frances Cotes）画中的一样。然后，巴黎人又戴上了船形的帽子，学名“新月帽”。到18世纪80年代早期，一种窄边的头冠流行开来，具体形状可参考帕施肖像画中的那顶帽子（图3）。18世纪晚期的帽子可以说千变万化，但是，如果要用另一个形容词来描述它，这个词或许应该是“水银的”。水银最开始被用在帽子的绑带里，增添时尚感。虽然其毒性尽人皆知，但是，作为最便宜，也是最有效的毛皮处理剂，它能让僵硬、低劣的兔毛变成可塑性极强的毛毡。毛毡是一种非羊毛纤维，可以用各种原料制成，包括人造皮毛[3]。收集羊毛时羊不会受损，但是制作毛毡必须剥掉动物的皮毛，这样的恶行禽兽难为：“说到毛毡，如果它四肢俱全，从帽子店路过时它会看到，满店都是同类[4]。”为了把一缕缕的皮草编成长长的纤维，人们需要把动物的皮毛剥掉，然后“制毡”，通过摩擦、压力、湿度、化工品及热力等综合手段，将动物毛发拧在一起。将水银或酸溶液刷在毛皮上，可以软化毛发中的蛋白质，将皮草变成橘红色，因此，人们也把这一流程称为“胡萝卜化”[5]。

在一颗颗银光闪闪的水银（也称汞）珠子的作用下，帽子变得精致有形。水银本身就是一种形态多变的物质，能起到改变形貌的作用[6]，然而，它闪亮的外表极具欺骗性：和铅一样，水银是最危险的化学物质之一，严重危害人体健康。它能轻易被吸入肺部，运气“好”的话，进入皮肤或停留在胃部。在水银的帮助下，帽子的时尚来了又走，水银却被永远地留在了人体内。一旦进入帽匠的身体里，或是帽子的纤维里，或者制帽厂旁的泥土里，水银可就算是落地生根啰[7]！

一些毛毡帽保存至今，因此今天的人们得以获知它可能带来的健康威胁。伦敦V&A博物馆的服装类藏品中，帽子被裹在皱皱巴巴、透明的聚酯薄膜袋中，上面贴有骷髅头加十字枯骨的标志，上书“剧毒”二字（图4）。V&A纺织品管理员格林汉姆·马丁（Graham Martin）和玛瑞安·凯特（Marion Kite）率先对藏品帽进行了科学研究。研究表明，藏品中的许多帽子中仍有大量水银残留，任何人拿着帽子都有可能中毒。对博物馆的管理人员来说，危险更甚，因为他们需要用蒸汽处理受压变形的帽子，恢复帽子原来的形状，“经过检测，我们发现，这些帽子里仍含有大量汞或汞盐，要知道，1820年至1930年，几乎所有的毛毡都是用汞进行处理的”[8]。上述两位于2002年发表论文，至今堪称经典。他们通过文章告诫博物馆的众多工作人员，经由“胡萝卜化”程序处理的皮毛中，水银的含量至今仍居高位，威胁人体健康[9]。他们相信，这些毛毡帽中，水银的含量高达50%，因此希望通过这篇文章，提醒大家采取相应的保护

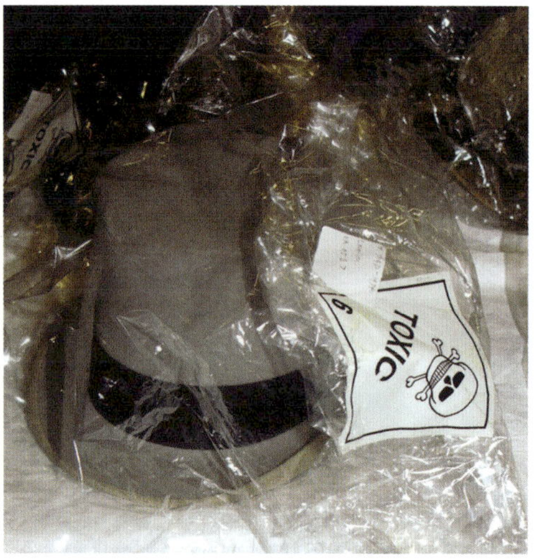

▲4. 聚酯薄膜塑料袋中的毛毡帽；©V&A博物馆，伦敦

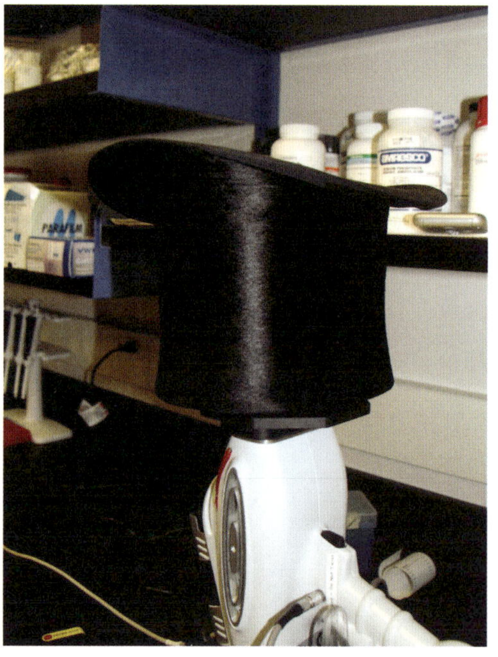

➤5. 19世纪晚期毛毡帽，百图鞋博物馆藏品，在Ana Pejović-Milić教授的物理实验室接受检测；检测设备：便携式X射线荧光光谱分析（XRF）检测仪；试验员：Eric Da Silva，瑞尔森大学；帽子被检测出有水银残留

措施[10]。

感谢博物馆管理员利用类似的技术手段，帮助我对其他手工类藏品进行了科学分析。他们用便携式X射线荧光光谱分析（XRF）检测仪进行检测。这种分析法虽然不能检测出包括铅和汞在内的重金属，或是其他有毒物质（如砷）在物品中的确切含量，但是能探测出该物品中是否有相关金属残留（图5）。安大略皇家博物馆（ROM）、伦敦博物馆，以及瑞尔森大学物理系分别对不同的帽子进行实验，实验对象从18世纪中期的三角“海盗”帽——此时距18世

纪30年代，即水银被引入的年代不过几十年——到20世纪早期的帽子——来自ROM实验室（图6）[11]。结果表明，所有帽子中均可检测到大量水银残余。面对如山铁证——迄今为止，博物馆中收藏的毛毡帽仍含有毒素——我们在此寻找答案：帽子如何引发汞中毒？帽子如何损害帽匠的健康？以及，该问题旷日持久的原因？

伊丽莎白·威尔逊（Elizabeth Wilson）在其作品《装饰在梦中》(*Adorned in Dreams*)中，引用了弗里德里希·恩格斯（Friedrich Engels）的文章《英格兰工人阶级生存现状》(1844)："奇怪的是，为了生产那样的一堆东西——那些资产阶级太太、小姐们的穿戴饰品，工人的健康严重受损，这样的后果莫不令人痛心疾首。"恩格斯是对的，为了给女士们制作时尚的衣饰，工人们的健康受损，然而对于自己头上的那顶帽子的问题，恩格斯却是两眼一抹黑，无视其中的毒素。现在几乎没人戴毛毡帽子了，但是在恩格斯的那个时代，出门如果不戴帽，将被整个社会视为一种无礼的行为。如今，戴不戴帽不过是个人选择，但在很多文化中，从古至今，帽子作为服装的重要组成部分，不可或缺。在中央取暖系统未得到普及之前，帽子起到极其重要的作用：保暖、防雨。就如何穿帽脱帽、帽子该怎么拿等细节，传统习俗里可以找到详尽的描述，对几乎不戴帽子的现代人来说，它们听起来就像天方夜谭，但在过去，这些条条框框不过是日常礼仪的一部分，上流社会还会对此有更加细致的要求。帽子和鞋子一样，虽然昂贵，但在男性的衣橱中分量非常。

一张银版照片描绘了维多利亚时代中产阶级的典型穿戴：优雅的黑色双排扣常礼服、干净的白色胸衣、马甲背心、领巾，以及剪裁精良的长裤（图7）。照片中的主角头戴浅色礼帽，我们可以清晰地看到帽檐和帽冠上绒毛的纹理。可能是为了表现友情或兄弟情，两位男士呈握手姿势。其中一位男

▲6.左：含汞三角帽，18世纪中期，©伦敦博物馆；右：20世纪10年代毛毡圆礼帽，经检测含大量水银，©安大略皇家博物馆

▲7. 银版相片，头戴轻毡帽的两位男士；约1854年；Mark Koenisgberg收藏

士把手搭在另一位的肩上。这种成像技术在当时颇为先进，较好地记录了男士们的精致装扮，供其欣赏。伴随照相技术应运而生的，是各种男性时装杂志，有本杂志取名叫《纳喀索斯》（*Le Narcisse*），取意于希腊神话中的美男子形象“纳喀索斯”，这位美少年爱上了自己水中的倒影。现在，将水银镀在镜子背面，就可以制成一面清晰的等身全身镜，男士们可以通过它欣赏自己的风姿了。当然，上述这种留影拍照的手段也不失为一个好方法。银版摄像技术发明于1839年，摄影师将一种独特且脆的图片，印制在抛光的银制镜面上。制作这种照片需使用水银蒸气，这就说明，对男士而言，头上的帽子，身边的肖像，都是毒药[12]。

虽然我得承认，毛毡帽功能性极强，但

▲8.让-雅克·格兰威尔（Jean-Jacques Grandville）；《另一世》（*Un Autre Monde*），巴黎，1844年，第280页；多伦多公共图书馆

我不得不说，它的社交价值放大了它的时尚意义。毛毡帽之于男性，就像时尚单品之于女性，成为“非理性”的“必败品”。我特意在此使用了“非理性”这个词，毕竟在历史上，男性时尚往往被冠以“理性”的光环，呈线性发展。200年来，医学工作者不断收集证据，试图揭露制帽业的真相。这个行业以生产保护头部的饰品为名，以理性为依托，实际生产的却是使帽匠神经受损的玩意儿——“疯”帽匠的说法就是这么来的。1844年，巴黎讽刺画家让-雅克·格兰威尔作画讽刺“时尚”的暴政（图8）。在作品中，格兰威尔将裁缝和制衣师比作邪恶的“执行者”，说他们是残暴的时尚女王的狗腿子。图中的巨人就是女王，她正在转动一个巨型的轮子。

这不是财富之轮，而是一个被称为“破坏之轮”或“凯瑟琳之轮”(Catherine Wheel)的刑具，用来惩戒十恶不赦之徒。行刑者将犯人四肢大张绑在轮子上，转动轮子，扯断犯人的四肢，罪犯将在痛苦中慢慢死去。尽管在格兰威尔的画笔下，服装的制作者都是坏蛋的帮凶，然而就事实而言，这些人非但无害于他人，反而是时尚业最前线的受害者。裁缝们弓着身子，没日没夜地干活。由于收入菲薄，女裁缝们不得不以出卖肉体为生。同样地，恩格斯虽然用笔讨伐了资产阶级女性消费者，却没注意到，男性消费者，尤其是他们头上那顶追赶潮流不断变化的帽子，才更应该对“令人痛心疾首的后果”——帽匠因工致残早逝——负上绝大部分责任。

帽子戏法

从帽子里扯出一只兔子，这种戏法似乎等同于“魔术”二字。“帽子戏法”最早出现在19世纪早期，据不完全考证，它由一个名叫路易斯·康蒙特（Louis Comte）的巴黎魔术师于1814年首创[13]。至19世纪30年代，约翰·安德生（John Anderson）表演了全套大变活兔群的帽子戏法[14]。今天，尽管这个戏法已经“老掉了牙”，但在我心中，它仍是一个关于制帽用的兔子皮的经典讽刺笑话。从喜剧的角度来看，兔子被杀掉后变成了帽子，魔术师又把帽子复活，变回了兔子。从活生生的兔子，变成头顶的饰品，这个过程相当烦琐，但是不管怎么样，成型的帽子往往具有活兔一般毛茸茸的柔软纹理和触感，需要定期梳理、拉绒，在法语中，这两个程序分别被称作“pelotage”和“bichonnage”，这样，帽檐和帽顶才不会变形，并保持毛皮的自然光泽[15]。这两个术语还可以用来形容抚摸哈巴狗的姿势。在家中，有心的主妇们也会不定时地为丈夫梳理帽子。1892年，《夏洛克·福尔摩斯探案故事》之《蓝宝石案》中，一位警员无意中给了福尔摩斯这样一条线索：一顶“非常破旧、不体面”的帽子。在认真地“审读”这顶帽子后，大侦探推断，帽子的主人“是男性，生活一成不变，不怎么外出，没有受过教育或训练，中年，头发灰白，前几天刚

▲9. 彩印广告画《机器将兔子变成帽子》，品牌：Établissements Bruyas，约1900年；© 里昂帽子博物馆（Musée du Chapeau，Chazelles-sur-Lyon）

理了发”。他还进一步推测说，男人的妻子“已经不再爱他”，其依据是，他在这顶帽子上看到棕色的灰尘，说明帽子“已经好几周没被打理过了”。福尔摩斯告诉他那位著名的同伴说，“如果我看到你，亲爱的华生，戴着一顶积了一个星期灰尘的帽子，而你的妻子居然对此视而不见，任由你外出，那么我一定会担心，你已经不幸地失去妻子的仰慕了”[16]。

福尔摩斯绝妙的推理能力，“魔术般地”揭示了那位不在现场的帽主人的生活，一则Bruyas牌帽子新艺术派（Art Nouveau）广告，则用前文提过的那种经典魔术戏法，表演了一出帽子反转剧（图9）。穿着红色长袍，打扮时髦的女士，似乎是魔术师的助手，正一脸怀疑地打开一个小柳条筐。5只兔子——刚好是制作一顶帽子所需的数量——一只接一只地主动跳进一台“池子”机器，法语叫“bastisseuse”。这是1855年发明的用于制作帽子的机器，可以把松散的皮毛吹进一个大的锥形器具里[17]。广告中，锥形器具里飞出11顶成品帽，款式材质各异，从软呢帽（fedora）到康康帽（boater），应有尽有。一位魔术师打扮的男士站在兔子和帽子中间，正脱下帽子，向对面的女士致意。这幅画作于1900年左右，正是在这个时期，制帽业出现“魔术般”的变革，整个制帽流程完全由机器完成[18]。这则广告充

▲10. 上：《英国国王查理二世伦敦加冕仪式》（细节），温斯劳斯·霍拉（Wenceslaus Hollar），1662年，© 纽约大都会艺术博物馆（The Metropolitan Museum of Art）；下：水獭毛毡“女巫”帽，约1620年，© 伦敦博物馆

满了诱惑，却把杀死兔子、毒死帽匠的罪恶完全掩盖。工会曾出具报告指出，广告画出现在市面的同时，还有女性因使用该种机器，严重汞中毒[19]。

历史告诉我们，制帽业的中毒事件并非古已有之。过去帽子由水獭皮制成，这种材料制成的帽子极为昂贵。与又重又易变形的羊皮不同，水獭皮毛茂盛，轻盈防水，保暖耐用[20]，受到极大的推崇。于是，到了16世纪，这种动物在欧洲几乎灭绝，商人们将目光转向北美，去那里寻找水獭。17世纪，社会对水獭皮毛的推崇达到顶峰。勇猛的骑士对那种外形生硬的宽檐帽情有独钟，自持的清教徒也青睐这种帽子。三十年战争期间（1618—1648），瑞典取得了军事上的胜利，宽檐尖顶帽和舒格洛夫帽（sug-ar-loaf）在潮流男女间流行开来[21]。17世纪20年代还曾流行一种特殊的帽型，我们或许能称之为"女巫"帽。与真正的女巫帽不同的是，这种帽子没有尖顶。但是，水獭皮毛会渐渐变干，这种帽子因此容易受损干裂（图10）。与现代的各种帽子相比，"女巫帽"的材料看起来更为厚实，拿在手里却很轻，让人感觉重量与尺寸不符。

纯水獭毛是不需要用水银处理的。它具有一种钩状结构，随着动物的生长，水獭体内发生自然的化学反应，皮毛质量会越来越好。美洲早期的荷兰移民曾这样描写，"……除非变脏、沾了土或是变得油腻腻，水獭毛不会被制成毛毡"。俄国人或是美洲早期移民，一般会把未经处理的水獭皮毛缝成衣服，"贴身穿着，等它被人体的汗液或油脂弄脏以后，再好好处理，用来制成高档的帽子"[22]。这种汗津津的东西，被叫作"castor gras"，即"滑溜溜"的水獭毛。将它和未经穿着的水獭毛料一起，按1比5的比例混合，就可以制作高档礼帽[23]。温斯劳斯·霍拉印刻的作品，记录了英国国王查理二世加冕的全过程。我们可以看到，参加仪式的社会各界精英的头上都戴着高高的圆锥形水獭毛帽子，上面还装饰有羽毛。英国著名的日记作家塞缪尔·佩皮斯（Samuel Pepys），于1661年耗巨资购得一顶水獭帽，只要出席重要的社交场合，如市长大人举办的宴会，他就会佩戴这顶帽子[24]。其他时候则选别的帽子戴，以"保护他的水獭帽"[25]。

佩皮斯的日记足以证明他对水獭帽的珍爱。遗憾的是，由于过度捕猎，18世纪的水獭数量大幅缩减，加上战争爆发，水獭皮毛的供应链断了，人们不得不使用廉价的本土兔毛作为替代品。唯一的问题是，这种皮毛制成毡后品质不是很理想。为了软化兔子皮毛坚硬的角蛋白，帽匠必须用到一种液体，将兔子皮毛"胡萝卜化"——作为法国独有的秘方，其化学成分多年来一直是该行业的重大商业机密。这种溶剂起到的作用类似于过去的人体汗液。不同的是，过去，人们是将未经处理的皮毛穿在身上，经过漫长的自然变化，发生生物反应，使其变为可用的毛毡。而现在，新的技术出现，使用化学溶液，制作毛毡的速度更快、效率更高，但是，这东西有毒。

“杀人的奢侈品”

约翰·F.克林（John F. Crean）是20世纪加拿大经济历史学家，出身于某制帽世家。克林在一篇分析皮毛贸易经济的文章中，略微提及水银中毒给人体健康带来损害，但更多的是强调水银溶剂的发明，是一项重大的技术创新，可以比肩1855年获得专利的贝塞麦炼钢技术[26]。该炼钢术大大降低了成本，炼制的精钢硬度高、不生锈，用在建筑及工业领域，取代了过去的锻铁。18世纪的制帽业，依靠的仍然是匠人的纯手工劳作，而不是如同钢铁炼制或是纺织生产一般的大机器生产。但是，跟其他奢侈品一样，帽子的生产制作也被经济历史学家扬·德·弗里斯（Jan de Vries）称为“工业性革命”的一部分[27]。作为工业革命的前沿运动，在这场工业性革命中，水银作为新型技术的重要原料，被用来制作便宜的毛毡，缩短帽子制作的时间。尽管加速了产品生产，这项技术却“引发新的健康问题”[28]。早在1778年，一位法国人口统计学家就已经意识到，新型的奢侈品正在杀死工人阶级。让-巴蒂斯特·莫尼耶（Jean-Baptiste Moheau）曾呼吁向“杀人的奢侈品”征税，他写道，“几乎没有里程碑不是用鲜血筑就的，每一件服装都染有鲜血。为了让这些机器制造的艺术品趋于完美，人类做出种种努力，最终却创造出史无前例的毒药来[29]。”制帽业就是一个明证。虽然在克林眼中，“胡萝卜化”工艺好处多多，但它实际上劣迹斑斑，把18世纪的贸易场，变成了工人和工厂主的战场。经济利益的驱使，使工人成为永远的战败方[30]。

有这样两则故事，说明帽匠是如何发现水银制毡的特性的。故事虽然不同，关键点都一样：药用水银。工人们习惯将小便尿进水箱里，这里面装有一种用来煮皮毛，将其毛毡化的酸性液体。在其中一则故事中，一个帽匠制作出一顶品质最为上乘的毛毡，原因不明。当时他因治疗梅毒，阴茎中插入药用水银合剂。正是这种含有水银的尿液，创造了一个帽子奇迹[31]。而在英国，医生在兔皮上涂抹水银，用来敷在一位患者的乳房上，治疗乳腺癌。后来，一位帽匠拿到这张毛皮，追本溯源，发现了制毡的诀窍[32]。水银究竟从何时开始用于制作毛毡？时间不详。但大约17世纪，帽匠们就发现了它的“妙用”。1716年，或许出于保护工人健康的目的，帽匠行业协会立法，明令禁止使用水银[33]。但这条禁令不久后就形同虚设。法国新兴教派胡格诺派的教众大多为帽匠厂厂主，据后人推测，他们在逃往英国之后，将“秘方”也带了过去。后来的故事表明，距此十多年后，一位法国帽匠将改良后的新技术重新带回了巴黎[34]。

18世纪30年代，马赛帽匠协会和一位名叫卡博内尔（Carbonnel）的工厂主打响了一场律法硝烟战，“胡萝卜化”是他们争论的核心。卡博内尔于1732年开始使用水银，在法庭上，他用经济利益作为辩护观点，希望打赢这场官司。水银的运用，使他能用相

▲11.图片左上方的工人，正在进行“胡萝卜化”的制帽环节（Fig.8）。他站在桌子前，用碗里的水银溶液刷洗皮毛。图片上看不到任何的保护措施。阿贝·诺莱（Abbé Nollet），杜夏佩利埃艺术馆（Art du chapelier），巴黎，1765年；©Bibliotheque Forney/Roger-viollet

对廉价的材料，制作高级轻便的帽子，在与英国制造商的竞争中，保持产品优势。当时，在诸如西班牙和意大利这样气候炎热的国家，这种帽子备受追捧[35]。帽匠协会则认为，经过水银处理的帽子有很大的缺陷，容易散架，用水银做帽子，属于恶性竞争，对别的厂家不公。他们还抱怨水银对健康的威胁，但这一指控被卡博内尔否定了[36]。法庭判卡博内尔败诉，于是水银再次被法律明令禁止，不再允许在马赛地区使用。后来这一条款推广到其他大城市，包括里昂、巴黎，以及法国其他主要的制帽中心。然而，城区之外，帽匠们仍然使用水银。政治及经济利益最终驱使所有帽匠无视法律。至18世纪上半叶，水獭帽的售价几乎是兔毛毡帽价格的10~50倍[37]。还有技术成本：从水獭原皮的处理到毛毡帽成型，帽匠需工作6~7个小时，兔毛帽的制作则只需要3小时。1782年，一顶“普通的”男士帽的售价为3~6里弗（古时的法国货币单位），水獭帽的价格至少是它的4倍[38]。因此，水银尽管从1735年已被禁止使用，1751年甚至在马赛立法禁止[39]，然而在1751年，当法国不得不将加拿大及其水獭皮毛拱手让给英国之后，水银的使用越发不受控制，在整个法国普及开来[40]。一位法国医生为殖民地新法兰西的丢失哀叹不已，因为1763年英国胜利后，“帽匠厂比过去更加致命。英国政府，虽然这么说让人非常痛苦，将继续屠杀我们的工人，不论两国是战是和”[41]。

然而，“胡萝卜化”也不过是帽匠面临的诸多风险之一。阿贝·诺莱1765年出版的一份制帽手册详细描述了皮毛梳理技术：我只看见装满有毒液体的大碗，歪歪扭扭地放着，工人手上什么也没戴，看起来非常危险（图11）。经过“胡萝卜化”的兔毛，被放置在密不透风的房间里，工人用长弓一样的弧形器具，弹棉花一样，把水银“镶边”的毛发从原皮上弹下来。毛发在工作间里上下飞舞，虽然有窗，但即使在炎热的季节，也被关得死死的，以阻断空气的流通，防止弹好的毛发被风吹走。进入下一个步骤，健康威胁又来了。漂洗工和制板工仅凭一双手、一根木滚轴，为毛毡定型。在这个又热又湿，充满化学物质和摩擦力的房间里，工人埋着头弯着腰，连续几个小时“拍打”松散的兔毛，使它缩小成原来的一半大小，然后将它浸泡在滚烫的酸性热水中。1904年，让-安托万·伯杰（Jean-Antoine Berger）所作的一幅画，真实描绘了这个又热又累，技术要求极高的制帽步骤（图12）。5名帽匠围站在传统的木质漂洗台旁。台子中间凹陷，镶嵌一张金属水池。4名头发花白的工人负责制作毛毡，其中两人伸直了腰，似乎是为了歇凉。第5名工人赤裸上身，负责烧火及向水池中添加硫酸盐和热水，他正拿着瓶酒往嘴里倒。1862年，某商贸杂志曾就此事做过解释：因为漂洗时工人容易出汗，他们必须不停地喝水缓解口渴，“不幸的是，他们往往更喜欢喝酒”[42]。该杂志建议，带上一升煮好的咖啡，加点甘草，才是更为划算并且健康的做法。和“胡萝卜化”环节的工人一样，这些漂洗工身着围裙，但没戴手套，也不戴口罩，起不到任何保护作用。漂洗工作腐蚀双手，工人手上长满厚厚的老茧。皮肤的裂缝使成倍的水银进入漂洗工人体内。每一次呼吸，工人们吸入的都是沸腾的水池里致命的蒸气。加上酒精，肝脏不能有效排毒[43]，水银挥发后充斥整个空间，工人们中毒更深。

水银使用之初，医生们就开始观察它那邪恶的效果。第一位记录制帽业慢性水银中毒病例的医生名叫雅克-勒内·特农（Jacques-René Tenon）。1757年，这位年仅33岁的法国医生被授予法国外科学院病理学院长一职。随后他拜访了巴黎6家主要的帽匠厂。尽管有些工人看起来比其他人略微健康，雅克-勒内·特农的调查结果却一点儿也不乐观：在这一家工厂内，院长的记录表明，年龄最大的工人“差不多50岁”，他们中“大多数人早晨手会发抖”，“流许多汗，咳得厉害”，骨瘦如柴，“又瘦又虚弱，不得不喝大量烈酒，才能完成一天的工作”。他还强调，所有人“曾生养许多小孩，但活下来的不多。大多数孩子在4岁左右死亡”[44]。另一家工厂主本人也已“病

▲12.《漂洗工和制板工》(La planche or Chapeliers fouleurs)，让-安托万·伯杰，1904年，©里昂帽子博物馆

入膏肓”，死时54岁。雅克-勒内·特农调查时，勒泰利耶有一家工厂，不久前还以制作高品质的水獭皮为主。冬天，水獭体形肥硕、毛皮厚实，处理时只需将皮毛放在无添加的沸水中即可，因此与其他人相比，这家厂里的帽匠几乎没什么症状[45]。这家工厂使用水银溶剂的时间很短，只有几年，而且相较于其他工厂，它的水银溶剂浓度较低。基于此，特农得出结论:“胡萝卜化”程序是致人患病或早逝的主要因素。特农还曾与化学家及药剂师博奥米（Baumé）有过几次对话，当时几乎所有“胡萝卜化”溶剂都是从博奥米手上卖出去的。这位药剂师表示，他手上的订单配比不一，每十六磅硝酸，配水银一到三磅不等[46]。特农相信，帽匠并不了解溶剂的精确配比，当然也就无从要求工厂主做出相应的改良。如果帽匠明确知道究竟多少水银能够既不损害健康，又能有效地处理原皮，工人们就能要求减少“胡萝卜化”溶剂剂量，甚至找到替代品，把毛毡化变成“一个有助于艺术而不伤害工匠的过程”[47]。

因为特农未将其研究结果出版成文，他的警告从未受到普通民众的注意。在他之后，无数医生继续对该领域进行研究，将帽匠的病态病症——包括抽搐、四肢发抖、瘫痪——记录在案。一位名叫阿哈德（Achard）的医生经过三年的研究调查，最终确认一位五个月大的婴儿的死亡原因：因父母的工作关系，在车间和家中吸入水银致死[48]。1776年,《桑特公报》(*Gazette de santé*)指出，水银的使用是一种“不必要的、古怪的、滥用的”[49]行为。法国与英国的国家艺术与科学学院发起校际竞赛，希望以此鼓励相关人员，研究发现新的化学方式以替代“胡萝卜化”过程，可惜收效甚微[50]。相反，法国大革命后，尤其拿破仑帝国时期，战争高于一切，水银的使用日趋严重。工人们失去话语权[51]，人们不再关心他们的健康。尽管一小部分防护装置的改良措施问世，一位帽匠甚至为工友设计了专用面罩及盥洗用品，但整体说来，19世纪早期，水银中毒事件频发，情形恶化，在19世纪20年代到达顶峰[52]。一想到巴黎，艺术之都、文化之都、时尚之都这样的字样立刻跳入我们的脑海，但是对安德鲁·哥勒马（André Guillerme）以及托马斯·勒·鲁（Thomas Le Roux）这两位致力于研究环境污染的法国历史学家来说，1780—1830年的巴黎，只是一座“工业”之都。在这里，伴随奢侈品生产而来的是化工原料的滥用[53]。两位学者重新评估了水银在巴黎工业化大生产中的地位，把焦点对准了重金属污染物以及由此引发的环境污染问题。

正如保罗·布朗（Paul Blanc）所说，受损的不仅是工人的身体，因为“没有明确的界限足以区分‘职业’风险和‘环境’风险”[54]。近来的地球化学研究证明，从19世纪20年代开始，美国康涅狄格州的丹伯里和诺瓦克，作为该国历史上的帽子交易中心，土壤中的汞含量节节攀升，是历史上的3到7倍[55]。150多年来，洪水及其他极端恶劣天气，将上述两地土壤中的水银不断地冲刷进长岛海峡[56]，直到今天，我们仍可以在过去的帽匠厂厂址发现大量水银残留。巴黎的情形则是，木质漂洗台上，沸水使水银在空气中挥发，变成汞盐——最毒的生物体毒素[57]。这些汞盐在空气中氧化后，落在屋顶，落在街面，然后轻轻松松地溜进食物或水源里[58]。在毛毡帽最为流行的19世纪20年代，巴黎中部，塞纳河右岸一带，约有两三千名帽匠挤在这里工作生活。

尽管人们知道水银的危险性，但在当时，相关部门并不认为这种物质足以致命，需远离居民区。仅1825年一年，巴黎帽匠就生产制作了约两百万顶毛毡帽。每位负责“胡萝卜化”生产流程的工人，一年至少使用10公斤水银。如果将包括镀金、制作镜子、制帽在内所有行业使用的水银聚在一起，那么，1770—1830年，巴黎右岸聚集并挥发释放的水银将达到600吨之多[59]。制帽厂里的黑色浓烟，夹带着水银蒸气，从工厂上方吹向街面——多么吓人的一幕啊！据当时的目击者称，这些黑云不仅吓人，还会惊扰马匹[60]。1828年冬天，以及1829年5月，巴黎的水银消耗达到顶点，该地两度暴发传染病肢端痛，也称粉红病，因长出粉色疹子而得名，有超过4万居民被感染。当时许多人将疫病暴发的原因归咎于砷中毒或铅中毒，但是历史学家安德鲁·哥勒马认为，本地工厂使用的水银，才应当为数以万计的巴黎市民中毒事件负责。

讽刺的是，就在疫病暴发前的那个夏天，画家让-查尔斯·代唯利（Jean-Charles Develly）曾去巴黎的帽匠厂进行参观，为陶瓷盘子的设计制作寻找灵感（图13）[61]。当时，色佛尔（Sèvres）陶瓷厂受命设计生产一套餐具，共计180件，以弘扬庆祝所谓的“工业艺术”。餐具上手工描绘了156种产品生产制造的主要场景，产品中既有纸盒这种生活必需品，也有诸如戈布兰（Gobelins）挂毯或黄金饰品一类的奢侈品。这项任务似乎是由一位名叫亚历山大·布隆尼亚尔（Alexandre Brogniart）的化学家领衔完成。当时他负责色佛尔陶瓷厂的指导工作，同时担任法兰西工业产品展览会（Exposition des Produits de l’Industrie Française）评审委员会委员。该展览主要展出19世纪20年代法国最新的技术发明或艺术作品。让-查尔斯·代唯利的笔，故意忽略了那些肮脏讨厌的生产流程，将画面定格于最后的时刻——消费者渴求的帽子成型前的那些时刻：染色、锁边、打磨。右前方的桌子旁，一位工人用熨斗为帽檐定型，这样，帽子“在艺术般的刷毛、制版和熨烫的工艺下，被赋予了优雅、得体的形态”[62]。上文提到的这件庆典用的盘子，今天已不复存在，但国王路易-菲利普曾在1836年，将整套餐具作为礼物送给奥地利总理梅特涅亲王[63]。或许，在亲王的某次宴请中，有人曾用这只餐盘，面对这幅以法国当时毒性最强的行业为背景绘制的图画，享用了美味的一餐。

这个餐盘和其他奢华的饰品一样，避重就轻地对工业生产的真正问题视而不见。而

▲13. 庆典餐盘图案，让-查尔斯·代唯利，草图；1828年；©V&A博物馆

在1829年，也就是代唯利的这个作品被大火付之一炬的一年后，新一代公共卫生健康专家团体，法语称之为“hygiènistes”，出现在人们的视野中。这些人正事儿不干，专门利用科学数据，质疑职业病的存在。这些人要么是受利于某工业组织的化学家，要么就是工业家的忠实粉丝，把经济利益看得比天大，工人的健康在他们眼中，简直不值一提[64]。这群人的辛勤劳作，终于换来了整个社会对工人健康的漠视。宣传画里不再有工人残破的身躯，多年前特农一代对职业病个案的深度分析，被所谓新型的、抽象的“科学”统计所替代。到最后，连帽匠自己，也不了解这行业的风险了。1829年英国的一份制帽手

册中，已经不再向年轻一代帽匠说明，“胡萝卜化”溶剂中含有水银[65]。

有记录表明，帽匠曾试图寻找毛毡的代替品。许多博物馆都收藏了一种帽子，由毛料和真丝混纺而成。这种真丝长毛绒制成的礼帽，由伦敦乔治·唐耐奇公司生产销售，以“形似水獭帽”作为卖点，毒性较小，可以说是毛毡帽的健康替代品。到19世纪50年代，真丝直接取代毛料，真正的水獭皮帽反而有些过时了。1885年，《康希尔杂志》（*Cornhill Magazine*）发表评论说，“现在，除了博物馆，其他地方很难见到水獭的踪迹了”[67]。但是，有毒的毛毡仍被广泛用于制作非正式场合佩戴的圆形帽子，如常礼帽（bowler）、汉堡帽（homburg）及费多拉帽（低顶软呢帽）。总之，毒杀行动仍在继续。

➤14. 上：约翰·坦尼尔作品《爱丽丝漫游奇境》插图；“疯帽子”正用颤抖的双脚把鞋子踢下来；1865年
下：维多利亚时代礼帽，含水银，帽匠查尔斯·巴德尔（Charles Badger）；伊夫舍姆地区，约19世纪40年代；©伦敦博物馆

"疯帽子"们

维多利亚时代的小说创造了世界上最著名的几顶帽子。怪诞不羁的性格，没有茶的茶会，刘易斯·卡罗尔（Lewis Carroll）在1865年创作的《爱丽丝漫游奇境》中，塑造了"疯帽子"这个荒唐怪诞的角色，深受流行和时尚文化的喜爱。2003年，摄影师安妮·莱博维茨（Annie Liebovitz）曾以爱丽丝为主题，为《Vogue》杂志11月刊拍摄一组时尚大片。英国女帽设计师斯蒂芬·琼斯（Stephen Jones）作为制帽业大咖，曾无数次为维维恩·韦斯特伍德（Vivienne Westwood），约翰·加利亚诺（John Galliano），以及川久保玲（Comme des Garçons）等品牌定制帽子。此次在安妮·莱博维茨的镜头下，史蒂芬·琼斯成了"疯帽子"本人。2010年，蒂姆·波顿（Tim Burton）执导的电影版《爱丽丝梦游仙境》中，约翰尼·德普（Johnny Depp）扮演的"疯帽子"，有着一头明亮的橘红色头发，也就是将皮毛"胡萝卜化"的颜色。"疯帽子"性格古怪又迷人，他的一切，投射出制帽业两百年使用水银的历史。站在历史的分叉口，"疯帽子"用看似无关痛痒的表演，映射出水银对人体的伤害——如果这个角色的设定是以真实的帽匠为背景的话。关于卡罗尔灵感来源的争论由来已久，汞中毒的症状是否是灵感之一呢[68]。约翰·坦尼尔为故事绘制的插画，似乎就在讲述帽子经销商的故事。插画中，"疯帽子"顶着一顶便宜帽子，上面写着价格"本款售价10/6"，即10先令6便士。不论卡罗尔的灵感究竟来自何方，我们不得不说，"疯帽子"的言行举止，确有汞中毒的症状：面对"红心武士"的审判时，"疯帽子"先生看起来"心神不宁、焦躁不安"，站也站不稳，从一只脚换到另一只脚，不停地啃咬他的茶杯，而且"抖得厉害，把脚上的两只鞋都给踢掉了"（图14）[69]。

尽管卡罗尔表现出对医学的极大兴趣，坦尼尔也画了那幅著名的《惊恐的女士》，公众对此事的关注却约等于零。1862年，《笨拙》杂志提出疑问，"我们对帽子带来的疯症倍感好奇，与其他工种相比，帽匠们在'艺术'上的造诣如此之高，简直值得受到贝德勒姆（Bedlam）的特殊照顾和保护"[70]。贝德勒姆医院是当时最著名的一家"疯人院"。文章结尾的语言给人重重一击："我们想毫不客气地说，帽匠的疯病，从本质上来讲，只可意会，不可言传。""像帽匠一样疯"，作为一句俚语，带有时代特性，它所传递的"疯"的含义，不是指精神错乱，而是愤怒。我们可以把它看作另一句俚语的日常版，即"像蝰蛇（一种毒蛇）一样疯"[71]。法国和英国的制帽业人士，尽管参与了一些政治性活动以示抗议，但总体说来，他们更愿意用暴力犯罪行为来表达愤怒。与同龄人相比，他们的生命往往更早结束，因为自杀通常是帽匠选择的无声抗议[72]。

关于卡罗尔灵感来源的争论仍在继续，医生对水银是否有毒倒是有了定论，答案是肯定的。过去一个世纪不断出现的症状，在接下来的一个半世纪里，以几乎同样的形态出现在法国、英国和美国的医学专著里。尽管没有刻意记录所有就医帽匠的姓名，但我们可以确定，现实生活中，确有无数帽匠中毒，一位名叫约翰·巴特勒（John Butler）的帽匠，40岁死于“震颤性谵妄症”，1840年在伦敦离世[73]。同一时期，查尔斯·巴杰（Charles Badger）——伊夫舍姆的伍斯特小镇上的孤独帽商，生产了一款礼帽，也含有水银，这说明这种毒素已经不只是各大时尚之都的专利，郊区的小工厂里也不乏水银的存在。1857年，法国斯特拉斯堡的一位61岁帽商，据说性格忧郁，喝“胡萝卜化”溶剂自杀，十二个半小时之后，在极度的痛苦之中挣扎而亡[74]。他的自杀，显然是因水银中毒引起的情绪混乱导致。1860年的一篇医学文章中提到，帽匠生病后，容易疲倦，脸色苍白，形容枯槁，许多人的牙龈上有一条蓝色的线条[75]。1875年的研究表示，一些从事皮毛制作的女工，因接触水银，出现流产、早产和胎停等多种情况[76]。皮毛还是其他危险停泊的港湾：许多帽匠死于呼吸道疾病，其中一些人甚至患有炭疽病，这是一种由动物毛发携带的细菌引起的疾病[77]。在抗生素出现之前，炭疽病，也叫羊毛工病，致死率高达50%。第一次世界大战期间，许多英国和美国的士兵，还有许多普通男性市民，都因使用被感染的修面刷患上炭疽病，制作刷子的皮毛很多是来自亚洲的马皮，做了染色处理，使它看起来更有档次，像獾的皮毛一样[78]。如果用刀片刮胡子，只要不小心在脸上划了个小口子，即使刀片本身没有带菌，结果也有可能是致命的。直到今天，炭疽病仍被列为恐怖威胁之一，是令人生畏的生物毒素之一。

从1850到1900年，工业生产日益机械化，准备皮毛的流程和制作帽子的流程被独立开来，在不同工厂里完成分加工[79]。工人们也有了更加精细的分工，如“毛皮制作工”和“帽匠”，但是水银对两个工种的折磨仍在继续，不过程度不同而已。这一时期出现了一批更加组织化的政府监督机构，对职业病或业内急待改良的应对措施加强了监管。1895年，英国出台了《工厂及车间法》，要求企业主明确告知其雇员，在“危险商业领域”，工人易患四类工业疾病，分别是铅中毒、砷中毒、磷中毒及炭疽病。1898年，工厂首席女督察阿德莱德·安德森（Adelaide Anderson）女士注意到，伦敦的毛皮制作工大多为女性，她们饱受水银中毒的折磨。首席男督察T.M.莱格（T.M.Legge）要求对此事进行调查，“因为我们一般认为，水银中毒是发生在过去的事儿”[80]，作为回应，莱格在第二年将水银加入危险物质清单，尽管根据统计学数据，真正因水银致病，身体严重受损，不能继续工作的工人仅有少数[81]。

19世纪80年代流行常礼帽，这种帽型比较硬挺，制作时对蒸制和熨烫的要求较低。似乎正因如此，美国康涅狄格州水银中毒的问题得到缓解[82]。但在英国，1902年的一项报告显示，该国死亡率一直居高不

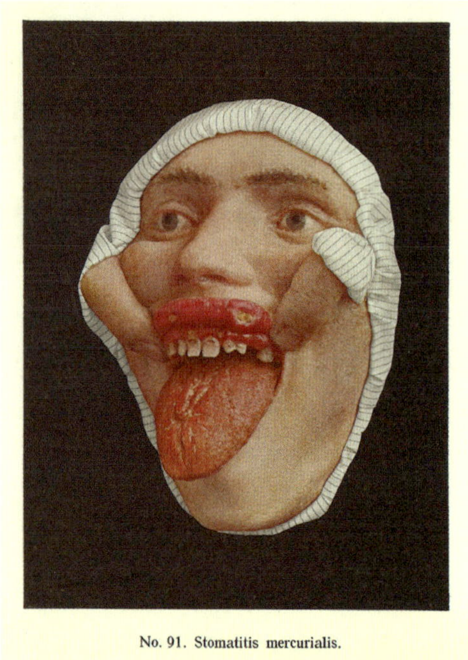

15.蜡塑：描绘水银中毒对牙齿、嘴唇以及舌头的影响；约1910年，杰尔姆·金斯伯里（Jerome Kingsbury），《皮肤病彩色图集锦》（*Portfolio of Dermochromes*），第二卷，格斯坦科技与信息中心，多伦多大学

下。报告的作者是一名叫作查尔斯·波特（Charles Porter）的医生。对于没有医学背景的读者来说，波特的科学记录略显冷漠，笔记本上写下的都是恐怖的细节：工人的牙齿因暴露在水银蒸气中，“牙床以上的部分变黑松动，以某种特定的顺序逐渐脱落，先是磨牙，从上到下，然后是上犬齿和上门齿，以此类推”[83]。这本毫无同情心的笔记本显示，三分之二的工人患有这种掉牙症。当时有一件蜡塑，名叫“汞毒性口炎”，对此种病症的描述形象生动得多（图15）。水银蒸气腐蚀口腔黏膜、牙龈、脸颊、舌头，因上下开合过大，病患甚至不能闭上嘴巴[84]。曼彻斯特的一位实践家，弗兰克·爱德华·泰莱科特（Frank Edward Tylecote）医生，也就是那位20世纪20年代首先找出肺癌与吸烟的联系的医生，非常重视这种工厂“瘟疫”。他说，不需要借助别的仪器，他就能从汞中毒的工人身上闻到水银的味道。在他1912年所写的那篇关于“工厂中毒”的报告中，医生记录下了各个生产环节中的健康隐患。他观察到，水银中毒使人发抖，“影响（工人们）正常动作，如扣扣子，系或松鞋带等”[85]。负责吹风的工人，主要用鼓风机将有毒的动物毛发分类，精整工则负责用砂纸打磨做好的帽子。两个工种都会吸入“大量粉尘”，工人通常死于呼吸道疾病[86]。听到这里，我们不难想象，吹风工人每天面对大量毛发，这些毛发反复几次被吹进相应的机器里，工人们当然会有呼吸问题。某公

共健康监察员表示，在这个车间，她“看见漫天飞舞的毛发，就像是一场暴风雪。有一家工厂的蒸气甚至将飞舞的毛发糊在一起，在窗户上盖了厚厚的一层硬壳”[87]。令人沮丧的是，1913年，也就是特农在1757年进行研究的150多年后，帽匠仍在使用“胡萝卜化”溶剂，其中含水银20千克至100千克不等[88]。

“疯病”瘟疫结束了吗?

随着弗洛伊德学派的觉醒，心理分析概念问世，医生不再单纯记录病患的身体病症，他们同时将注意力放在了由水银中毒引发的“心理干扰”上。从现代医学的角度看，这种心理疾病，被我们称为神经衰弱症，也叫“社交恐惧症”。当时，医学界把它命名为“水银过敏”(mercurial erethism)。这个名称来源于希腊语“eruthos”，指“红色”，因为水银中毒者“常常尴尬得脸红”；另一种说法是，该名称来源于希腊语“erethidzein”，指“激怒、生气”——不论词源为何，“过敏症”这个词语绝不足以揭露水银中毒的全部真相。具体说来，1946年，英国工业医学研究部的医生对水银中毒症状进行了详细记录，首先是身体反应，患者多数有关节颤抖的情况，然后针对患者的情感反应，医生们将其描述为“过敏症”：“受感染的人往往坐立不安、感到尴尬难堪，他们没日没夜地担心自己工作不保，因此，面对生活，患者感受不到丝毫乐趣。他们还很胆怯，在陌生人面前没有自控力。所以，如果你走进工厂，停下脚步观察，就会发现，有这样一个人，他总会莫名其妙地扔掉手中的工具，对‘入侵者’大发脾气，嚷嚷说有人看着他，害得他没办法工作”[89]。虽然没有哪一位工人欢迎一位突如其来的医生，但是，水银中毒的那位的反应尤其强烈，感觉特别难堪，可能会使用暴力行为以示反抗。

20世纪早期，研究人员采用科学的手段，对帽匠的尸体进行仔细研究，同时分析研究的，还有他们生产制作的帽子。1912年，泰莱科特邀请专家对一顶帽子进行化学分析。分析结果让人目瞪口呆，这顶帽子中水银的比例为1:800，也就是说，每400顶重2盎司的帽子里，含水银1盎司[90]。20世纪二三十年代，公共健康部门对帽子制作过程中水银挥发的量进行了仔细的研究。研究人员的猜测是正确的，结果令人担忧，皮毛和粉尘中的水银蒸气果然是个问题[91]。更为复杂的是，相较而言，一部分工厂的安全性能明显优于另一部分工厂。1937年，医生安德烈·维尼茨基(André Viniezki)给利翁河畔沙泽莱镇的Fléchet地区的工厂去信一封，那里是当年的制帽中心。这封信说道，安德烈·维尼茨基两次接诊了一位29岁的女性，迪尔比兹(Durbize)女士，病因均为“水银中毒而发抖”。第一次就诊后，遵照医嘱，迪尔比兹女士停工两个月，没想到复工后再次生病，不得不再休息四个月。维尼茨基医生在信中恳请Fléchet地区的工厂主雇佣迪尔比兹女士，帮助她离开原来的雇主，因为Fléchet地区工厂“装备精良”，可以更有效地保护其雇员[92]。20世纪40年代中期，某科学杂志不无乐观地宣称，世界上将“不再有‘疯帽子’”。正文后附有一项声明，即政府“严禁”任何行业继续使用水银[93]。之所以发布这样的声明，是因为1940年的“美国公共健康报告”(American Public Health Report)调查发现，康涅狄格州的5家工厂内，有11%的毛毡帽匠患有水银中毒引起的慢性疾病[94]。遗憾的是，这些声明不具法律效力，没人把它们当回事。而在英国，官方则从未发布类似禁令，有记录的水银使用时间，一直延续到1966年[95]。水银在制帽行业消失的真正原因，是20世纪60年代的“青年动乱”，这场动乱后，正装套装和与此搭配的毛毡帽，终于离开了时尚舞台。

读者们可能已经意识到，本章中，我们并未讨论毒帽子对消费者有什么危害。但是，帽匠的悲惨故事一定让大家感同身受，开始思考消费者面临的危机。医生们在皮草和成品帽子里发现了大量水银残留，但是，虽然心存疑惑，他们却不愿将剑锋直指毒帽子，将其视为直接的健康杀手。1912年，当时工厂监察的负责人在报告中告诫大家，“水银，对戴帽子的人来说，其危害可能不像我们想象那么小”[96]。对此，我本人倒有些直接证据。在帽子设计师们看来，水银对其佩戴者的危险不大，虽然他们不否定帽子里或多或少有水银残留，但是，帽子外层会用虫胶进行防水及固化处理，内层衬以奢

➤16. 礼帽内衬，约1910年，亨利·赫斯有限公司生产（Henry Heath Ltd.），地址：伦敦西牛津街105，107，109号；专为W&D迪宁公司制作，地址：多伦多Temperance and Yonge街；凯西·克利弗（Kathy Cleaver）的礼物；瑞尔森大学（FRC 2014.07.091A）；摄影：Ingrid Mida

华的丝绸，帽檐还有真皮镶缀（图16），层层保护，严防死守，即使有毒，其危害也应该约等于零。然而事实上，帽檐本身容易致敏。1875年，英国医学期刊还为此发表了一篇名为“帽子下毒”的文章，里面提到，一个年轻的波兰鞋匠因为戴帽子得了种皮肤病，额头上长满了疹子，里面全是脓，整个面部肿了一圈，眼睛都睁不开。公共分析认为，这顶帽子内层使用的“染色剂有毒”[97]。

帽子让男士们不胜其扰，但他们的抱怨仅限于戴帽子太热或是太束缚一类。1829年，亚历山大·普瑞斯（Alexandre Précy）所作的一篇医学论文显示，虽然帽子可以保护头部免受震荡，减轻高处坠物给大脑造成的损伤，但它也可能引起头发疏松、头皮感染及头部过热等现象。由于阻碍了血液流通，戴帽子或许会使人们身体虚弱，因此患上头痛症，甚至“阻碍人类聪明才智的发挥”[98]。听到这些抱怨，制帽商人偏爱用“新技术”这类字眼作为回应，以此向男士们推销更多的新产品。巴黎加列拉宫时尚博物馆的几件藏品使人得以窥见当年的技术革新。一些帽子顶部和侧面藏有小气孔，其中一顶帽子还在前额位置设计了一圈皱纹纸，上面写着“吸汗条”。纸巾可根据需求自行更换。

在制帽业，水银存在了200年之久，因为对男性顾客来说，它压根儿就不具有任何威胁。尽管在因水银慢性中毒而死的帽匠中，男性占大多数，但在时尚界看来，性别及阶层就是真正的保护伞：中流或上流社会的男性，肯定不会成为汞中毒的受害者。因此，关于水银的诸多争议，只局限于很小的圈子里，主要是医学界。除了一些模棱两可的作品，如刘易斯·卡罗尔笔下的“疯帽子”一角以外，公众对制帽业知之甚少，更不会去关心什么毒素。当时的健康革命从未将关注的视线投向水银，或许正因如此，政府最终立法只是将部分行业列为“危害贸易”，要求强制监管。就连专门针对帽匠制定的行业条款里，通常也未明确说明水银的毒害，大多数工人因此被蒙在鼓里。工作为帽匠带来一身病痛和心理创伤：掉牙、残疾、害羞、口吃、易怒、哆嗦……他们是被社会忽视的群体、被嘲笑的底层，古怪却无害。人们只能透过刘易斯·卡罗尔的笔，透过那个著名的文学形象，才能对这个群体窥视一二。

利用科学仪器，我们可以探知有毒金属的属性，找出帽匠的身体和心理创伤，甚至早逝的原因所在，我们还可以剥开帽子华丽诱人的外衣，看见它对环境的污染与破坏。帽子时尚，变化多端，引人“犯罪”；毛毡，可塑性强，受人追捧。然而，伦敦V&A博物馆里的藏品还在，那一层层的防护包装、研究人员佩戴的手套、醒目的骷髅头警示符号，所有的一切都让我们谨记，尽管已经过了几个世纪，帽子里的毒素还未消散，它们曾陪伴主人一世，存留至今，毒素已深入每一根纤维。时尚的生命很短，各式各样的帽子昙花一现，随即站在阴影中；毒素的生命很长，使用不过转瞬，却被留在帽子里，一世又一世。

注释

1 Stephen J. McPhee, Chapter 44 "Clubbing," *Clinical Methods: The History, Physical, and Laboratory Examinations*, 3rd ed. (Boston: Butterworths, 1990), M.C. Houston, "Role of Mercury Toxicity in Hypertension, Cardiovascular Disease, and Stroke," *Journal of Clinical Hypertension* 13, no. 8 (2011): 621–27.

2 "Mercure," *Hygiène du Travail* Tome 1 (Geneva, Bureau International du Travail, 1925), 4.

3 Willow Mullins, *Felt* (Oxford: Berg, 2009).

4 Debbie Henderson, *The Handmade Felt Hat* (Yellow Springs: Wild Goose Press, 2001), 15.

5 J.F. Crean, "Hats and the Fur Trade," *The Canadian Journal of Economics and Political Science* 28, no. 3 (1962): 380.

6 It is the only metal that is liquid at room temperature and was called quicksilver because it was liquid, silver-colored, and "quick," which can mean fast but also quick in the sense of animate, alive, or living. It certainly "enlivened" the fur of dead animals and gave it a second life on men's heads.

7 E. Merler, P. Boffetta, and G. Masala, "A Cohort Study of Workers Compensated for Mercury Intoxication Following Employment in the Fur Hat Industry," *Journal of Occupational Medicine* 36 (1994): 1260–64.

8 Graham Martin and Marion Kite, "Potential for Human Exposure to Mercury and Mercury Compounds from Hat Collections," *Australian Institute for the Conservation of Cultural Materials Bulletin* 30 (2007): 14.

9 Graham Martin and Marion Kite, "Conservator Safety: Mercury in Felt Hats" (2003) reprinted in *Changing Views of Textile Conservation*, eds. Mary Brooks and Dinah Eastop (Los Angeles: Getty Conservation Centre, 2011), 254.

10 Ibid., 257.

11 The majority of the hats tested at the Museum of London between 1800 and 1850 had mercury, but those from the second half of the century were free of it. The Royal Ontario Museum found mercury in hats dating to the first two decades of the 20th century. I am also grateful to Marie-Laure Gutton for giving me access to the extensive hat collection of the Palais Galliera in Paris.

12 André Guillerme, *La naissance de l'industrie à Paris: entre sueurs et vapeurs*: 1780–1830 (Seyssel: Champ Vallon, 2007), 377. The photographic image in daguerreotypes is developed by the amalgam of silver and mercury particles, a process Victorians called "mercurializing." The exposed plate would be held over a bath of mercury heated to 70–80 degrees Celsius. The air in the workrooms was so charged with mercury that it coated gold watch chains. Beaumont Newhall, The Daguerreotype in America (New York: Dover, 1976), 125–26.

13 Colin McDowell, *Hats: Status, Style, and Glamour* (New York: Rizzoli, 1992), 74.

14 Milbourne Christopher, *An Illustrated History of Magic* (New York: Thomas Crowell, 1973), 113. Another popular vaudeville performance that originated in the French Renaissance was called chapeau or chapography. The performer twisted and shaped a ring of felt into an astounding number of shapes and pantomimed the mannerisms of each type and class of hat-wearer, male and female.

15 éliane Bolomier, *Le chapeau: grand art et savoir-faire* (Paris: Somogy et Musée du Chapeau, 1996), 50.

16 Arthur Conan Doyle, "The Adventure of the Blue Carbuncle," in *The Penguin Complete Sherlock Holmes* (London: Penguin, 2009), 247.

17 Bolomier, *Le chapeau*, 17.

18 Ibid., 18.

19 Léon and Maurice Bonneff, *Les métiers qui tuent* (Paris: Bibliographie Sociale, 1900), 46.

20 Crean, "Hats and the Fur Trade," 375.

21 Debbie Henderson, *The Top Hat: An Illustrated History of Its Manufacture and Styling* (Yellow Springs, Mont.: Wild Goose Press, 2000), 16.

22 Adriaen van der Donck, "Of the Nature, Amazing Ways, and Properties of the Beavers,' in A *Description of the New Netherland* (1655) Eds. Charles Gehring and William Starna, Trans. Diederick Goedhuys, Lincoln and London: University of Nebraska Press, 2008, 119.

23 Crean, "Hats and the Fur Trade," 376.

24 He paid 4 pounds and five shillings for his beaver. His regular hat cost a mere 35 shillings. Footnote: vol. 1:197 (27th June 1661), vol. 1:230 (29th Oct. 1661), vol. 1:274 (26th April 1662). Samuel Pepys, *Diary and Correspondence of Samuel Pepys*, ed. Rev. J. Smith, 4 vol. (Boston: C.T. Brainard, 1910).

25 Ibid., vol. 1:274 (April 26, 1662).

26 Crean, "Hats and the Fur Trade," 380.

27 Jan De Vries, "The Industrial Revolution and the Industrious Revolution," *Journal of Economic History* 54, no. 2 (1994): 249–70.

28 Thomas Le Roux, "Santés ouvrières et développement des arts et manufactures au XVIIIe siècle en France," in *Economic and Biological Interactions in the Pre-industrial Europe from the 13th to the 18th Centuries*, ed. Simonetta Cavaciocchi (Firenze: Firenze University Press, 2010), 573–74.

29 Jean-Baptiste Moheau, Recherches et considérations sur la population de la France 1778, Gallica e-source, Bibliothèque Nationale de France, 219.

30 Ibid., 221.

31 Chris Heal, "Alcohol, Madness and a Gimmer of Anthrax: Disease among the Felt Hatters in the Nineteenth Century," *Textile History* 44, no. 1 (2013): 105.

32 Crean, "Hats and the Fur Trade," p. 380.

33 Le Roux, "Santés ouvrières," 574.

34 The hatter was variously named Dubois in 1727, or Mathieu in 1735. Ibid.

35 In England it was legal to use mercury. The use of mercury was in fact NEVER legally banned in Britain.

36 Le Roux, "Santés ouvrières," 574–75.

37 Michael Sonenscher, *The Hatters of Eighteenth-Century France* (Berkeley: University of California Press, 1987), 58.

38 Ibid., 33.

39 Le Roux, "Santés ouvrières," 575.

40 Ibid.

41 Tenon, in Michel Valentin, "Jacques Tenon (1724–1815) précurseur de la Médecine Sociale," *Communication présentée à la séance du 25 janvier 1975 de la Société Française d'Histoire de la Médecine*, 70.

42 "Conseil hygiénique," *Le moniteur de la chapellerie* 15 (May 15, 1862), 143.

43 Chris Heal examines the stereotype of the alcoholic hatter, which had some basis in reality.

44 Jacques-René Tenon, "Mémoire sur les causes de quelques maladies qui affectent les chapeliers," *Mémoires de l'Institut de France-Sciences physiques et mathématique*, (Paris: Baudouin, 1806), 100-103, 107.

45 Valentin, "Jacques Tenon," 70.

46 Ibid.

47 Ibid.

48 Le Roux, "Santés ouvrières," 577.

49 *Gazette de santé* 10 (7 March 1776).

50 In 1778, the Society of Arts in Britain offered a prize, and in 1784, the Académie des sciences in France opened a competition to help the hatters—a prize was not awarded until 1787 to a hatter named Gosse. Heal, p. 96 and Le Roux, "Santés ouvrières," 584.

51 Thomas Le Roux, "L'effacement du corps de l'ouvrier. La santé au travail lors de la premiere industrialization de Paris (1770–1840)," *Le Mouvement Social* 234 (2011): 110.

52 The hatter who developed protective equipment was Gosse's son. Le Roux, "L'effacement," 112.

53 Thomas Le Roux, *Le laboratoire des pollutions industrielles: Paris* 1770–183, (Paris: Albin Michel, 2011), 11.

54 Blanc, "How Everyday Things Make People Sick," 3.

55 J.C. Varenkamp et al., "Mercury Contamination Chronologies from Connecticut Wetlands and Lond Island Sound Sediments," *Environmental Geology* 43 (2003): 280.

56 Johan C. Varekamp, "Mercury Contamination in Long Island Sound," *Chinese Journal of Geochemistry* 25 (suppl.) (2006): 236–37.

57 Guillerme, *La naissance de l'industrie à Paris*.

58 André Guillerme, "Le mercure dans Paris. Usages et nuisances (1780–1830)," *Histoire Urbaine* 18, no. 1 (2007): 79.

59 Ibid., 94.

60 Ibid., 93.

61 Soersha Dyon, "'La Chapellerie:' a Preparatory Sketch for Service des Arts Industriels," V&A *Online Journal* 5 (2013), http://www.vam.ac.uk/content/journals/research-journal/issue-no.-5-2013/la-chapellerie-a-preparatory-sketch-for-the-service-des-arts-industriels, accessed May 24, 2014.

62 John Thomson, *Treatise on Hat-Making and Felting* (Philadelphia: Henry Carey Baird, 1868), in Suzanne Pufpaff, "Nineteenth Century Hat Maker's and Felter's Manuals," Hastings, MI: Stony Lonesome Press, 1995, p. 111.

63 Tamara Préaud, *The Sèvres Porcelain Manufactory: Alexandre Brongniart and the Triumph of Art and Industry*, 1800–1847 (New York: Yale University Press, 1997), 257.

64 Le Roux, "L'effacement," 112, 116.

65 *The Hat Makers Manual; Containing a Full Description of Hat Making in all its Branches* (London: Cowie and Strange, 1829), in Pufpaff, "Nineteenth Century Hat Maker's and Felter's Manuals," p. 27.

66 "Ascot Top Hats," News Release, 16th June, 2009.

67 Elizabeth Ewing, *Fur in Dress* (London: B.T. Batsford, 1981), 88.

68 Carroll was interested in medicine and read many books on the subject. Many doctors do not have an adequate historical understanding of the scope of the problem. Wedeen wrongly argues that medical recognition of mercurialism dates to 1860. Richard P. Wedeen, "Were the Hatters of New Jersey 'Mad'?," *American Journal of Industrial Medicine* 16 (1989): 225–33. In the *BMJ*, H. A. Waldron argues that the hatter was based on an eccentric top-hatted furniture dealer called Theophilus Carter. 'Did the Mad Hatter Have Mercury Poisoning?,' *BMJ* 287, no. 6409 (1983): 1961.

69 Selwyn Goodacre, Editor of the Journal of the Lewis Carroll Society, response to H.A. Waldron, in *BMJ* 288, no. 6413 (1984): 325.

70 "As Mad as a Hatter"' *Punch* (January 4, 1862), 8.

71 In 1863, Frank Marshall wrote a farce performed in London called "Mad as a Hatter," but it was set in the seventeenth century. Eric Partridge, *Routledge Dictionary of Historical Slang* (London: Routledge, 1973), n.p.

72 Heal, "Alcohol, Madness," 111.

73 London Metropolitan Archives, London Guildhall Corporation Coroner's Records, 1840.

74 Charles Chambe, *De l'empoisonnement par le nitrate acide de mercure* (Strasbourg: n.p., 1857), 11.

75 André Chevallier, *De L'intoxication par l'emploi du nitrate acide de mercure chez les chapeliers* (Paris: Rignoux, 1860), 12.

76 Dr. Alexandre Layet, *Hygiène des professions et des industries* (Paris: Ballière, 1875), 197.

77 Heal, "Alcohol, Madness," 108.

78 "An Investigation of the Shaving-Brush Industry, with Special Reference to Anthrax," *Public Health Reports* 34, no. 19 (1919), 994–95; S. Dana Hubbard, "Anthrax in Animal (Horse) Hair: The Modern Industrial and Public Health Menace," Journal of the AMA 75, no. 25 (1920), 1687–90; "Anthrax from Shaving Brushes," *American Journal of Public Health* 15, no. 5 (1925): 44.

79 Thomson, *Treatise on Hat-Making and Felting*, 96, 119.

80 W.R. Lee, "The History of the Statutory Control of Mercury Poisoning in Great Britain," *British Journal of Industrial Medicine*, vol.25, no.1 (January, 1968) 52–53.

81 They were not able to claim compensation under the Workman's Compensation Act until 1906. Ibid., 57.

82 S.W. Williston, "On Manufacturing Processes and Refuse," Tenth Report Board of Health, Connecticut, 1888–9, in George W. Rafter, *Sewage Disposal in the United States* (New York: D. Van Nostrand Company, 1900). The author was a professor at Yale University.

83 Charles Porter, "Remarks on Felt Hat Making: Its Processes

and Hygiene," *BMJ* (February 15, 1902), 378.

84 Jerome Kingsbury, *Portfolio of Dermochromes*, vol. II (New York: Rebman, 1913), 110.

85 Frank E. Tylecote, "Remarks on Industrial Mercurial Poisoning in Felt-Hat Makers," *The Lancet* vol. 180 no. 4652 (October 26, 1912): 1138–39.

86 Porter, "Remarks on Felt Hat Making," 380; Tylecote, "Remarks on Industrial Mercurial Poisoning," 1138.

87 Alice Hamilton, *Industrial Poisons in the United States* (New York: Macmillan, 1925), 113.

88 J. Rambousek, *Industrial Poisoning from Fumes, Gases and Poisons of Manufacturing Processes*, trans. Thomas Legge (London: Edward Arnold, 1913), 142.

89 Monamy Buckell et. al., "Chronic Mercury Poisoning," *British Journal of Industrial Medicine* 3, no. 2 (1946): 55.

90 Tylecote, "Remarks on Industrial Mercurial Poisoning," 1140.

91 Hamilton, *Industrial Poisoning*, 254; F.H. Goldman, "The Determination of Mercury in Carroted Fur," *Public Health Reports* 52, no. 8 (1937): 221–23.

92 Archives Atelier-Musée, sous-série 5 N : Personnel Fléchet, enveloppe N°24, dated April 30, 1937.

93 *Science News Letter (*September 7, 1946), 157.

94 'Mercurialism and Its Control in the Felt-Hat Industry,' *Public Health Reports* 56, no. 13 (March 28, 1941): 663.

95 W.R. Lee, "The History of the Statutory Control,"59.

96 "Annual Report for 1912 of H.M. Chief Inspector of Factories," *The Lancet* (July 19, 1913), 166.

97 It was an aniline dye—see Chapter 4 *BMJ* (June 19, 1875), 817.

98 Précy, *Essai sur les coiffures, considerées sous le point de vue de leurs influences* (Paris: Didot Jeune, 1829), 7–20.

第三章

毒颜料：砷绿色

1861年11月20日，19岁的人造花制花女工，死于“意外”中毒。这位生前健康“美丽”的年轻女孩受雇于伯杰龙（Bergeron）先生，和其余数百名员工一起，在伦敦市中心工作。这位死者主要负责在人造树叶上撒上一种鲜艳的绿色粉末，实现“软化”树叶的效果。每一次呼吸，女孩都会吸入粉末，粉末通过她的双手被喂进嘴巴里。这种绿色染料，被广泛应用于衣物和头饰中，染出的颜色漂亮极了，波士顿艺术博物馆（Boston Museum of Fine Art）收藏的法式花环就是其中的代表。将铜和毒性强烈的三氧化二砷（俗称砒霜）混合在一起，这可以染出这种明朗的绿色（图1）。媒体详细描述了这位玛蒂尔达·斯科蒂勒（Matilda Scheurer）小姐的死亡过程。总而言之一句话，她死状凄惨：呕绿水、眼白发绿。她告诉主治医生，她“看到的所有东西都是绿色的”。在临终前的几个小时里，每隔几分钟，斯科蒂勒的身体就会剧烈抽搐，“表情看起来非常难受”[1]，同时，口吐白沫，眼睛、鼻子也溢出泡沫。解剖师确认，死者的指甲变成深绿色，砷已经进入其胃部、肝脏及肺部。斯科蒂勒去世两周后，《笨拙》杂志发表辛辣之作《可爱可恨的毒花环》，“医学检验证明，死者在过去一年半的时间内，曾四次因同样的病因看诊。在这种情况下，死亡就是板上钉钉的事儿。如果非要给它冠以‘意外’的名头，那么，这场意外就是一次火车撞车事故，唯一的问题是，所有人都知道火车时刻表有问题，‘意外’还是发生了[2]。”即使没有专业医学知识，公众也能够认识到，斯科蒂勒的死亡似乎完全可以预见和避免，作为可怜的牺牲品，年轻的女孩用生命换取的，不过是女性对时尚的追求和喜爱。

一些慈善机构也将目光投向了该事件，包括妇女卫生协会（Ladies' Sanitary Association）的几位贵族成员。其中一位成员，尼科尔森（Nicholson）小姐参观了制作人造花的阁楼和车间。她在后来出版的作品中曝光了许多令人震惊的第一手资料，其中提到，许多小女孩“半身绿粉”“面黄肌瘦”，因为不停地挑拣染好的叶子，把它们做成花束，手上缠满绷带，染上“某种皮肤病”[3]。尼科尔森小姐写道，一个小女孩坚决不再继续工作，因为她发现同伴的手

▲1.用含砷染料染制的薄纱花环，缀有绿叶、水果和花朵；法国，19世纪50年代；©2015年，艺术博物馆，波士顿

绢儿上全是斑驳的血迹，而她自己“一直跟绿染料（打交道）……一脸的伤痕”，就快瞎了。尼科尔森通过文章告诫读者，年轻的女工及她们使用的砷绿染料一度被世人忽视，她请大家“想象一下，女工们面对这样的剧毒，孤立无援，内心该有多么的恐惧与寒冷”[4]。斯科蒂勒死后，妇女卫生协会委托 A.W. 霍夫曼博士（Dr. A.W.Hoffman）检测一件女用头饰上的人造绿叶，这位博士作为分析化学领域的专家，享誉世界。霍夫曼在《伦敦时报》（*London Times*）的卫生专栏上与大众分享了此次实验的结论，文章名为《死亡之舞》。这位专家总结，平均一件头饰中含有的砷元素，足以毒死20人。检测的“绿色薄纱最近特别流行，常用于制作礼服裙”，但其重量的一半

来源于砷，这也就是说，用这种材料制作的一条长20码的晚礼服中，可能含有900格令（英美制最小重量单位）砷。柏林的一位医生相当认同上述观点，他说“仅仅一个晚上，从一条这样的裙子上，至少会脱落不少于60格令的砷粉”[5]。一格令，即一粒小麦的重量，等于0.064 8克，或1/7 000磅。4至5格令砷，足以让正常的成年人中毒身亡[6]。就在霍夫曼博士的这篇直击人心的文章发表的一周后，《英国医学期刊》（*British Medical Journal*）把这种一身绿的女士称为“迷人的”蛇蝎美人（“迷人”这个单词在维多利亚时代的俚语中是用“killing”表示，而“killing”这个单词的本意是“谋杀”）。文章称“将穿着这种梦幻般的服饰的女性称为‘迷人的生物’真是一点也不为过。因为她的确身着含有剧毒的裙子，在一间6平方米的舞厅里，足够放倒所有的仰慕者”[7]。女性运动家们希望通过这些化学家，向英国公民提出警告。因此，虽然身着绿衫的上流社会的女性被比喻为杀手，但也正是这些来自特权阶层的女性们，吹响了号角，向世人告诫砷绿服饰的危害，同时号召化学家为她们摇旗呐喊。

真相浮出水面，艺术家并不是那个时代真正的色彩发明家。19世纪，化学家取代画家，成为色彩领域的专家。上文曾经提到，在化学成分的作用下，毛毡帽变幻出各式各样的风格和形态，同样，科学创造了彩虹般斑斓的色彩，这些人造色变化多端，足以迎合各阶层消费者的品位，同时，却把男人女人的身体，也变成了一块块调色板。女性被鼓励参与色彩革新这一科学领域，尤其鼓励其参与服饰染色剂的创新。夏洛特·尼可拉斯（Charlotte Nicklas）说，由法国染料化学家米歇尔-欧仁·谢弗勒尔（Michel-Euègne Chevreul）引领的色彩科学，与时尚杂志数度携手，不断推出以中产阶级女性为目标的新颜色[8]。早期的化学，鼓励进口昂贵安全的动物性或矿物染料，我们可以从维多利亚时代的俚语“五颜六色令人晕”（Totty-all colours）看出这一点。这句俚语指，女性将彩虹的色彩全部穿在身上[9]。但是用在其他商品上的染色剂，则以健康为代价，往往具有毒性，其中毒性最强的颜色，就是杀死前文的制花女工玛蒂尔达·斯科蒂勒的那种草木绿。我搜集了大量材料——19世纪医学、化学领域证明染料有毒的各类证据，然后惊讶地发现，最应提到此事的时装历史学家，却对这一段的历史讳莫如深。事实上，用于给衣服和配饰染色的物质不仅毒害工人及消费者，还会持续污染空气、水和土壤。接下来，我将给这些故事“添笔色彩”，以填补化学及时尚史上的大量研究空白。

有毒的绿花环和中毒的制花工曾经登上历史的头版头条，但在19世纪，砷和“恐砷症”却无处不在。詹姆斯·沃尔顿（James Whorton）在其著作《砷时代：维多利亚时代英国人是如何在家庭、工作、娱乐生活中中毒的》（*The Arsenic Century: How Victorian Britain was Poisoned at Home, Work and Play*）中，用优美的文字描述了这种无

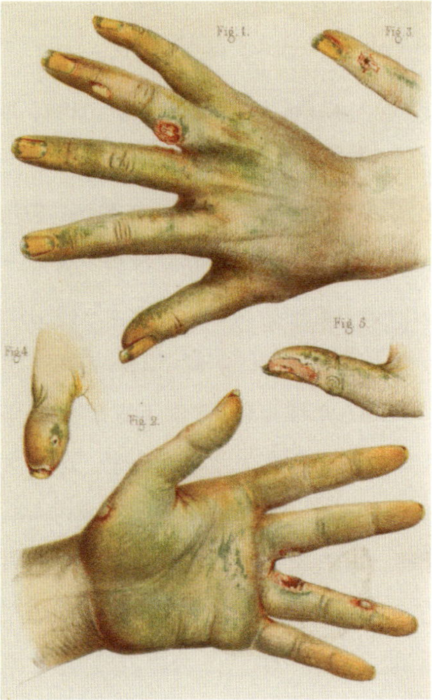

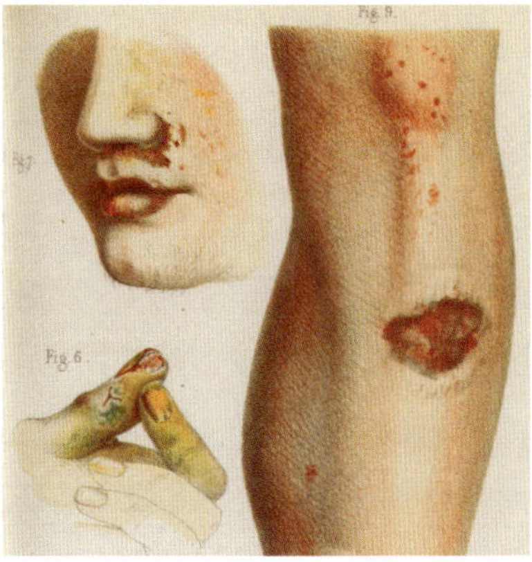

▲3.多彩石印版画：真实记录人造花制作工人的面部、双手及腿部感染情况；马克西姆·韦尔努瓦，1859年；©维尔康姆图书馆，伦敦

◀2.多彩石印版画：真实记录人造花制作工人的双手因频繁接触砷感染，马克西姆·韦尔努瓦，1859年；©维尔康姆图书馆，伦敦

处不在的物质：砷。亚砷酸或砒霜（三氧化二砷）被用于染料、老鼠药、药品等多个领域。它便宜、无色，粉末很细、呈白色，是矿物提炼及铜、钴、锡等金属冶炼时产生的副产品[10]。医生用砷治病、杀手用砷杀人，我们甚至可以偶尔在食品及啤酒中看到它的身影。只要找到药房，小孩儿都能买到砷。这种毒药与毛毡帽的毒性不相上下，因为变化无穷，被称为“毒药界的海神普罗特斯”[11]。英国于1851年立法通过《毒药控制法案》，1868年通过《砷法》，限制个人可购买砷的数量，但是对工业领域而言，砷的使用完全合法，管理极不规范，因此被大量使用。每年，成百上千吨的砷会通过各种产品，进入普通消费者的生活中[12]。

对岸的法国，昂热-加布里埃·马克西姆·韦尔努瓦（Ange-Gabriel Maxime Vernois，1809—1877），上流社会的内科医学顾问，曾为拿破仑三世服务，正孜孜不倦地进行一项研究。虽然身处高位，韦尔努瓦医生对社会常见职业病也非常感兴趣。1859年，他走访数家人造花制作工厂，发现了工人面临的死亡威胁[13]。他详细描述了工厂每个流程可能潜伏的健康安全隐患。在其医学论文中，我们可以看到彩色石印版画插图，形象生动地记录了这种绿色的毒粉是如何一步步摧毁工人的双手和身体（图2、图3）。在这样的车间或工厂中，砷躲进工人的指甲里，然后被吃进嘴巴。它穿过工人的破鞋面，藏在脚趾里，随着工人走动掉在地上，顺带杀杀老鼠。韦尔努瓦注意到，制作人造花的画室，是工厂中唯一一处既无蛇虫鼠蚁，又无猫狗凑趣的地方，好不容易见着一只母猫，它却早已病入膏肓。夜晚，工人们穿着白天工作时的衣服鞋子，把砷粉带回家。更糟的是，在拥挤不堪的下层公寓里，邻居家也受到波及。

19世纪，砷被看作是一种“刺激性”的毒药。一旦与人体接触，就会形成“焦痂”，即“在皮肤表面形成腐蚀性创面，受损组织出现疼痛、结痂及脱痂等症状”[14]。只要观察工人绿色的双手、黄色的指甲，以及其“溃烂的过程”，病况一目了然。“焦痂”可见于鼻翼、嘴唇，皮肤呈红色，有脱皮现象，也见于腿部，疤痕边缘呈白色，看起来像是患了癌症，皮肤表面形成深深的沟壑，毒素通过这些伤口，轻轻松松地钻进皮肤，进入五脏六腑。韦尔努瓦认为，有一类人特别容易中毒，他把这类人称为“apprêteurs d’étoffe”，即织品整理工，因为这些工人需要使用一种名叫苦味酸的化学染剂。他们先把白色的布匹染成黄色，使织品色泽更加“自然”，还得把草木绿色的染料直接刷在处理过的布料上，然后将其摊晾在木架上，用钉子固定。整个过程中，工人的双手得不到任何防护，一个不小心，钉子还会划伤手掌和手臂，让毒药直接进入他们的血液。按照韦尔努瓦的说法，工人们持续地享受“接种疫苗”的待遇，只可惜种进他们身体的是砷[15]。男性工人小便时，手上的砷会引发感染，带来痛苦的烧灼感，睾丸及大腿内侧病变腐烂，看起来像得了梅毒一样。有时伤口进一步恶化，皮肤及肌肉组织坏死，病人至少得在医院躺上六个星期才能痊愈[16]。男工处理布料后，女工继续精细作业，将绿色的布匹变为叶子和花束。这些女工的共同特征是：胃口差，看起来“不讨人喜欢，绞痛、腹泻、贫血、脸色苍白，经常性地头痛，仿佛有人时不时拿着老虎钳子狠狠地夹紧她们的太阳穴一样”[17]。为此，法国和德国政府迅速做出反应，立法禁止各行各业使用这种染料[18]。英国政府却对此不闻不问，至1860年，即斯科蒂勒去世前一年，英国医生亚瑟·希尔·哈索尔（Arthur Hill Hassall）谈及伦敦制花工人的生活时，将其描述为生活在“极端恶劣条件”下的一群人[19]。

对于穿戴这些服饰的消费者来说，或许不会出什么大乱子，但含砷染料同样会给他们的双手造成伤害。1871年，“一位女士在一家知名高端服饰店购买了一双绿色的手套”，手指附近的皮肤反复溃烂，最终，医生在她的双手上检测到砷盐[20]。她的毒手套，可能与曼彻斯特服装画廊的藏品一模一样（图4）。或许这样的事件不值得我们大惊小怪，因为在那个年代，相关行业的操作手册曾明确说明，某些类型的染料只是将手套浸在溶液里，“用刷子简单刷几遍”就可上色，“不需要进一步加工处理”，因此，皮质手套上残留的物质，很容易沾在女士们汗

▲4. 草木绿手套；约19世纪30年代至70年代；曼彻斯特服装画廊普拉特大厅（Platt Hall，Gallery of Costume，Manchester）

湿、温暖的双手上[21]。多年过去，这些危险早已被人们遗忘，但是，巴黎高级女装界的藏品世界里，仍旧保存着那段漫长，或许模糊的历史。

香奈儿没有绿色

> 女裁缝不喜欢绿色，而我只是觉得绿色也没那么美。这不是什么迷信思想，我可一点也不迷信。
>
> ——多米尼克夫人，地点：香奈儿工作室［取材自2005年22期时尚纪录片《香奈儿印记》（*Signé Chanel*）］

2005年的时尚纪录片《香奈儿印记》里有这样一幕：香奈儿顶级时装工作室最有权势的女人说“女裁缝不喜欢绿色”。抵制绿色，这似乎是一种迷信的态度，有些神秘，有点模糊，因为绿色总是与“坏运气”连在一起。事实上，可可·香奈儿（Coco Chanel）本人总是以一身极具现代感的黑白套装示人，我们很难把她与“自然”的色彩——例如绿色——联系起来。继任者卡尔·拉格斐（Karl Lagerfeld）也是如此，他的装扮总是黑白两色，同样避开了“自然”的绿色。可可·香奈儿对色彩的选择，也许不单是从审美角度出发的。斯科蒂勒的死亡事件恰恰证明，人们对绿色服饰的恐惧或迷信，其实源自19世纪的医学实证。

加布里埃·“可可”·香奈儿（Gabrielle “Coco” Chanel）1883年出身于一个普通的工人家庭，12岁时成了孤儿。孤儿院的嬷嬷教会她缝纫[23]。不过20岁出头，香奈儿就进入时装精品店工作[24]。很快，她有了自己的小店，专营帽子及饰品，地点就在巴黎，她的情人的公寓一楼。那时，她从一位名叫露西安·拉巴泰（Lucienne Rabaté）的人那里学习经商的技巧，跟着当时的“女帽女王”卡洛琳·瑞邦（Caroline Reboux，1837—1927）不断打磨自己[25]。不知道香奈儿从何得知砷绿色的真相，是从孤儿院的嬷嬷那里，精品店的雇主那儿，还是后来一起共事的帽子饰品行业的专业人士那儿。她的老师们都有一个共性，那就是这些人都是老一辈的时尚从业人员，都记得或曾亲身经历过砷绿染料带来的那场噩梦。1877年，法国女艺术家伊娃·冈萨雷斯（Eva Gonzalès）画了一幅水粉画，主角是一位帽子设计师。画中，年轻的女士正在精心挑选和排拣人造花朵，设计师手中的树叶呈明亮的草绿色，正和红色的玫瑰一起，被点缀在帽子的边缘（图5）。尽管当时法国明令禁止用含砷的颜料为人造树叶染色，但它仍被用在形形色色的消费品上，就连时尚单品的外包装上，都常见这种绿色。零售商用绿色或带有绿色镶边的盒子储存、运输及销售饰品。盒子的形状和颜色跟冈萨雷斯画笔下，帽子设计师膝盖上的那个盒子几乎一模一样。百图鞋博物馆曾选取相同的绿色纸制鞋盒进行检验，在盒子中检测到相当含量的砷。1880年，苏格兰一位化学家在这种鞋盒中还曾检测到高浓度砷[26]。考虑到历史上的诸多证据，再看看存世至今的一些含砷的蕾丝单品，我们很难想象，在时尚史的漫漫长河中，居然鲜有提及砷的故事，只在一部时尚纪录片中，隐晦地用迷信二字说到它。

◀5.《帽子设计师》（*Milliner*）；伊娃·冈萨雷斯，水粉画，约1877年；选自《奥利维亚·谢勒·斯旺纪念集》（*Olivia Shale Swan Memorial Collection*），1972.362；芝加哥艺术学院

“鲜活的”绿色

在《牛津技术史》（*Oxford History of Technology*）一书中，埃里克·约翰·霍姆亚德（Eric John Holmyard）声称，19世纪早期，“调色板上的色块无明显增补”[27]。虽然听起来不合常理，但他是对的，砷绿色作为技术革新，不能溶解，而其他自然的颜料，或溶于水，或溶于其他液体，与砷绿染料有着本质的不同。因此可以说，只需看一看这个时代的物品和画作，我们就会意识到，19世纪正是色彩技术发生重大变革的世纪。时装、饰品或其他消费品，被涂上漂亮的、全新的颜色——那种运用化学技术凭空创造的绿色。18世纪80年代以前，绿色是一种“复合”色彩，需用蓝色和黄色调和才会出现。匠人先将布料浸泡在用植物加工而成的靛蓝色液体的染缸中，然后再放进装

有黄色染料的染缸里，也可以先黄后蓝，最后出现的即是绿色。因为“自然颜料中没有亮黄色”[29]，黄色和绿色在过去非常珍贵，不易得。某些自然颜料的产生还需要运用相关技术。17世纪前，一种被称为“维尔德（verdet）”的矿物染料就是用黄铜制作而成，具有腐蚀性和一定毒性，仅用于剧院或其他特定的场合[30]。后来，新型的绿色出现了，它“鲜亮”“纯粹”“特别吸引眼球”，不论白天还是夜晚，只要有光，就会闪现迷人的流光[31]。这种化工染料漂亮、便宜、使用方便，立刻成为时尚界的宠儿。从它被发明伊始，一直到80年后，才因其强烈的毒性被公众抵制，不再出现。

卡尔·威尔海姆·舍勒（Carl Wilhelm Scheele，1742—1786）是亚砷酸铜的发明者，这位著名药物化学家死于有毒气体和重金属，年仅43岁。1778年，他就“绿色染料”发表专述，详细说明了这种新染料的生产方法，即在胆矾溶液中加入钾和三氧化二砷，就能得到这种被命名为“舍勒绿”的美丽颜色[32]。1814年，化学家在原有配方的基础上稍做调整，加入乙酰亚砷酸铜，得到了一种更加饱和的颜色，被称为“翡翠绿”或“施韦因富特绿”（Schweinfurt），得名于第一个大规模生产这种染料的小镇的镇名[33]。英美两国也把这种颜色称为“巴黎绿”，法语则叫“Vert anglais”。再后来，它有了各种各样的名字：维也纳、慕尼黑、莱比锡、维尔茨堡、巴塞尔、卡塞尔或是瑞典绿，还有叫鹦鹉绿的，叫法不一，让人摸不着头脑[34]。这种绿色刚被引入德国和斯堪的纳维亚，立刻受到民众的追捧，家装和服饰上随处可见，除此以外，彩色糖果、食品包装、蜡烛和儿童玩具上都用到了这种颜色，它夺目、魅惑，虽然致命，却令人难以抗拒。

人类对绿色的渴望，尤其是对这种化学人造绿的渴望，或许缘于人类罗曼蒂克的浪漫天性——向自然致敬。工业化程度越高，灰、棕、黑的统治地位越显。绿色，鲜艳明媚，与工业主色调形成鲜明对比，似乎能把大自然带到人们身边。到了19世纪，绿色干脆变成了女性和自然的绝佳代名词。人们用形容鲜花的词语做隐喻，代表女性，代表情欲，女孩的红脸蛋，意味着“绽放”，说明她的身体发育到位，已经“熟透了”[35]。18世纪时，印花和织锦曾是男女通用服装面料，然而，到了19世纪，花朵图案几乎从男性的衣柜里绝迹，成为女性的专属。因为鲜花难得，人造花束就成了女性服饰上的常客，聊胜于无。

当时流行用绿色颜料作画。它可以是知名艺术家在画布上浓墨重彩的一笔，也可以被用在画报杂志的流行服饰插画上，手工彩图色彩鲜艳，用料便宜，因此很受中产阶层家庭的喜欢。早在19世纪初，英国著名风景画家威廉·透纳（William Turner），就用上了舍勒的配方，到了1832年，温莎·牛顿（Winsor & Newton）公司改良配方后，透纳又用上了这种更加鲜嫩的绿色[36]。安德鲁·麦哈格（Andrew Meharg）曾用光谱仪（XRF）检查一幅1848年的画作，这张图片

▲6. 含砷绿色的流行服饰图；1840年，《伦敦与巴黎》（*London and Paris*）杂志；作者私藏

◀7.《绣花女》，格奥尔格·克斯廷，1811年；安娜·阿玛莉亚公爵夫人图书馆

来自法国杂志《时尚》（*LaMode*），结果是，画上有砷[37]。这一结果与我后来所做的实验结果一致。再如《伦敦与巴黎时尚女性》1840年7月刊，某手绘彩图绘有一条淡绿色的晚礼服裙，上面检测出少量毒素（图6下排第三人）。虽然查不到相关记录，但是给这种图版上色的女性或儿童，很可能已经中毒，尤其是许多人涂色时习惯时不时舔舔刷头润笔，更容易把砷吞进肚子里。19世纪40年代甚至出现过因食用砷颜料染色蛋糕的儿童中毒事件[38]。

格奥尔格·克斯廷（Georg Kersting）于1811年所画的《绣花女》（*Woman Embroidering*），就是为舍勒绿所唱的赞歌（图7）。墙面发着绿光，椅子上垫着绿色的垫子，刺绣女的裙子带绿色，刺绣用的丝线也是绿色。坐在那儿的姑娘名叫露易丝·赛德勒（Louise Seidler），她本人也是一位知名画家，因其作品的艺术性和深度备受推崇，画家克斯廷、作家歌德、哲学家黑格尔都仰慕她的才气。画上的这间房子被漆成绿色的时候，绿色已经引领潮流三十余年。事实上，一经发明，砷绿色就成为时尚宠儿，其影响力经久不衰。当时，英国有本杂志名叫《阿克曼的宝典》(*Ackermann's Repository*)，是当时英国最有影响力的全品类杂志，内容包括：时尚、建筑、艺术、文学、金融等。杂志曾刊载了一幅时尚插图，正是与克斯廷的《绣花女》同年的作品。插画的整体布局为长方形，画着一位女士，下半身着一条简单的白色棉裙，上半身穿一件“海水绿”的短上衣，衣服上镶嵌有银制马耳他风格纽扣、军装风“纺锤形”纽扣，撑一把“中式”阳伞，拎着一只“镶金”手包，还配了一双绿色的半筒靴（图8）[39]。由此可见，那时的女性，简直是用绿色将自己从头武装到脚：披肩、扇子、手套、丝带和帽子……无一不是绿色。19世纪20年代，市面上出现了更加明亮的“草绿色”，用乙酰亚砷酸铜配成。这种颜色一经问市，立刻红遍大江南北。多伦多百图鞋博物馆收藏的鞋子恰恰说明，在那个正装鞋以黑白两色为主的时代，时尚的绿色是如何搏出位来，占有一席之地的（图9)。尽管不是在每双鞋里都检测到砷元素，但是从粉绿色到草绿色，博物馆里的各色绿鞋子非得用上亚砷酸铜才染得出来，才能发出闪缎般的光芒。

▲8.时尚插画，选自《阿克曼的宝典》杂志，当时英国最有影响力的全品类杂志，第6卷（1811年7月刊），曼彻斯特服装画廊普拉特大厅

▲9.砷绿色鞋子，约1820—1840年；©百图鞋博物馆，多伦多；摄影：Emilia Dallman Howley

虽然有难度，伦敦博物馆和安大略皇家博物馆却为我一试，对其部分藏品进行了科学分析，为此我感激不尽。伦敦博物馆里一件藏品尤其吸引我的目光。那是一条童裙，颜色非常特别，或者叫“奇怪”，是一种冷冷的蓝绿色。这条棉裙形态僵硬，适合六到

◀10. 童装，砷绿色棉裙，约1838—1843年；右图为手工刺绣细节图；© 伦敦博物馆

八岁的小女生穿着，上面有白紫两色的手工刺绣，1840年左右很是流行（图10）。XRF测试证实，小女生穿着这条裙子，等于无意中把砷穿在了身上[40]。或许女孩在里面还穿了内衣，能起到些保护作用，但是裙子并不是完全不脱色的，淀粉只能将部分色彩固定在面料上。化学家、斯特拉斯堡大学教授让·贝索兹（Jean Persoz）于1846年写过一篇行业守则，并在文中提出，19世纪40年代，纺织业已经受到国家级别的艺术品实验检测中心的关注，虽然被查出纺织品中含砷，但整个行业却仍未意识到这些健康隐患。因此，让·贝索兹在守则中不仅列出为不同的纺织品染上“铜绿色”的方法，还特意注明，“只要涉及铜和砷的使用，相关人员应慎之又慎”。用马西试砷法（Marsh test），或是再简化一些，直接燃烧纤维，就能让人一眼看透真相——镜子上面砷化的黑点就是告密者[41]。毒理学家有一整套设备，专门用于查明死亡案件的真相，纺织行业也有这么一套设备，用来检验废品废料。

砷绿色墙纸的危害性也极强。消费者不知道的是，墙纸的染料会与胶水发生反应。在英格兰湿热天气的影响下，这些化学物质与真菌相互作用，在房间里释放出致病气体氢氰酸。虽然还有待科学验证，但是我估计，服饰中的砷应该也会挥发。安德鲁·米哈格（Andrew Meharg）在维多利亚时代的墙纸里检测到了砷，其中还包括1883年以前，由知名设计师威廉·莫里斯（William Morris）设计、“工艺奢侈品公司”生产制造的墙纸。莫里斯的经典图案之一，Trellis红花绿叶格纹墙纸，检测结果呈阳性，绿叶图案中含砷，红花含朱砂水银[42]。墙纸曾经风靡一时，一直到19世纪晚期，因使用者被诊出中毒，其危险才逐渐为世人所知。事实上，当时的毒理手段很难检测到砷的存在，直到马西实验法（1836）和赖因施（Reinsch）实验法（1841）的出现，这道难题才得以解决。随着法医毒理学体系的建立，19世纪早期，新型医学领域——法医学——异军突起。法医学专家利用一系列新技术，查明犯罪真相。有时，查到危险品后，他们还会顺藤摸瓜，找到背后的制造商和经销商[43]。

19世纪60年代，在媒体的帮助下，真相被不断揭露，维多利亚时代的人民终于意识到，孩子的玩具、家用的蜡烛以及许多消费品上斑斓的色彩，其实是毒素的代名词——他们害怕了。医学界成为前沿阵地，医生变成侦探，为食品和消费品取样，送到专业化学实验室进行分析检验。家庭主妇们进不了实验室，但她们能得到化学家反馈的忠告。了解真相固然令人欣喜，主妇们却难免因此忧心忡忡。伦敦医院的亨利·利瑟比（Henry Letheby）医生是一位法医，以其毒品检测能力和“极其精确的化学检测技术”[44]享誉全国。1862年，他建议普通消费者，一旦发现任何可疑物品，可以先用高浓度的液体氨涂抹物品表面，擦拭面“如果变蓝，说明含铜。而铜很难在这些纺织品上独立存在，测到有铜，很可能就有砷——绿色，就是铜的砷化”。利瑟比医生用这种方法检测了一百多条裙子和纸张，得出的结论是，如果女性随身携带一瓶液体氨，“而不是常见的嗅盐，只需用瓶塞轻微触碰可疑的绿色物体表面，砷毒就无处藏身，立刻现形”[45]。亲眼看到砷的存在，这些维多利亚时代的女性们无不吓得恶心呕吐，巴不得瓶子里装的是真正的嗅盐，可以好好吸上一口，以免晕倒。不过，利瑟比医生的提议恰巧说明，砷毒问题是维多利亚时代普遍存在的问题，因此，医学专家们只好邀请妇女同胞看看学学，最好能成为半个侦探或是半个毒理学家，以强大医生的阵营。当然，现在我们已有更为先进、灵敏的技术设备，一下子就能检测出砷的存在。但是，如果真像贝索兹守则或利瑟比实验所说，早在19世纪，人们就能相对轻松地检测出布料中砷的存在，那么为什么直到19世纪50年代，服装也没有被列入重点监控名单，还一度引发砷中毒和公众恐慌呢？我想，答案应该是，“时尚”弱化了人们的警惕性，它让这种害人的绿色和仿真花环无比流行，直到越来越多的人身体出了状况，人们才警觉。墙纸和时尚插图中所用的颜料固然危险，布料中的致命危机也不一般。有一种轻纱面料，绿色粉末似乎不能完全附着其上，也许是因为淀粉的黏性不强，也许是因为布料面积过大。于是，从生产到销售，再到穿着，不论哪个环节，只要布料一动，就能抖下一团绿云来[46]。不幸的是，19世纪50年代，这种面料重新流行开来，一条宽松的裙子，需要用好几码纱料。当时的学者们还没搞清楚这种染料的真面目，纺织行业的某专家却急不可耐地跳了出来，声称这种“流行色”实际是“印”（而不是“染”）在面料上的，只需“轻轻摩擦就能擦掉”[47]。

▲11.维多利亚女王肖像，着草绿色晚礼服；弗朗兹-艾克塞瓦·温特哈尔特（Franz-Xaver Winterhalter），1855年，水粉画；皇室藏品基金会/©伊丽莎白女王二世，2014年

▲12. 北美绿色羊毛棉裙，经 XRF 检测含砷；约1854—1855年；© 安大略皇家博物馆

草木绿的凯歌

19世纪中期，草木绿色热度未减。1855年维多利亚女王的一幅水粉肖像画里，“摩登的”女王就穿着一件色彩绚烂的草绿色礼服裙（图11）。为女王作画的是她最喜欢的宫廷画师，弗朗兹-艾克塞瓦·温特哈尔特。这位画师擅长捕捉女王的发型和她的衣料，后来还被委派为法国皇后欧仁妮（Eugénie）和奥地利王后伊丽莎白绘制肖像画。

这幅水粉画相对不那么正式，女王身着蕾丝镶边的绿色晚礼裙，脖子和手腕处佩有珍珠绞花链，头戴宝石王冠。尤其引人注目的是女王的头饰。那是一副花环，人造绿叶和花朵缠在一起，围在深棕色的头发四周。花，不论天然或是人造，长久以来代表“女性”，被用来装点女性服饰，尤爱用作头饰。我们可以从维多利亚的肖像看出，19世纪50年代后期，花饰登上时尚的顶峰。当然，如果买不起丝制长裙或花冠，普通人还可以选择便宜的美式棉裙，这种裙子也含砷，1855年左右很是盛行，上面有绿叶和藤，还会印上可爱的花朵图案（图12）。如果买得起巴黎的最新款，可以去蒂尔曼（Tilman）女士巴黎的专卖店。她是维多利亚女王和法国欧仁妮皇后的御用人造花供应商。专卖店设在黎塞留大道，设计出品的头饰（法语叫 parures de bal）、人造花、羽毛饰品等单品，于1854年至1868年曾多次登上各大广告，1863年1月24日还曾出现在《巴黎女郎》（*Les Modes Parisiennes*）杂志的画报上（图13）。画报上的主头饰名为“树精”或“树仙”，被描绘为“艺术的发型，王冠上青草丰盈，草丛中一只乳白色的蝴蝶”[48]。随后的那个冬天，这种青草蔓生的头饰成为“有型”的代名词。后来，《笨拙》杂志登载了一封虚构的信件，由伦敦小女孩写给乡下的堂姐妹，信中描述了一条所谓的“植物裙”：

▲13. 蒂尔曼精品店设计出品的含砷花饰，巴黎；《巴黎女郎》，1863年1月24日刊；作者私藏

> 晚会上的裙子可真漂亮啊。我看到一条三文鱼色的裙子，边上镶嵌有绿色的豌豆。还有一条晚礼裙颜色非常鲜亮，裙边上镶的是洋葱、菜花、胡萝卜和小芹菜。很多人都头戴蔬菜、青草和干草。帽子倒还是老样子，非常高，只是年轻的已婚女性的帽子上

> 是用水萝卜和洋葱做装饰品……老年贵妇的帽子上则是洋葱和白萝卜。未婚女士喜欢芦苇，寡妇则喜欢戴蓟和别的杂草[49]。

这封虚构的作品不仅取笑了当时流行的植物头饰，还一语双关，寡妇的（widow's）的发音不正好与野草“weeds”的发音相似么。作品幽默的文风让人不禁以为，世上真有这种“可以食用的”裙子呢。波士顿博物馆收藏了一顶图13中法国制作的花饰（19世纪中期出口至美国）（Fig.1），生动地向我们展示了当时仿真花饰的动人形貌。花朵、水果、枝叶从拱形的头箍上舒展开来，戴在头上，活灵活现。精致的花朵盛开，粉白粉白的；草莓仿佛已经成熟，看起来香甜可口；一串串或红或紫的葡萄鲜嫩多汁，似乎正等人采摘；泛红的花茎俏皮地垂在两侧，仿佛在说，葡萄熟了开吃吧。虽然草莓和葡萄不是同季的水果，一个在春天采摘，一个在夏天成熟，但是，花饰传递的信息已经足够诱人了——那就是，戴着这个花饰的女人已经成熟，美味可口，就等有心人来采来摘。

同一时期，克里斯蒂娜·罗塞蒂（Christina Rossetti）1862年有一首名为《小妖精集市》（*Goblin Market*）的诗。这首诗歌讲述了年轻的女主人公罗拉的故事。她被妖精的魔力水果引诱，用自己金色的头发换取水果。头发用光后，罗拉吃不到水果，日渐消瘦。这首诗显然暗指人类的原罪——夏娃和苹果树的故事。商人兜售这种毒果时说“它是口中蜜，也是血中毒”。诗中还有一句话，出自生病的女主角口中，“吸啊吸、吸啊吸、越吸越多，那不知名的兰草结出的果实”。很多人不知道的是，正是1862年，也就是诗歌出版的那一年，伊丽莎白·安·阿德拉（Elizabeth Ann Abdela），来自伦敦东区肖尔迪区的一位年仅15岁的小姑娘，看到一串以假乱真的玻璃葡萄，吸了一口，吃了一嘴绿，中毒身亡。葡萄来自她的朋友伊丽莎白·赫尔（Elizabeth Hall），年方十三，在一家男子服装店工作，负责装饰帽檐。朋友将葡萄作为礼物送给她，没想到却引发了悲剧。后来，剩下的葡萄和叶子被拿去检验，证实蓝色和粉色的葡萄无毒无害，绿色葡萄却含砷，于是法庭举证，认为“一片绿叶中的毒品含量，足以谋杀一个孩子”[50]。女士们头戴仿真花果的装饰，不过是为了让人一饱眼福，哪里是可以入口的东西！葡萄果实或许无毒，但那些精美的叶片，足以摧毁人造花饰制造行业每一位工人的健康，不论男女，不分老幼。

女工女士，无处可逃

> “她双眼空洞，只余两片阴影，
> 她的头骨，被花朵精心装点，
> 小巧的脊骨无足轻重，被用来换了花儿
> 啊！多么迷人！”
>
> ——《死亡之舞》（*Dance of Death*）罗伊·坎贝尔（Roy Campbell）[译自查尔斯·波德莱尔（Charles Baudelaire）的《*Danse Macabre*》][51]

▲ 14.业余人造花制作套盒；鲁道夫・赫布罗纳（Rodolphe Helbronner）商店出售，伦敦摄政街；约19世纪50年代末至60年代早期；©V&A博物馆，伦敦

1857年，法国诗人波德莱尔发表了那部无耻的诗集——《恶之花》。19世纪的欧洲，“花朵”被赋予了复杂的象征意义，同时传递出多种信息。它被用来描述女性之美的绽放、盛开。但在波德莱尔诗作成形的年代，“花朵”二字，饱含恶意，是特指资产阶级女性“身体”的“邪恶”之花。1856年，巴黎的时尚技能之一——用布料和蜡制作人造仿真花——引起了政府和医疗界的关注。那一年，来自巴黎第五区的男女制花工人走进警察局，正式控诉恶劣的工作环境[52]。到19世纪50年代末，不少法国医生和科学家们也站了出来，发表对该问题的认识和见解。其中有一位埃米尔·博格朗(Emile Beaugrand)医生，也是他揭开了制帽业水银中毒的真相，还有化学家阿方斯·舍瓦利耶(Alphonse Chevallier，1828—1875)，时任卫生议会(Conseil de Salubrité)委员，以及前文提到过的医学专家韦尔努瓦[53]。

据估计，1858年的巴黎约有15 000名制花工人，1851年的英国则有3 510名制花工人。英国的制花工人大多集中在伦敦这座商业之都，也因此给这座都市带来了严重的问题[54]。正如一位医生所写，“人造花的生产制作，作为工业的重要组成部分，享誉国内外……绿色的人造草、人造叶简直是对大自然的复制，都是因为使用了草木绿色的染料”[55]。时尚杂志为这些花朵欢呼雀跃，称它们为“装点头发的不二之选”[56]，然而这种美丽的背后，是无数制花工人以健康和生命付出的代价。

19世纪的制花手册，不仅面向专业的人造花花艺店，同时也可用于指导业余的女性制花人员，这也说明，这种主要用以装点帽子和服装的人造花产业，虽然对技术有一定要求，但总体说来，仍是一种女性化的消遣活动。人们用布料和化工产品代替自然的花朵和颜色，女性制花工和女性消费者，主动将砷带进家中，再吸进身体里。按照1829年的一份制作手册的要求，制花人员需先将颜料倒入碾钵中捣碎，再像画家一样，自行调色。手册建议，制花人员最好购买清新、柔和的草木绿色，或是塔夫绸的“窗帘”制作绿叶，还需购买三种色度的绿纸，其中包括“beau-vert”纸——一种用亚砷酸铜染色的绿纸[57]。1858年该手册更新，发售对象由原来的独立手工业者变为工厂员工。至此，制花业进入“真正的工业”领域，就连小镇上也有人造花艺专售店了[58]。有趣的是，奢侈品牌蒂尔曼，也就是生产时尚画报上的花环的那家公司，它的男性工人似乎热衷于参加政治活动，在1848年革命期间，曾经召集制花工人“兄弟”集会，以此表达对不幸的同行的支持[59]。零售商人也纷纷跳了出来，负责为人造花制花业提供原材料，其中有这么一家店，干脆直接取名为“Au Jardin Artificiel”，意思直白贴切，明明白白地告诉消费者，自家是“人造花花园”。当时，这家店位于圣德尼大街227号，直到今天，我们还可以在桑提耶区，也就是巴黎的成衣区，找到这家店的身影。截至1859年，维诺斯地区共计有900家人造花批发商和零售商店，主要集中在圣德尼区和圣马丁区，也就是现在巴黎右岸的第二、第三区[60]。

没有一本专业操作手册提及砷的危险性，或向女性发出安全警告，可是，危险一直在。伦敦V&A博物馆收藏的业余制花套盒，现在仍能检测到毒性（图14）。这个套盒的生产使用时间为19世纪50年代末或60年代初，由鲁道夫·赫布罗纳的商店发售，店面位于伦敦美丽优雅的摄政街。该店负责向皇室供应德国柏林制造的针线盒、人造花制作盒，还有瑞典制造的儿童手套。另外，还开设专门的刺绣及其他手工艺课程，学员均为上流社会的夫人小姐们。1858年，赫布罗纳出版了一本操作手册，吹嘘制花工艺为一项“娱乐活动，足以让夫人、小姐们在任何季节都能仿制大自然的花花草草，享受自然之美”，女士们可以自己动手，为朋友制作小礼品，用以“装点客厅、饭厅和裙子”[61]。这种精美的套盒共有两层，里面装有纸张、布绢做好的花朵、茎杆，以及深浅不一、各式各样的绿叶，有德国翠菊、罂粟，还有蔷薇。V&A博物馆的工作人员检测了该套盒的绿色盒盖、纸制绿色隔断、圆圆的菜花、一个绿色铃铛形状的东西（位于套盒上层中间大红色的花蕊旁）以及一片装在信封里的绿色绸制叶子（可能不是套盒里配套的材料）。他们发现，除了那片叶子，所有的东西都含铜和砷，这就说明，制作套盒的染料中，含有“草木绿”染剂[62]。大多上流社会的女性拿到手的都是半成品，并不需要亲自动手撒色粉染色，因此，对她们来说，这项娱乐活动无关痛痒，刚好打发时间，但对于专门从事人造花制作的普通工人来说，他们的工作就是组装套盒，用色粉为叶片染色，时刻处于大量致命砷粉的包围之中。一位12岁的巴黎工厂女工，吞服了工厂里的绿色液体自杀，这出悲剧足以向世人证明草木绿染剂的剧烈毒性[63]。

除了制作人工花草，砷粉还会找到各种各样的契机，进入女性的衣橱、房间，可以说无孔不入。盛行于19世纪早期的（动物标本）剥制术和人造花草一样，也是一种将“自然”带回家中的“砷式装饰”手段。为了制作时尚饰品和帽子，人类杀死了无数小鸟。有些帽子，到今天为止，仍对人体有害[64]。剥制师用含砷的肥皂“处理”，或称“木乃伊化”小鸟的外皮，因为这种肥皂具有“几乎永恒地保存动物组织的能力”[65]。19世纪80年代，世面上流行用整只小鸟做标本装饰女性的帽子。1885年的法国，一只鸟被固定在棕色的（或许含有水银？）毛毡帽上，羽毛为红棕色（图15）。与用自然死亡的动物制作的标本不同，这只小鸟标本看起来一点也不活灵活现，而是整个被拧在一起，缝在一条缎带上，鸟嘴和鸟身上画了一朵金色的花朵。维多利亚时代的评论家曾就此事，从时尚和环境两个角度发文谴责。霍伊斯女士（Haweis），著名时尚作家，主攻艺术、服饰及美容领域，在其1887年的文章《被碾碎的小鸟》（*Smashed Birds*）中开篇明意“尸体永远不会成为真正让人愉悦的饰品”[66]。她尤其憎恨这种将小鸟“洗洗煮了”放在帽子上的行为，因为“可怜的小鸟被钉在帽子上，似乎正在大声哀鸣，‘救救我！我身处炼狱’”，也因为它违背了“好品位的准则”。霍伊斯呼吁停止这种“大规模的毁灭”。在当时，每年为装饰帽子、耳罩、屏风，有超过3 000万只小鸟死于非命。在文章最后，霍伊斯恳求女性朋友们，不要“把死亡顶在头上”。遗憾的是，尽管用整只小鸟标本进行装饰的流行风一去不复返，然而直到20世纪，珍稀鸟类的羽毛，如鱼鹰和白鹭的羽毛，仍是装点帽子的佳品，为此，动物保护主义者群情激愤，反复抗议这种被他们视为“谋杀者女帽商”的行业[67]。男性礼帽灭绝了水獭，女性的头饰杀死了小鸟，留下的，是世界各地博物馆里收藏的“剧毒”遗产。

在人造花“花团绵簇”的生意创造的美丽单品身后，隐藏着一个又一个危险。比帽匠的待遇稍好一些的是，制花工人的健康问题迅速引起了公众的关注。霍夫曼（Hoffman）的文章《死亡之舞》（*Dance of Death*）在《时代周刊》上刊出不过一个星期，《笨拙》杂志就刊登了一则漫画（图

▲15.整只剥制的小鸟被钉在帽子上；1885年，巴黎，卢浮宫模式；©V&A博物馆，伦敦

▲16.《砷粉华尔兹/新死亡之舞（献给绿花环和服装贩子）》，《笨拙》（1862年2月8日刊）；©维尔康姆图书馆，伦敦

16）。漫画取名为《砷粉华尔兹》（*The Arsenic Waltz*），副标题为“新死亡之舞（献给绿色花环和服装贩子）”。作品上画了一具男性骷髅，举止优雅，正在邀请一具女性骷髅跳舞。他礼貌地向女士伸出干枯的手指，同时屈膝致敬。男性的服装着重描绘他消瘦无肉的身子骨——骷髅头上没头发，领节和衣领系在脊柱上，肋骨和盆骨间有个巨大的缝隙，可能本应当是他的胃部，或是白色衬衣所在，他的脚后跟突出，看起来很不正常。受邀的女伴衣着时尚，身穿19世纪60年代早期流行的全套礼服，包括一条有着宽大衬裙的蓬裙，镶有荷叶边，一件露肩紧身上衣，上面缝着蝴蝶结。女骷髅的“手上”拿把扇子卖弄风情，头上没有头发，戴着一顶维多利亚时代的王冠形饰品，一圈圈精致的树叶缠绕其间。她的裙子上没有当时常见的图案或花朵，反而在裙边位置用了许多骷髅头图案作装饰。这个图案清楚明白地向读者发出警告，那就是，裙子“有毒”。

从古至今，“死亡之舞”被人们看作死亡象征，中世纪及文艺复兴时期的艺术家们绘制死神跳舞的画面时，一般会在旁边画上教皇、皇帝、国王、儿童和劳工等人物形象，以此提醒人们，死亡无处不在。现代画家笔下的死亡之舞变成了华尔兹，从道德意义上看，这曲舞蹈似乎与死亡格格不入。正如1816年浪漫主义诗人拜伦男爵的诗作所说，跳华尔兹时，"猥亵的搂抱"和"放荡的接触"让人看不下去，男男女女之间："勾肩搭背手心热/环抱轻腰，灯光盈盈"[68]。虽然华尔兹看起来"有伤风化"，维多利亚女王却很爱与艾伯特亲王共舞[69]。我在这里特意把华尔兹提出来，主要在于，男女共舞时，肢体亲密接触，女伴身上穿的，头上戴的，都是砷粉，男人们便在无形之中被放上了刑架。《笨拙》杂志调侃这些新出炉的男伴们，建议他们提前联系女伴，说服这些喜欢穿绿带毒的女郎们，千万不要购买或是穿着绿色的服饰。这些风趣幽默的文章使读者们会心一乐，但大多不把文中的劝诫当回事。例如1861年有本杂志建议"仁慈却放荡的年轻男子们"，最好"用调笑的态度对待人造花制花工的下毒行为，切忌严词苛责，只需说一句，例如，你认为这种事尽管贪婪且不人道，但也不失趣味"也就够了[70]。还有一篇小文《啊！绿色的小妞们》则提议给穿绿的女性身上挂些红字，原文说，"我们认为，如果非得和穿着舍勒绿的女士共跳华尔兹或是波尔卡舞，男士们最好打扮得和他的舞伴一样绿。而且，穿绿裙子的女孩们身上最好标有'危险！'或是'小心有毒！'等警示语，用红色的线把这些词语缝在女孩儿的背面[71]。"显然，这些扰乱民心的幽默段子没起到任何作用，否则，在这些文章发表一年多以后，人们就不会仍用"波尔卡舞和投毒者"这个短语，比喻那些携带致命"毒药弹"的绿衣女郎了。将砷粉和火药作类比也随处可见："如果女士坚持穿着砷粉绿裙，舞会就会变成炮弹发射现场，杀伤力惊人，几乎无人能在(砷)粉的威力之下生还[72]。"由此可见，草木绿魅力四射，轻易不能撼动其地位。

1862年初，赫礼尔（Hillier）医生是圣巴克拉斯教区——年轻死者斯科蒂勒所在教区的卫生长官，他曾说服英国枢密院，发布了一则特殊公告。法医学的专家威廉·盖伊（William Guy）教授受命书写这则公告，文笔优美，内容却让人愤怒。威廉教授发现，在斯科蒂勒事故发生前，砷已经在一位17岁的制花工人的死亡中扮演了重要角色。死者为法国人，名叫罗利欧（Rollo），在伯杰龙的工厂工作。威廉还注意到，负责医治斯科蒂勒的外科医生，此前已经为该厂50%甚至更多的女工看诊[73]。虽然后来厂子搬到了稍微开阔的地方，空气也更好，但是威廉教授遇到的大多数年轻女工仍然饱受慢性砷中毒症的折磨。其中一位年长的女工，头发几乎掉光了，还有几位女工的私密部位严重感染，坐都坐不稳[74]。为此，威廉教授向上级提议，禁止18岁以下的儿童参与涉及砷粉的工种。然而，教授却没有因此提议规范砷染料的使用，因为他不希望因为限制"制造业的自由"，进而伤及英国经济。他说，“如果……如果我在调查过程中发现多起致命病例的话，就会考虑要求全面禁止砷粉”在染料中的使用。“仅仅一起死亡案例”显然是不够的[75]。在这起职业病与自由贸易的较量中，健康输给了经济。对于当时的联合王国来说，这种有意识的疏忽，常见于使用危险品的各大贸易行业中。例如，磷粉被用于制作火柴，但它损伤工人的颧骨，容易引起一种恐怖的疾病——磷毒性颌骨坏死。尽管风险尽人皆知，但直到19世纪90年代，这些危险行业才开始受到官方的规范和监管。

有玛蒂尔达·斯科蒂勒之死在先，其他女性的三灾六难似乎就变得无关痛痒了。在世人眼中，肩膀“痛到让人崩溃”，皮肤上长点红疹子，这都不是事儿[76]。好在有了大批时尚人士的追捧，绿色随处可见，医学专家也因此找到了砷与病的直接联系。他们为许多上流社会的女性上门看诊，发现病因均为穿戴了含砷的服饰，一些免费的医院也接诊了砷粉中毒的工厂女工，这算是职业病。一位医生说，只要看到制花工人前来看诊，他就会想到舞会上头戴“漂亮头饰”的靓丽身影，她们跟眼前这些双眼发红、皮肤溃烂的可怜女孩，简直形成了鲜明的对比[77]。事实上，上流社会的女性并非这场砷绿抵制战的看客，反而起到了关键性的作用。正是她们决定了家庭的采购清单，也只有女性消费者自己，才能选择是否接受或是拒绝某种时尚。《笨拙》漫画的主角虽然不是制花工人和女裁缝，但它给大众当头棒喝，让人们知道，女人们正在通过购买绿色服饰的方法，给自己下毒。或许，这些警告起到了应有的作用，因为在博物馆里，无论我如何寻找，在19世纪60年代以后的藏品中，再也没有明亮的绿裙的身影。但或许，它们正藏在别处呢。

大家都知道，在一些工业领域，草木绿的粉末毒性剧烈，严重损害工人的健康，但在19世纪，化学家反复检测纺织制品后，虽然在里面找到大量砷粉，却仍对其是否有害存有疑虑。砷粉真有危险吗？是不是媒体夸大了一些病症，甚或单纯是人们的想象？空气中挥发的砷粉，真的是来自我们检测的这些纺织品吗？

我们对一件澳大利亚的私人藏品——草木绿丝裙——进行了仔细检测（图17）。藏品主人慷慨大方，把裙子寄到加拿大供我展出。这场展览由我与百图鞋博物馆共同举办，名为“时尚的受害者”，展出时间为2014年6月至2016年6月。裙主人允许我们取下三小片里衬，用于全反射x射线荧光光谱（TRXF）分析。虽然砷和铅在光谱下容易重合，取证难度加大，但总体说来，利用TRXF分析可以检测出砷及其他成分的精确含量[78]。过去，砷还被用于制作杀虫剂，我们在博物馆中可以看到这种产品。但是这条含砷的裙子从未在任何博物馆中展出过[79]。检测结果显示，这条裙子含铜、锌、铅、铁、溴、钾、硫，以及少量砷。我们同时检测了百图鞋博物馆收藏的部分鞋子，结果发现，鞋子中含大量锡。这一结果非常合理，因为冶炼锡的过程正是产生

◀17. 砷绿裙子，约1860—1865年；Glennis Murphy 收藏；摄影：Arnold Matthews

三氧化二砷，也就是砒霜的主要途径。我们不确定，在150年间，是否有砷从藏品中泄漏或是降解，我们也不知道，这些藏品最初是否含有大量的砷，足以伤害生产者和穿戴者的健康。我们只知道，现在，绿色已经褪去，布料上满是泛黄的斑点，时间越久，颜色越淡，砷的含量就越低[80]。另外一条绿色的裙子制作于19世纪60年代，现为瑞尔森大学时尚研究类藏品。这条裙子里也含有铜和砷，其他许多时尚单品的检测结果也反映出了许多有趣的信息。我相信，这个问题将得到越来越多的关注，只有更多的科学检测和研究才能解决它。

关于绿色的大量负面报道，终于让部分绿色调走出公众视线，最终退出了历史舞台。19世纪七八十年代，一位名叫亨利·卡尔（Henry Carr）的土木工程师出版了畅销书《家中的毒药》(*Our Domestic Poisons*)，被译成三种语言，深受大众欢迎。书中提到，有一种很特别的颜色，消费者"普遍"认为"它不是含砷绿色"[81]。然而事实上，政府的宣传，颜色的明亮程度，丑陋的红色疤痕以及皮肤的溃烂最终还是让这种颜色失去了民心。医生、化学家、女性团体以及媒体不断发声，质疑消费品中的砷成分，"恐砷症"一度成风，直到今天仍是如此[82]。19世纪60年代后期，更深的蓝绿色取代草木绿，登上了时尚舞台。例如，矿物绿"铬绿"色，即

◀18.《女士女孩》（*Journal des dames et des demoiselles*）比利时版，钢板雕刻、手绘彩色时尚画报，约1860—1865年，作者私藏

“鲜绿色”，在1859年申请了专利，后来成为草绿色的安全替代品[83]。可是，砷和其他有毒色彩的故事远未完结。在19世纪60年代比利时的时尚画报上，我们除了可以看到漂亮的绿色——看着就有毒——还可以看见左边那位女士身着紫色长裙。当时，这种颜色刚刚引入不久，然而讽刺的是，早期的紫色染料中同样含有砷粉（图18）。这没什么奇怪的，因为图上这位像洋娃娃一样的女士头戴的人造花朵，同样来自知名的蒂尔曼人造花店，身穿的亮色服饰，也购自高格林（Gagelin）时装屋。高格林时装屋，由“高定时装之父”查尔斯·弗雷德里克·沃斯（Charles Frederick Worth）创办，他早年就是靠出售最新款、最新色的丝绸，积累财富，后来才创办了自己的企业。画报上，两位女士肩并肩站在那儿，在“恐砷症”和媒体负面报道的帮助下，新的“淡紫”“洋红”终于打破了绿色长年的统治地位，成为时尚行业服饰和家装的新宠。

注释

1 William Guy, *"Dr.Guy's Report on Alleged Fatal Cases of Poisoning by Emerald Green; and on the Poisonous Effects of that Substance as Used in the Arts," House of Commons Parliamentary Papers Online, Public Health. Fifth Report of the Medical Officer of the Privy Council, 1863 (161),*.,125–162.

2 *Punch* (December 7, 1861), 233.

3 "Emerald Green," *The English Woman's Journal*, 41, no. 7 (July 1, 1861): 309.

4 Ibid., 313.

5 "The Dance of Death," *Times*, February 1, 1862, 12 and reprinted a week later as "Arsenical Pigments in Common Life," *Chemical News*, February 8, 1862, 75. A scientist at MIT in Boston found 8.21 grains of arsenic in one square foot of green tarlatane—a dress would contain 3 or 4 ounces of pure arsenic. Frank Draper, "Evil Effects of the Use of Arsenic in Green Colours," *Chemical News*, July 19, 1872, 31.

6 James Whorton, *The Arsenic Century: How Victorian Britain was Poisoned at Home, Work and Play* (Oxford: Oxford University Press, 2010), 10.

7 *BMJ* (February 15, 1862), 177.

8 Charlotte Nicklas, "One Essential Thing to Learn Is Colour: Harmony, Science and Colour Theory in Mid-Nineteenth-Century Fashion Advice," *Journal of Design History* (September 23, 2013): 1–19, doi:10.1093/djh/ept030.

9 James Redding Ware, *A Dictionary of Victorian Slang* (London: Routledge, 1909).

10 Andrew Meharg, *Venomous Earth: How Arsenic Caused the World's Worst Mass Poisoning* (New York: Macmillan, 2005), 66.

11 Whorton, *The Arsenic Century*, 15.

12 For an excellent summary of the occupations that used white arsenic historically and the literature surrounding it, see R. Prosser White, *The Dermatergoses, or Occupational Affections of the Skin* (London: H.K. Lewis, 1934), 141–48.

13 Maxime Vernois, "Mémoire sur les accidents produits par l'emploi des verts arsenicaux chez les ouvriers fleuristes en général, et chez les apprêteurs d'étoffes pour fleurs artificielles en particulier," *Annales d'hygiène publique et de médecine légale*, 2eme serie, tome 12(1859): 319–49. In 1862, he also published an entire book on the "hand of the worker.:

14 Whorton, *The Arsenic Century*, 16.

15 Vernois, "Mémoire sur les accidents produits," 325.

16 Vernois, "Mémoire sur les accidents produits," 335.

17 He notes that he had heard of one case of death amongst flowerworkers. Ibid., 331.

18 "A Word of Caution to the Wearers of Artificial Flowers," *BMJ* (November 30, 1861), 584.

19 Hill Hassall, "On the Danger of Green Paint in Artificial Leaves and Flowers," *The Lancet* vol. 76 no. 1944 (December 1, 1860): 535.

20 "Poisonous Gloves," *Medical Press and Circular* 11, no. 55 (August 8, 1871): 55.

21 "Colouring Kid Gloves," *St. Crispin* (1873), 58. Saint Crispin was the patron saint of cobblers and those who worked with leather.

22 Loï Prigent, "Rites," *Signé Chanel* television series (ARTE France, 2005).

23 Axel Madsen, *Chanel: A Woman of Her Own* (New York: Henry Holt Company, 1990), 114.

24 Amy de la Haye, *Chanel* (London: Victoria and Albert, 2011), 16.

25 Ibid., 19, 21.

26 Stevenson Macadam, "The Presence of Arsenic in Common Things," *The Pharmaceutical Journal and Transactions* (January 31, 1880): 611–12.

27 Eric John Holmyard, "Dyestuffs in the Nineteenth Century," *A History of Technology*, vol. V (New York: Oxford University Press, 1958), 257.

28 Godfrey Smith, *The Laboratory or School of Arts* (London: J Hodges, 1740), xi.

29 Alan Dronsfield and John Edwards, *The Transition from Natural to Synthetic Dyes*, Historic Dye Series No. 6 (Little Chalfont: John Edmonds, 2001), 19, 29.

30 Michel Pastoureau, *Green: The History of A Color* (Princeton: Princeton University Press, 2014), 116.

31 Draper, "Evil Effects of the Use of Arsenic," 29–30.

32 Paul Antoine, *Scheele: Chimiste Suédois, étude Biographique* (Paris: Victor Masson et Fils, 1863), 23.

33 Copper acetoarsenite was discovered in Schweinfurt by Rulz and Sattler, a paint manufacturer. It seems to have become commercially available in France and Britain by the late 1820s. émile Beaugrand, *Des différentes sortes d'accidents causés par les verts arsénicaux employés dans l'industrie, et en particulier les ouvriers fleuristes* (Paris: Henri Plon, 1859), 1.

34 Whorton, *The Arsenic Century*, 177.

35 Alison Syme, *A Touch of Blossom: John Singer Sargent and the Queer Flora of Fin-de-Siècle Art* (University Park: Pennsylvania State University Press, 2010), 27–30.

36 Meharg, *Venomous Earth*, 65.

37 Andrew Meharg, "Killer Wallpaper," reprinted in *Popular Science* (June 21, 2010), http://popsciencebooks.blogspot.co.uk/search?q=killer%20wallpaper%27, web. Accessed July 10, 2013.

38 Alfred S. Taylor, *On Poisons in Relation to Medical Jurisprudence and Medicine* (Philadelphia: Lea & Blanchard, 1848), 374.

39 *Ackermann's Repository of Arts, Literature, Commerce, Manufactures, Fashions, and Politics*, vol. VI (July 1811), 52–53.

40 The test showed substantial amounts of copper and arsenic.

41 Jean Persoz, *Traité théorique et pratique de l'impression des tissus*, tome 3 (Paris: V. Mason, 1846), 152–54, 537. Textile dyeing and printing manuals suggest that Scheele's green was a tint more commonly applied to textiles in the 1840s than the 1860s; see Edward Andrew Parnell's *Dyeing and Calico-Printing* (London: Taylor, Walton, and Maberly, 1849), 39–40 vs. Charles O'Neill's *Dictionary of Calico Printing and Dyeing* (London: Simpkin, Marshall & Co., 1862), where he mentions

that "this colour is very little worked now on calico or other fabrics" (p. 73.) I am very grateful to Philip Sykas for these references.

42 Meharg, *Venomous Earth*, 78.

43 Whorton, *The Arsenic Century*, 86. See also Ian Burney, *Poison, Detection, and the Victorian Imagination*, (Manchester: Manchester University Press, 2006).

44 P.W.J. Bartrip, "How Green Was My Valance? Environmental Arsenic Poisoning and the Victorian Domestic Ideal," *English Historical Review* 109, no. 433 (1994): 902.

45 *"A Test for Arsenic," The London Times* February 11, 1862, 6; "A Test for Arsenic," *BMJ* (February 22, 1862), p. 215. We tested a swatch of the arsenic dress from Australia with ammonia. It did not contain enough copper to turn blue, but liquid solutions of arsenic and copper standards turned a beautiful ultramarine blue when we added a few drops of ammonia.

46 Chevallier, "Recherche sur les dangers que présentent le vert de Schweinfurt, le vert arsenical, l'arsénite de cuivre," *Annales d'hygiène publique et de médecine légale*, 2ème serie, tome 12 (Baillière: Paris, 1859), 90.

47 Lyon Playfair's lecture on the Progress of the Chemical Arts since 1851 delivered at the Royal Institution, *London News Archive*, June 7, 1862, 593.

48 *Modes Parisiennes* (January 24, 1863), p. 38.

49 "Letter from Miss Francis Lyttle Humbug to Her Cousin Miss Ellen Lyttle Humbug," *Punch* (December 12, 1863), 242.

50 "Death from Arsenic," *London Times*, October 20, 1862, 10. Dr. Henry Letheby was the chemist who tested the grapes and leaves. He is cited later in this chapter.

51 Roy Campbell, trans. Charles Baudelaire *The Flowers of Evil* (London: Routledge, 1955).

52 Chevallier, "Recherche sur les dangers que présentent," 4.

53 E. Beaugrand, *Des différentes sortes d'accidents causés par les verts arsénicaux employés dans l'industrie, et en particulier les ouvriers fleuristes* (Paris: Henri Plon, 1859); Chevallier, 49–107.

54 House of Commons Report, 1863, p. 138. Wilhelm Grandhomme, one of the first on-site doctors in a dye factory, who was hired by the Hoechst Dye works near Frankfurt in 1874, compiled a table of occupational poisonings in the 1880s. He argues that 15 percent of artificial flower workers still suffered from arsenical poisoning, along with 20 percent of "Sweinfurth" Green Makers. (7.5 percent of hatters are cited as having mercury poisoning in the same table.) Grandhomme in Theodore Weyl, *The Coal-Tar Colours: With Especial Reference to their Injurious Qualities and the Restriction of their Use* (Philadelphia: P. Blakiston, 1892), 30.

55 Draper, "Evil Effects of the Use of Arsenic," 30.

56 *The Ladies' Treasury*, vol. 4 (1860), p. 271.

57 Elizabeth-Félicie Bayle-Mouillard, *Manuel du fleuriste artificiel* (Paris: Librairie Encyclopédique Roret, 1829), 31–32.

58 Clélie Sourdon, *Nouveau manuel simplifié du fleuriste artificiel* (Paris: Librairie Encyclopédique Roret, 1858), 105, 120.

59 "Aux ouvriers fleuristes," political poster, 1848 (Bibliotheque Nationale de France).

60 Vernois, "Mémoire sur les accidents produits," 335.

61 *Helbronner's Manual of Paper Flower Making with Correct Patterns and Instructions* (London: R. Helbronner, 1858), 3.

62 Lucia Burgio and Bhavesh Shah, *Analysis Report 13–206-LB-BS*, Flowermaking kit—E.254–1949, Science Section, Conservation Department (December 17, 2013), 3 (unpublished report).

63 This incident happened in 1849. The girl came in early before work to drink the poison. She died by noon. Her employer was fined for not keeping the toxic substance under lock and key. Chevallier, "Recherche sur les dangers que presentment," 52.

64 *Taxidermy: or, the Art of Collecting, Preparing, and Mounting Objects of Natural History*, book review in *Natural History* 93 (1820): 103. Ivan M.Kempson et al., "Characterizing Arsenic in Preserved Hair for Assessing Exposure Potential and Discriminating Poisoning," *Journal of Synchrotron Radiation* 16 (2009): 422–27. One study found arsenic in 530 of the of 656 taxidermied museum specimens tested. P. Jane Sirois, "The Analysis of Museum Objects for the Presence of Arsenic and Mercury: Non-Destructive Analysis and Sample Analysis," *Collection Forum* 16 (2001): 65–75.

65 Prosser White, *The Dermatergoses*,142.

66 *Belgravia: A London Magazine*, 62 (May 1887), 336–44.

67 C.W. Gedney, "Victims of Vanity," *The English Illustrated Magazine* 191 (August 1899), 417–26, and "Murderous Millinery," *The Speaker* (November 3, 1906), 131.

68 In Mark Knowles, *The Wicked Waltz and Other Scandalous Dances: Outrage at Couple Dancing in the 19th and Early 20th Centuries*, (Jefferson: McFarland & Co, 2009), 32.

69 Ibid., 34.

70 *Punch* (December 7, 1861), 233.

71 *Punch* (October 5, 1861), 141.

72 *Punch* (November 15, 1862), 197.

73 Guy, "Dr. Guy's Report" 151, 144.

74 "Dr. Guy's Report," 148, 154–55.

75 "Dr. Guy's Report," 158.

76 Draper, "Evil Effects of the Use of Arsenic," 31.

77 "Arsenical Ball Wreaths," *Medical Times and Gazette*, February 8, 1862, 139.

78 It was analyzed using an S2 PicoFox (Bruker-AXS, Madison WI, USA) with monochromatic Mo K radiation and SDD detection. It was analyzed by the lab of Professor Ana Pejovic-Milic, Chair of Physics at Ryerson University. The analysis was performed by Eric Da Silva, an expert in XRF. I am extremely grateful to my colleagues at Ryerson for these detailed analyses.

79 Catharine Hawks and Kathryn Makos, "Inherent and Acquired Hazards in Museum Objects: Implications for Care and Use of Collections," *CRM* 5 (2000): 31–37. I am grateful to conservator Holly Lundberg of the Chicago History Museum for bringing this to my attention.

80 It was almost certainly applied differently to silk than to cotton, almost as a "tint" bound to the cloth with gelatin or albumen,

but an 1867 manual suggests the use of some of the elements found in samples in the dyeing process, including potassium and sulfur. M.P.Schutzenberger, *Traité des matières colorantes comprenant leur applications à la teinture et à l'impression*, (Paris: Victor Masson, 1867), 292–96. The copy I looked at in the Bibliotheque Forney in Paris still has a dyed sample of the cold blueish-green tint I would expect.

81 Henry Carr, *Our Domestic Poisons or, the Poisonous Effects of Certain Dyes and Colours Used in Domestic Fabrics*, 3rd ed. (London: William Ridgway, 1883), 11. Carr's texts were published with correspondence and support from many medical and toxicological authorities. In his 1880 publication *Poisons in Domestic Fabrics*, he exhibited tarlatanes, artificial flowers, and gloves and stockings dyed with aniline that had caused "serious eruptive affections" without arsenic (p. 2).

82 Bartrip, "How Green Was My Valence?," 899.

83 Agusti Nieto-Gulan, "Towards the 'Artificial': A Long-Standing Technological Change," in *Colouring Textiles: A History of Natural Dyestuffs in Industrial Europe* (Dordrecht: Kluwer Academic Publishers, 2001), 186.

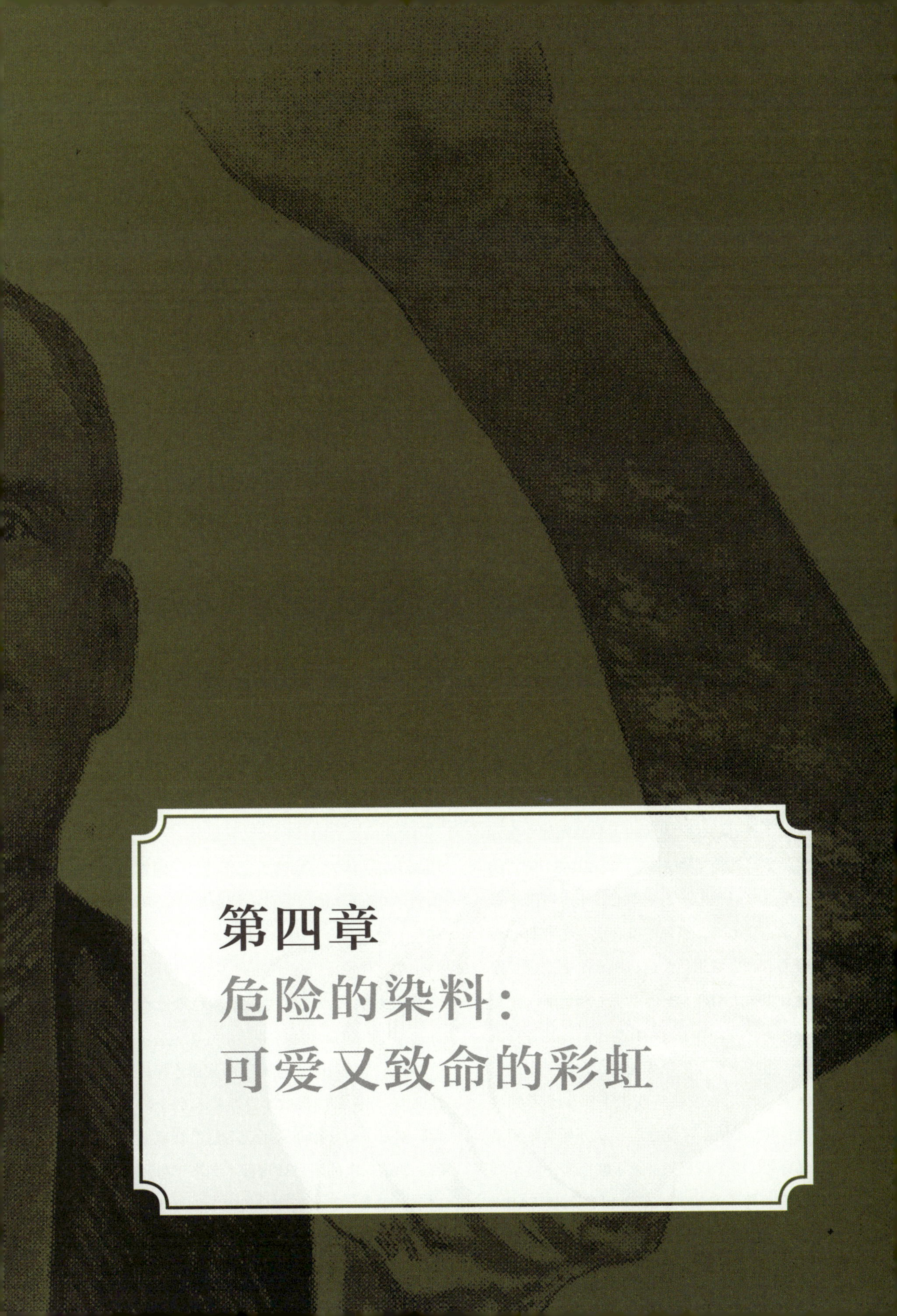

第四章

危险的染料：可爱又致命的彩虹

1904年3月20日，一位年仅22岁的男性销售员，死在美国俄亥俄州托莱多。这个小伙子生前“一身肌肉”，高5英尺9英寸，体重180磅[1]。尸检报告显示，该男子死前几天购买了一双打折的鞋子。这双鞋设计独特，鞋面下部为黑色漆皮，鞋帮和鞋背处为棕色。具体式样可参考百图鞋博物馆的藏品之一——20世纪20年代美式男鞋（图1）。因为对鞋子的颜色不太满意，小伙子在芝加哥买了些“黑色”的液体，把整双鞋染成黑色，然后去参加当晚的“舞会”。小伙子不知道的是，他所购买的抛光剂中含有硝基苯，这是“阿尼林”（Aniline）染料的重要成分。他急着赶去舞会，不等鞋子干透就把它穿上脚，黑色的染料沾在了双脚和脚腕上。舞会结束后，他与四五个朋友进了家小餐馆喝了两杯，吃了点饼干和奶酪。正是在这一时段，男子开始觉得不适，他昏昏沉沉，想吐。朋友们以为他醉了，叫了车送他回家。然后室友最终叫来了医生，不到凌晨5点，小伙子毒发身亡。从开始晕眩到最终身死，整个病程只持续了四个半小时。知名工业健康专家艾丽丝·汉密尔顿（Alice Hamilton）认为，销售员之死的另一因素是饮酒，“硝基苯的毒性被酒精强化”[2]。啤酒和鞋子抛光剂合二为一，最终调出了一杯索命化学鸡尾酒。该恶性事件发生二十年后，密歇根大学的四位学生也因黑色染鞋剂中毒。其中一位是牙科专业学生乔治·斯坦福（George Stanford），他输了两次血才保住了性命[3]。相关部门没收了这批染料的全部库存，但是，对于多年来的无数起类似事故而言，偶尔一次的问责处理根本无济于事。到这个世纪末，维多利亚时代的人们终于厌恶

▲1.男式牛津靴，黑色漆皮，脚帮为棕色布料，百利牌，瑞士制造；©2015百图鞋博物馆，多伦多；摄影：David Stevenson和Eva Tkaczuk

了这种外表光鲜的化学彩虹，指责这些“恐怖的颜料”“居然到现在为止仍出现在时尚龙头的商品名录上——痛苦的红色、恐怖的苍绿色、可怕的紫丁香色，和怪物一般的淡紫色”[4]。

正如上一章所说，19世纪的色彩，是极具争议性的话题。帽子有各形各色，时尚画报上服装的色彩也在不断变化，即使是在19世纪50年代，也就是“阿尼林（苯胺）”染料发明之前，服饰也有各种各样的颜色。对于女性消费者而言，颜色是帮助她们展现社会地位和个人品位的绝佳途径，简单便利。在过去，丰满、饱和的色彩，如红色和紫色，比其他颜色昂贵难得，因此是上流社会的首选，工人阶级的服装则大都单调、乏味，没有经过染色的处理。这些新型的、便宜亮丽但往往有毒的化学色剂的发明，打破了上流社会对颜色的专属统治，却引发了一种新型病症——“恐色症”。19世纪晚期，诸如詹姆斯·惠斯勒（James McNeill Whistler）一类的艺术家们，掀起“英国美学运动”的潮流，为上流社会的女性作画时，往往为其精心选择浅淡的色彩，如白色、烟粉和灰色，使之“像交响乐般交织融合”，看起来和谐舒心。“有品位的”消费者们紧跟潮流，一脚踢开饱和，甚至有些刺激的浓墨重彩，既是出于审美的目的，也是为了健康的需求[5]。

1884年，在国际健康博览会上，来自伦敦圣约翰皮肤病专科医院的医生詹姆斯·斯塔廷（James Startin）展出了一组照片。照片上是各种让人崩溃的皮肤病，还有各式各样利用阿尼林染色的物品：袜子、手套、衣服，它们“是引发皮肤病的根源，多年的医学实践使我得出这一结论”[6]。其他博览会也有类似展品。巴斯时尚博物馆（Fashion Museum in Bath）的藏品“耶格五指袜”，反映了当时公众对有毒化学染料的担忧。约1885至1895年，未经染色或色调“自然”的袜子成为市场的热销品，诸如伦敦的利宝百货（Liberty）一类的奢侈品经销商则选择出售“艺术家般”颜色混搭的布料，以迎合太太和小姐的品位。还有一些主打手工工艺的设计公司，如莫利斯公司，舍弃化工颜料，重新用上天然的植物染料。然而，“阿尼林”的强大之处在于，在现代化的实验室里，用上“阿尼林”，调出“艺术家般”的色彩也不是难事。而且，开弓没有回头箭，市场主宰了化工颜料的革新，更好的效果、更低的价格，这就是市场需求[7]。

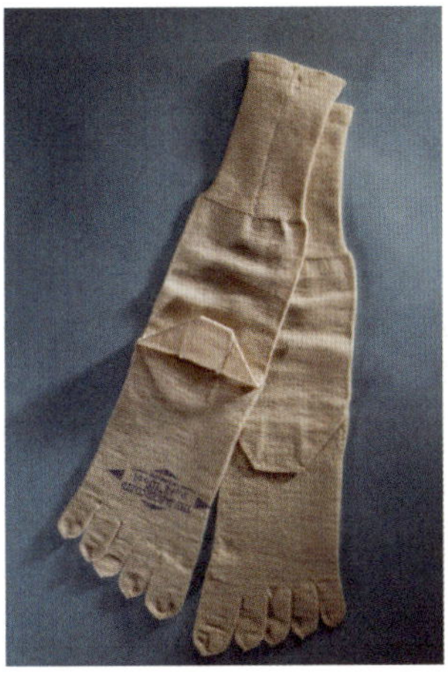

◀2. 一对及踝针织五指袜子（羊毛），耶格医生设计，19世纪晚期

耶格设计的未染色的羊毛袜就是“健康衣着”的有趣范例（图2）。这位德国自然学家和保健专家的某些理念或许让人觉得好

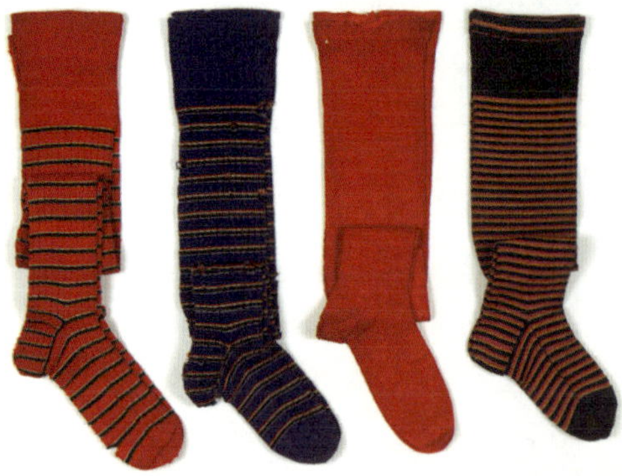

▲3.维多利亚时代男士条纹袜，19世纪60年代（右边两双袜子的生产时间为1862年）；曼彻斯特服装画廊普拉特大厅

▲4.右上角男士袜细节图，洋红、橙色及黑色条纹，1862年生产；曼彻斯特服装画廊普拉特大厅

笑，但是，对于古斯塔夫·耶格本人来说，只有未经染色、纯天然羊毛制作的内衣才可以贴身穿着，其他的丝织品或棉织品都应摈弃不用。这一理论让古斯塔夫·耶格名声斐然，健康狂热分子萧伯纳就是耶格产品的最早拥护者之一。1903年，古斯塔夫·耶格在他的作品《健康文化》（*Health Culture*）中，用了整整一章，探讨“卫生的颜色及染料”的问题。他坚持，顾客应该购买未经染色的羊毛制品（或许就是他的产品），因为市场上的许多染料都有问题：

> 已经意识到卫生染料的重要性的人数远远不够，不足以影响制造业的整体趋势，即使用便宜，而且往往不卫生的染料……为了向仍然穿着彩色袜子的女士们说明这一问题的重要性，在此，我引用专业论文中的一段，详细描述一位年轻女士的经历……最近，她跳了一夜舞，加上鞋子不合脚，舞会结束后双脚酸痛。几个小时后，医生在她的血液中检查到了有毒物质。有毒的染料经由她的袜子，进入脚上的伤口。报告表明，为了挽救性命，医生不得不为她截肢[8]。

虽然为了推销自家的产品，文字内容难免有夸张恐吓的成分，然而，考虑到19世纪的染料业，耶格的担忧的确有必要[9]。

耶格健康袜出现的时候，公众和政府部门关于有毒染料的争论，已接近尾声。30年前，也就是1868年至1869年，亮红、橙色以及紫红色的染料充斥着整个市场，就像图片上那些鲜亮的男士袜子的颜色一样（图3、图4）。许多人因此出现疼痛、呕吐以及皮肤溃烂等病征，有些消费者甚至由此残废。《笨拙》杂志将新发明的化工颜料的名称与古希腊神话中赫拉克勒斯的死亡外袍联系在一起，借以讽刺这种毒袜子。我们在本书的开头已经讲过了这个故事。《笨拙》打趣说，“（现代不列颠人）总算知道是谁杀了赫拉克勒斯。不同的是，这件涅索斯之衣，沾染的不是神话故事中半人半马怪物的毒血……毫无疑问，这件外袍是一种鲜红色的染料染出来的，染料的成分是，氯代氮酸、二硝基苯胺，以及某种或某几种阿尼林成分，看起来漂亮，实则对人体有害，如果用在袜子上面，会让广大英国同胞的双脚和脚踝起水泡”[10]。进入新时代，袜子取代神话故事中的外袍，成为“死亡”的代名词。提到它，人们就会想到，现代工业的所谓“进步”，甚至能够以一些普通的、看起来一点也不重要的日常消费品为媒介，带来灾难性后果。因此，1869年，伦敦《泰晤士报》发表报道称，“近期我们发现袜子能毒死人”，也就是顺理成章的事了。文章还说，“如果连双袜子都潜藏着危险，那么，在这个压力日益增大的文明社会中，还能有什么产品值得信赖”？许多学者提出了同样的问题，希望帮助人们认识到这一问题的严重性。可惜的是，《泰晤士报》上的这篇文章接下来的论述却有些不咸不淡：

> 许多意外中毒事故的发生，都是因为那些潜伏在我们四周的危机——食物、墙壁、衣服、闲言碎语，甚至还有舞会上美人的面颊。因此，除了真正关心此事的人，大部分人对是否发现了一种新型社交毒药，还真是一点儿也不感兴趣。

19世纪下半叶，大众虽然知道“意外中毒”的原因可能存在于生活的方方面面，但是，正因为它们无处不在，民众似乎反而对这些“毒药”的存在一点儿也不在乎了。

紫色的皮疹

> “最初宣告这种疾病存在的症状是，大面积的皮肤长出麻疹皮疹，疹子呈紫色，常见于头部和颈部，随后进一步扩散，严重时患者或全身被紫色皮疹覆盖。”
>
> ——《紫色的皮疹》，《笨拙》周六刊，1859年8月20日，第81页

砒霜是大规模矿物开采及冶炼的副产品，同样，阿尼林染料的主要原料、有毒的化学品苯，作为煤炭开采的副产品，也是工业革命的产物。19世纪初，因为天然燃料，如鲸油和制作蜡烛的动物油脂，供给不足，煤气作为煤矿开采的副产品，被广泛应用，常用于照明和取暖[12]。煤气提取后遗留了大量煤焦油渣，这是一种黏稠的污泥状物质。于是，化学家们展开研究，希望能够重复利用这堆污泥，用于医学行业或商业均可。最初化学家们试图用这堆废料合成奎宁治疗疟疾，在这一过程中，年仅18岁的威廉·亨利·珀金（William Henry Perkin）无意中发现，黑色的煤焦溶液把他的衣服染成了紫色（图5）。那位著名的查尔斯·狄更斯主编的流行杂志《一年四季》（*All the Year Round*）说，这种颜色，“饱满纯粹，适用性非常广，可用在扇子、拖鞋、睡衣、丝带、手帕、领带、手套等各种东西上。这种色彩的光泽度

▲5. 染成“珀金紫”的裙子，1862—1863年；工业化学及科学博物馆[Industrial Chemistry, Science Museum（SCM）]，伦敦

▲6. 19世纪紫色的鞋子。从上到下分别为：英国制造，约19世纪60年代；土耳其制造，约1855—1870年；法国制造，约19世纪30年代；© 百图鞋博物馆，2015年展出，多伦多

高，映衬着女士的双眸，似有柔和多变的星光闪烁——它深深浅浅的魅影，在女士的脸颊旁颤动——流光四溢，划过她的双唇，亲吻她的双脚，还在她的耳边噫语。啊！珀金紫，你是艺术，是幸运而让人喜爱的颜色”[13]。于是，代表性欲和诱惑的淡紫色问世了，化学家威廉·亨利·珀金因此赚得金银满钵。紫色成为整个19世纪的流行色，它常常“亲吻”女性的双脚，百图鞋博物馆里可以见到大量紫色的鞋子（图6）。图片上方那双“闪闪发光”的紫色靴子由丝缎制成，这双阿尼林紫靴是19世纪60年代的古董了，现在已经褪色。这是当年一位英国女士从法国购买的时尚单品。

但是，并非所有杂志都张开双臂拥抱紫色的加入。《笨拙》把1859年英格兰时尚界的紫色风靡事件比作麻疹暴发。这种病的症状就是皮肤上长满紫红色透亮的斑点（图7）。时尚专栏的作者早期展开案例研究，用医学用语将紫色在民众间快速流行的现象描述为“容易传染的”。文章说，帽子店都是被污染的地界，“现在应该被打上‘危险’字样的标记”，并且这种病“主要在弱势性别群体间传染”，部分男士可能有轻微感染现象，但是，“一般说来，喝一剂荒唐药即可治愈”[14]。另一位作家倒没将病情说得这么严重，只说它是“低烧”，是一种“为了珀金紫患上的温和的、时尚的疯病”。作家看着窗外，满眼都是紫色，于是他写道，“人们似乎正用双手向珀金紫顶礼膜拜：街道房门口挥舞再见的紫色双手；车厢车窗口挥动的紫色双手；街对面疯狂摆动表示恐吓的紫色双手。紫色的衣袍塞满了四轮马车，挤满车厢，聚集在渡轮上，填满了火车站。它们飞向乡村，就像一群紫色的小鸟，向失乐园迁徙[15]。”直到今天，这种描述手法也很多见。当我们描述某种快速的、有时莫名其妙的流行潮流时，我们往往说这个形象、视频或是事件变成了“病毒”，即在很短的时间内被极多的人看过而成为非常流行和受欢迎的事物。19世纪的评论学者已经观察到这种现象，新的染料由一位女性介绍给另一位女性，或从城市蔓延至乡村。化学染剂的使用，作为一种全球现象，一直被用于服装行业。

阿尼林染料的发展影响了社会的方方面面，促进了科学、医学及商业等领域的发展，它催生了免疫及化疗等新型医学体系，帮助研究人员发现了结核杆菌和霍乱杆菌，还推动了合成香水和食用色素的发明应用[16]。但是，换一种视角，我们发现，阿尼林的众多新型衍生物都有或大或小的毒性，这种化学成分本身也是制作炸药的重要原料之一。忽略上述危险不计，珀金的发明被各种文章和图画传唱。在前文中，我们提到，砷可以创造出仿真的绿叶，这里出现的新色系浅紫（mauve）及品红（fuchsine），在英文中均是以花为名，它们和砷绿一样，不仅可以凭空创造出天然的色调，似乎还能起到“改良”的作用。《一年四季》中就说，锦葵花朵天然“呆板的棕紫色”“和珀金可口的紫罗兰色全然不同”[17]。品红色，1859年由法国人伊曼纽尔·韦尔甘（Emmanuel Verguin）发明，是一种“色调丰满的深红色”，被大量应用于军队制服上。1859年底，这种颜色非常流行[18]。在英格兰，这种颜色还被作为胜利的象征，军人用每一场大胜为其命名。最初叫索尔弗里诺之红（Solferino），1859年法国和奥地利的遭遇战后，又被命名为“Magenta”。1869年，巴

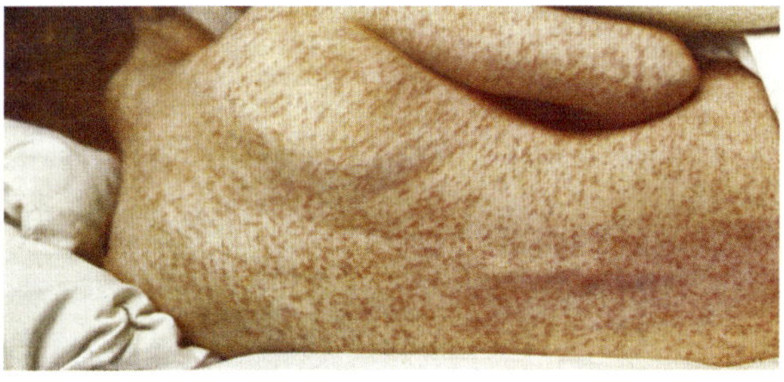

◀7. 麻疹女患者背部影像；选自《天花的诊断》（伦敦 T.F.Casell and Company 出版社，1908年），第XCIII页整页插图；©维尔康姆图书馆，伦敦

▲8. 维依女士设计制作的品红色礼服裙，约1869—1870年，巴黎；©V&A博物馆，伦敦

黎御用服装师维依(Vignon)女士设计了一款明亮的品红色长袍，随后的十年，这种人造的紫粉色一直是时装界的宠儿(图8)。很快，浅紫与各种颜色混合调试，创造出了许多新的色调。图9的这张色卡上，就可以见到其中的许多色彩。这张卡片来自弗里德里希·拜尔(Friedrich Bayer&Co.)公司，彼时的德国已是染色剂行业的霸主。

19世纪60年代至70年代，各行各业对阿尼林的探索研究层出不穷，就连大名鼎鼎的侦探福尔摩斯也对这种化学成分兴趣盎然。他为了躲避莫里亚蒂教授的纠缠，在法国待了一段时间。在这期间，福尔摩斯“花了好几个月研究煤焦油的派生物”[19]。而在现

◀9.用珀金紫染色的披肩（1856年）；阿尼林染剂色卡，约1910年，拜耳公司所有；©工业化学及科学博物馆，伦敦

实世界中，发明新的色彩不仅是出于兴趣，研究成功可以申请专利，随之而来的还有大笔财富。于是，情况变得更加复杂了。早期的阿尼林染剂色彩更加鲜亮，因为在染制过程中用到了亚砷酸。成品中的毒素不见得被完全清理干净，仍有可能通过皮肤被人体吸收。砷还有可能渗进染料厂附近的水和土壤中，法国品红/洋红色染料厂里有位女工因此丧命。法医通过解剖，在她的器官中发现了砷，这些毒素正是来源于工厂附近的饮用水井[20]。为了制作出上文提到的品红色，赶上1860年的时尚潮流，珀金的公司在配方中加入了硝酸汞，即制作毛毡帽时，“胡萝卜化”程序中使用的溶液。但是后来，他不得不中止硝酸汞的使用，因为珀金的工人和帽匠一样，在接触该溶液后中毒[21]。19世纪下半叶，创新的步伐日益加快。化学家玩弄公式和元素，成功创造了一种特殊的蓝色和猩红色。快速的变化让普通市民、军队医生、毒理学家，甚至兽医打起十二分的精神，摸爬滚打，试图找出引发健康问题的某种色剂的化学成分，找到问题的根源。有种橘红色染料名叫珊瑚色，著名毒理学家安布鲁瓦兹·塔迪厄（Ambroise Tardieu）及其助手鲁辛（Roussin）针对这种色调进行了一次恐怖的，但似乎很能说明问题的试验[22]。为了证明珊瑚色染料有毒，首先，他们找到一双疑似有毒的袜子，用沸腾的酒精蒸馏提炼出红色液体，然后将液体分别注射到狗、兔子和青蛙体内，三只动物因此死亡。两位研究人员发现，兔子的肺部有红色斑点，“是漂亮的猩红色”，于是他们进一步提取了兔子肺部的颜料，证明它仍可用来染色，将一束真丝染成“典型的”珊瑚色（图10）。为了反击这个实验，证明由法国里昂的大公司生产制造的猩红色染料于人体无害，蓝德林（Landrin）兄弟——一位年轻的兽医和一位医生，协同另两位来自著名挂毯厂巴黎戈博兰（Parisian Gobelins）的工人，展现了一次特技。他们同样用酒精提炼出袜子中的色素，随后的几天反复使用该色素涂染双手双脚，以此证明塔迪厄和鲁辛两位化学家的结论错得离谱，商业用珊瑚红

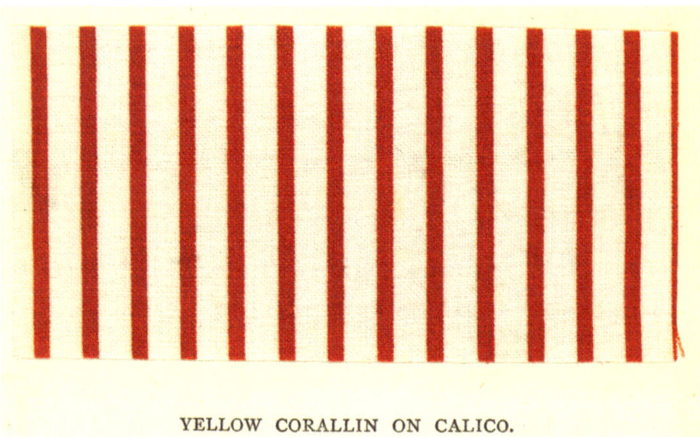

▲10.羊毛上的珊瑚色偏红，棉织品、纤维制品上的珊瑚色偏黄；选自《染色与印花》(*Dyeing and Calico Printing*)，F.克雷斯-卡尔弗特（F.Crace-Calvert），曼彻斯特Palmer & Howe出版社，1876年；©V&A博物馆，伦敦

染料是“绝对无害的”产品[23]。

时间自会挑战蓝德林兄弟的结论。多年的观察表明，染料行业相关工业的员工会出现过敏及慢性阿尼林中毒等症状，学名“苯胺中毒症”。第一次世界大战开始时，这个危险工种的确切危害终于大白于天下。染料中使用了“各种各样大量有毒物质，用作染色、漂白、固着剂或媒染剂”[24]。20世纪初，皮革鞣染色工艺中大量使用铬（Chromium），当时被称为“chrome”。它会烧伤工人的双手，形成“铬洞”。因为伤口太痛，受伤的工人夜夜呻吟，就像鸟叫一样，所以这种病也被戏称为“夜莺症”。一篇关于职业皮肤病的论文中有这样一张图片。患者从事染色行业，因为长期接触铬蒸气，手臂和脖子上长满红疹，疼痛难忍（图11）。

➤11.染长筒袜引起的铬皮炎，约1910年；《职业性皮肤感染》（*The Dermatergoses or Occupational Affections of the Skin*），普罗塞·怀特（Prosser White），伦敦H.K.Lewis出版社，1934年；格斯坦科学信息中心，伦敦

另一篇关于职业病病人的论文写道，工人在没有佩戴防护手套的情况下，直接“用手挤出纱线中的染料”，因此作者把染色工作称为肮脏工作“之最”[25]。作者提到，这个行业的工人饱受病痛的折磨，如支气管炎、皮肤过敏（如湿疹）、贫血和发绀（工人们也叫它“蓝病”，是缺氧的表现，明显体征为嘴唇和四肢发蓝）。阿尼林还是膀胱癌和睾丸癌高发的重要诱因[26]。

一般认为，穿得花枝招展、五颜六色的女性是19世纪阿林尼中毒病症的高发群体，然而事实上，因染料中毒的重症患者中，还有大量的儿童和成年男性。维多利亚时代的中层、上层社会的女性以稳重、优雅和静态为美，而男性（不论是青少年还是成年人）则更活泼，爱好运动。男人带着小孩一起工作、散步、奔跑，即使在炎热的天气，也不会坐着一动不动，往往一身是汗，有时甚至汗如雨下。汗水流进他们的衬衫、袜子、鞋子甚至帽子的缎边里。阿迪达斯创意团队近期完成了一项学术研究，证明男士出汗最多的部位为后背的下半部分及前额，运动过程中，他们出汗的量几乎是女性的两倍[27]。草木绿和五颜六色的阿尼林色很少贴身穿着，但是当时，红色作为经久不衰的流行色，常用于男款及童款袜子、女士长筒袜、法兰绒内衣、衬裙，以及中产阶级的衬衣上。传统的红色染料，一般从植物和昆虫中提取，如茜草根和胭脂虫，这种红色能吓退诸如飞蛾一类的害虫，它不易褪色，也对皮肤无害。因此，一直以来，“人们喜欢贴身穿着”红色，市场宣传强调它能“防止风湿”，被医生推荐使用[28]。公众甚至坚信，红色的法兰绒具有奇特的卫生特性[29]。

毒袜子

然而，阿尼林染料渐渐地用于贴身衣物的染色，许多消费者因此患上严重的疾病。汗水浸在衣物上，颜色慢慢脱落，沾在皮肤上，戴手套的人往往伸出一双“染工的手”。但是最大的问题还在人们的双脚上。19世纪60年代，针织面料为袜子的常见面料，男士短袜和女士长筒袜不再用传统颜料进行染色，而用明亮的合成染料替代。品红色和珊瑚色的条纹是潮流之选。曼彻斯特服装画廊就收藏有当年的四双男袜，现在存世极少（图3、图4）。其中两双袜颈顶部绣有1862字样。从细节图上，我们可以看出，袜子由黑色和荧光橘或荧光红相间，色彩是多么明亮！1861年，《女性日报》强调，“杂色和多色的袜子像幽灵一样凭空出现，色调之亮，对比之明显，让人一看就觉得穿袜子的人一定要去参加什么滑稽的舞会……红和黑、红和白、品红和灰，这些色彩在每一间橱窗里跳跃，让人目瞪口呆”，将路人的视线，一下子从裙子精美的荷叶边上，吸引到“彩虹色的脚踝”上[30]。

这些“漂亮”“炫目”的条纹袜和格子袜在英格兰到处都是，每年约有25万双棉袜和12.5万双羊毛袜从国外进口[31]。尽管这些颜色摆在橱窗“就是为了吸引眼球”[32]，但消费者真要买了彩色袜子，大部分时间也只能自己欣赏，最多偶尔露在外面，供人一窥。中产阶级男性的彩袜藏在黑色裤子底下，偶尔能从鞋子和裤子的缝隙中瞥见一抹亮色，要么就藏在踝靴里，完全看不见。不论彩色袜子的视觉效果究竟如何，它们迅速成为公众话题，并且引起了医学界的关注。其中一例著名事件是，英国某议员不得不在家中休养，在沙发上躺几个月，原因是，他的一只脚上长了疹子，痛得走不了路[33]。另一位家住勒阿弗尔的法国男子，在伦敦购买了一双紫色、红色相间的进口条纹袜后，连续穿了“12天”，随后双脚及踝关节处发炎，长满湿疹，看起来就像一条条“红色的横向纹路”，几乎危及生命[34]。医生最终通过化学实验，找出致病原因——那双彩色条纹袜。医生发现，红色为碱性品红，过去从未用于“直接接触皮肤”的衣物上。有意思的是，英国医学杂志《柳叶刀》拒绝刊登上述法国医生的文章，或许是出于所谓的民族自豪感，毕竟东西是在英国购买的。几例事故见报后，某“知名城市的公司”终止订单，“做出巨大的牺牲”，放弃了六千多双染色袜，重新使用传统植物染料，整个过程损失利润1 000多镑[35]。可惜，不是所有的生产商都如此谨慎，越来越多的中毒事件涌现。1871年，一双紫黄相间的袜子使一位绅士的“双足出现条纹状感染带，状似‘发炎的老虎’”[36]。除上述问题外，一位医生通过观察，曾不无嘲讽地说，“但那又有什么关系呢？总算眼睛享受过了，还不容易褪色，很适合我们这年月生产出来的纤维嘛[37]！”于是，英法两国到处都是皮肤灼烧症，随之而来的就是疼痛。一位《泰晤士报》记者，性别不明，别称“汤顿光脚客”，半开玩笑地建议说，最佳治疗方案就是像他/她所做的那样，把所有的长袜短袜扔得一干二净[38]。

医生不解的是，为什么只有一小部分的消费者会因穿这种袜子出现皮肤问题，其他人则好好的。就连处理短袜中毒官司的法官也说，自己“就喜欢穿着彩色短袜”，“无任何不良后果”[39]。事实上，即使有的男性洗也不洗就将新买的袜子穿在脚上，大多数的染料，不论布料是棉质、丝质，抑或羊毛，只在夏季高温情况下才会从布料中溢出。只要鞋子宽松，不压迫皮肤，或是穿袜子的人不怎么出汗，汗液不与化学物质发生反应，可能就不会出现健康问题[40]。1868年，化学家威廉·克鲁克斯（William Crookes）测试了“几百双已经开始行刺的有色刺客”[41]，可惜没能找出这些袜子中确切的化学成分及其合成比例。克鲁克斯认为，这是一种新型橙色染料，18个月前刚刚引进本国。它与品红混合，能够制作出一种明亮的血红色。所有与这种腐蚀性染料打交道的工人，不得不在工作六个月后“自动退休”，因为他们的手臂上布满伤口[42]。该染料的另一个问题是，小部分消费者因穿戴用它染出的衣物，汗水与染料发生反应。虽然大部分人体汗液酸碱平衡，但是这种橙色染料似乎只需与一点点碱性或酸性汗液接触即可溶解，因此使得小部分穿着者中毒。人数虽然不多，但比例惊人[43]。克鲁克斯倒没有建议消费者扔掉这种颜色的袜子，而是建议在穿这种袜子之前，用肥皂和苏打仔细清洗一遍，使它们“失去刺激性，对脚和神经都好”[44]。

英国的红、橙、紫色染料的问题还影响了普通工人阶层、士兵，甚至儿童，与资产阶级的有钱人相比，这些普通民众不只把颜色穿在袜子上。1868年11月，法国海军的一位舰长，这里我们称他为“B船长”，在英格兰雅茅斯港停泊期间，因为在海上漂了几个月，早已没有干净衣服可换，特地下船花了10先令买了一件衬衫。这件衬衫上有紫红色和深紫色相间的条纹，看起来非常漂亮。B船长买到新衣服立刻穿在身上，连续穿了五天[45]。进入法国港口前，船长终于脱下了它，因为他的皮肤、头发和嘴巴里沾满了红色的颜料，用煮沸的肥皂水或是酒精都擦不掉。不幸的是，不久后，船长就得了肺炎，因为发烧，虚弱的船长又把衬衣穿在了身上。大量汗液激发了另一种皮肤病，几乎杀死了这位“身体健硕的成年男子”[46]。尽管医生希望水手们不再被诱人的英国产的红色服装吸引，四年后的一篇论文中却再次谈到几起类似病例，包括一位法国轻步兵的事例。他不愿相信那件漂亮的红色衬衣居然是他的病因，死也不愿意扔掉它[47]。以上病例证明，当年的消费者们对明亮色彩多么地渴望。那时，化学工程的专业人士不断研究新品种，随后在市场上大力推广。随之而来，贯穿整个19世纪下半叶的，是另一种与之匹敌的思潮——医学界对化学染料的潜在危险不遗余力的宣传说明。

1884年的国际健康博览会（International Health Exhibition)上，参展机构就利用消费者的恐惧心理，推广销售一些“知名”产品，包括手工纺织、手工编织的爱尔兰戈尔威(Galway)牌法兰绒。这种布料主要有茜草红和靛蓝两色，纯植物染料染成[48]。到19世纪末，“恐色症”举世皆知。1892年，妇女儿童健康专家埃达·巴林(Ada Ballin)明确指出“任何染色品都不应直接接触皮肤”[49]。所有颜色，不仅是绿、紫、红，均具有潜在危害。尽管在时尚业永远都有色彩的一席之地，然而，从爱德华七世时代白色棉裙的流行，以及现代主义者“纯粹”的白色墙壁，我们可以看出，由于医学知识的不断普及，再加上几十年来“卫生工作者们”和“服装改良师”们的宣讲和展出，一切都没有白费[50]。细胞学和毒理学对此也有助益，民众渴望穿着未染色的白色布料，易清易漂。经过多方努力，19世纪90年代，砷绿和品红的使用大大减少，但是新的染料技术层出不穷，廉价有毒的副产品充斥着整个市场，如阿尼林硝基苯系列，包括鞋子抛光剂、染色皮草及各种化妆品。

“黑”死病

> “所有人穿着黑色，就像大家都在参加葬礼。”
>
> ——奥诺雷·德·巴尔扎克(Honoré de Balzac)，约翰·哈维(John Harvey)引用，《穿黑衣的男人》(*Men in Black*)，第26页

19世纪的时尚女性浑身闪着草木绿的光芒，要么就是一身淡紫长袍，就像一只只色彩亮丽的“小鸟，在紫色失乐园中畅玩”，同时代的男性公民，身处机械时代，则青睐稳重、体面的黑色。纯净的白色容易脏，黑色的养护也绝非易事，都是上流社会的特权。廉价的黑色染料如果用在套装上，黑色会迅速褪色，变成肮脏的深绿色或是深黄色，未经抛光的黑色皮靴皮鞋则很容易被溅上泥点。高加索女性肤白，尤其偏好白色，她们的手套、阳伞都是白色，脸上还擦着含铅的“液体珍珠”，使皮肤泛出柔和、文雅的光泽[51]。柔滑的黑色则是她们男伴的最爱。男性非常在乎黑色的光泽，他们花费大量的时间和精力维护黑色衣饰的完美外在，不计代价。

男性饰品往往由精钢制成，闪耀着温润的光泽，其美学依据可以被称为“工业庄严”：闪闪发光的黑色漆皮皮鞋，配上“蛛丝般”光泽的真丝礼帽。这些鞋子背靠整个“制黑”业，全心全意地打造男性鞋类产品。大批贫穷的、往往无家可归的擦鞋男童和鞋匠游走于城市的街头巷尾，给个一分半毛钱就能享受到他们的服务。当然，富豪阶层雇有仆从，专职打理他们的鞋。1877年，约翰·汤普森(John Thomson)拍摄了一张照片，记录伦敦街头的生活。照片名为《独立的黑鞋子》(*Independent Shoe-Black*)，我们可以从中看到，因为付不起五先令购买许可证，当时的警察是如何驱逐鞋童的，有时警察将男孩的鞋盒踢翻在街，有时直接把它摔破，黑色的鞋油

▲12.《倾盆大雨》(*The Downpour or Passez Payez*)，路易斯·利奥波德·布瓦伊（Louis-Léopold Boilly），1803年；©卢浮宫，巴黎

流得到处都是。年轻、四肢健全的男子不允许从事此行当。照片上的男子摆着典型的擦皮鞋的姿势，一条腿向上抬起，一个八九岁的小男孩正在仔细地擦拭他的皮鞋。小男孩“哪怕只有一分钟，也会冲出去，争取挣上几个便士”，“通过为绅士们擦鞋”[52]挣钱帮助妈妈，照顾残疾的爸爸。

英文中有个词语叫作“well-heeled”，即“衣着考究”，其字面含义为“鞋跟考究”。这个词语说明，男士脚上的那双鞋，其设计、维护及状态，完全可以映射他的社会地位。在我们这个时代，鞋子便宜得甚至还能清洗，加上路面都是混凝土筑成，干干净净，我们压根儿忘记了对于穷人，甚至是有钱人来说，鞋子的购买及维护费用，曾是家庭的主要支出之一。19世纪的人行道就是一条条征途：污水、泥泞，未经铺设的路面上满是马尿马屎，或其他生物的排泄物，如果没有任何帮助（如搭乘马车），几乎没人能保证鞋子维持原状。除了鞋童和新问世的雨伞的帮助，当时有钱的资产阶级，会采取一些技术手段，或在巴黎特定的区域活动，这样鞋子才能干干净净。漆皮鞋面能够起到一定的保护作用——只需多上几层漆，鞋子就能更加防水，即使沾上泥也能相对轻松地清理干净。但是，在19世纪早期，漆皮制作过程中需用到铅粉和一些有毒、易燃烧的溶剂，还带着一股恶臭[53]。于是，新型场所陆续建成，为那些不愿驱车或是不愿在恶劣天气出门的消费者提供良好的去处。

法国大革命前的巴黎，新型商场林立，与之相通的小径加盖屋瓦，使用气灯照明，入口处设有“去污处”，为逛街的男女老少提供鞋子清洁服务[54]。然而，遇上下雨天，巴黎的街道仍旧寸步难行。聪明的企业主们想到了好方法。他们准备了许多木板，行人付费即可使用，这样，有钱人家就可以使用这种临时搭建的桥梁，顺利过街而不弄得一身泥了。布瓦伊的这幅画描绘的正是这一场景（图12）。

除了上述辅助手段，鞋子必须定期维护，以延长寿命。相关的技术手段包括：换底修跟，刷、画及抛光皮面。深色鞋常用“黑色鞋油”处理，即用液体或糊状物为鞋子上蜡。某报纸观察了巴黎塞纳河岸的这类小贩，发现有些小贩提供“梳理毛发”的服务。都是些小生意，但对消费者来说很重要。他们为爱犬修剪毛发，也用“法国”或“英国”生产的抛光剂为黑色的鞋子进一步润色（图13）。因此，工人阶级的女性可以为鞋子“打扮”了。用抛光剂绘制鞋面，是当时女性间盛行的做法，可以让鞋子更精致。市面上同时还有多种成品黑色鞋油出售，伦敦是当时鞋油抛光剂最重要的生产及出口中心。有一个例子恰可证明为何鞋子“彻底的清洁和抛光”如此重要，以及这个行业是多么的有利可图。查尔斯·戴（Charles Day），戴 & 马丁黑色鞋油公司老板，他青少年时期就能雇用查尔斯·狄更斯为其工作，到他死时，也就是1836年，这位老板的身家已经高达35万英镑，简直令人难以想象[55]。

早期的黑色鞋油中含有一些不好闻的东西，如蜡、动物残骸或动物油脂，以及油烟和煤基残留。19世纪的化学革命则为鞋油引入了一些毒性更强的物质。黑色鞋油巨头查尔斯·戴去世时，德国化学家爱尔哈德·米希尔里希（Eilhard Mitscherlich）首次分离出一种黄色的液体，名为硝基苯。1847年，英国化学家查尔斯·曼斯菲尔德（Charles Mansfield）在英格兰将硝基苯用于香水制作，并为产品申请专利，取名为“密斑油”，也叫“人造杏仁油”[56]。因为它具有独特的芬芳——闻起来有股杏仁油的味道——“密斑油”作为廉价芳香剂被用在美容产品中，如头油、面霜、肥皂，甚至被用来制作糖果、杏仁和酒[57]。19世纪中期，当阿尼林染料的使用进入巅峰时，能用上的苯全部用来制作染料了。后来，随着新型染色技术的涌现，硝基苯和苯，用“燃料”硝酸处理后，就能用来制作“便宜的工业及商业用溶剂”。随后，硝基苯的使用范围越来越广，甚至被应用到干洗技术中[58]。

硝基苯是一种剧毒化学物质，它能使血液中的铁氧化，然后将人体变成钢灰或烟灰色，嘴唇则变成一种非常特别的乌紫色，就

▲13.巴黎塞纳河畔的街头小贩：宠物毛发梳理工、擦鞋工、书商，19世纪早期；©维尔康姆图书馆，伦敦

▲14. 商业名片：Bixby牌皇家抛光剂，女鞋及女包适用；Bixby牌“最佳黑色鞋油”，男靴适用；约1880年；彩色平版印刷；作者私藏

像深色的黑莓一样[59]。尽管现代医学手段能起到一定的干预作用，但不是绝对。2012年，在印度的勒克瑙，一名年仅17岁的女孩喝了大量不知名的液体自杀，四天后死于正铁血红蛋白血症(methaemoglobinemea)[60]。19世纪末，医生开始记录染料行业硝基苯中毒案例。1899年，一位医生推测说，“氧气——带血红蛋白的力量……似乎消失了”，他因此下结论说，“当人体进入昏迷状态时，几乎没有机会阻止殒命的最后时刻到来”[61]。硝基苯液体溅在衣料上，致命事故也会发生。一位成年男子用它清洁服装上的石蜡痕迹，另一位则是衣服上不小心溅上了这种液体，他们的生命因此都只剩下了四个小时[62]。健康状况尤其令人担忧的是负责合成硝基苯的工人。1892年，一份关于“香味”化学染料的技术手册说，硝基苯工厂“正式”成为“事故及危险爆炸事件发生的源

头”，手册记录到，工人们抱怨他们的“口腔、舌头灼痛，恶心，头晕，还有抑郁、昏迷，有失眠、焦虑等症状”，有时耳鸣、头痛得厉害，抽筋，甚至痉挛，皮肤发青发紫；“他们呼吸的空气闻起来一股苦杏仁味。44起工业中毒事故中，死亡14位”[63]。

为了节约，也可以说是因为“划算”，20世纪前三十年间，社会上硝基苯中毒者众多。浅棕色和黄色的鞋子如果沾满了泥土，不能再穿，可以把它们重新染色，用液体黑色溶液染成黑色或深棕色，这种方法在美国被称为“法式着装”（图14）。用来稀释黑色染料的溶液往往有毒，含阿尼林，或是一种更毒的化学成分，它价格更低，更易合成，名叫硝基苯或是硝基奈。这种化学物质溶解后不断挥发，可能产生致命的气体。液体状态下，硝基苯浸入布制或皮制的鞋面，被汗湿的双脚或脚踝吸收，进入皮肤。悲剧在于，中毒事件多发生在“庆典类”的场合，此时，社会形象无比重要，抛光能使鞋子达到最佳状态。社交活动开始前，例如“儿童和保姆周日散步节”[64]，人们会去修鞋店或在家中擦上黑色鞋油，或是换上得体的外出服。法国一起案例极具讽刺意义，一位“健康男性穿着一双黄改黑的鞋子参加葬礼……突然晕眩昏倒，进入紫绀状态”[65]。紫绀是因为血液缺氧引起，其典型症状是四肢及嘴唇发蓝发黑。两位法国医生，朗杜齐（Landouzy）和勃罗亚德尔（Brouardel），共同记录了另一起病例：一户人家的六到七个孩子，因穿着刚刚染色的鞋子集体中毒。海滩上，一位3岁孩童嘴唇发蓝，她仰倒在地。几分钟后，4岁的姐姐大声叫道，“妈妈，所有东西都在转！”一个半小时后，五岁的哥哥也出现了相同症状。大点的几个孩子，分别是9岁、13岁和14岁，症状略轻，但是嘴唇及双手也变成了蓝色[66]。这起事故让公众和医学界浮想联翩，类似事故不断被媒体报道[67]。

法国一起诉讼案的法庭记录，向我们展示了第一手资料。一位年轻人被自己的靴子毒倒，于是将毒鞋油的生产商告上了法庭。法庭记录“形象生动”，让人读来毛骨悚然[68]。W先生起床后，穿上那双原本是黄色的黑色纽扣靴，出门上班。他的工作地点在巴黎中心，需要步行三公里。毫无疑问，这使他的双脚汗湿。工作时，W先生随意望向窗外，他突然看到一位女士穿着一双崭新的黄色靴子走过，说道，“太搞笑了，我才把我的这双黄的染成黑的。”听到这话，一位朋友提醒说，最近，有个孩子因为穿着染黑的鞋子中毒身亡，后来查明死因，中毒事件的真相才浮出水面。九点钟左右，W先生的脸色唇色开始发“紫”，他感到晕眩，还有些僵硬。当时，每一位见到他的人都无不惊呼道：“你怎么了？你全身发黑！”或是“噢！真奇怪，这人的嘴巴和耳朵都是黑色，他的脸好像腐烂了一样[69]。”于是，W先生去药剂师那儿看症，对方建议他立刻去看医生。路上碰见一位警察，警察帮他找到医生（当时他已经非常虚弱了），医生诊断，他出现“紫绀”症状，心脏有问题。脱下那双被他称为“该死的”染色靴子，再呼吸了新鲜空气，W先生的健康状况有所好转。法官提取了一小瓶染料样本进行化学分析。实验结果显示，阿尼林呈阳性。在法庭的示意下，朗杜齐及勃罗亚德尔当场进行了动物试验，以证明这种物质的强危险性。他们先将兔子的一块皮毛剃光，然后把一小片用这种抛光剂染色的皮革贴在上面。这片皮革外层被刷上一层染料，一块棉花用热水浸湿后放在上面。一小时后，兔子出现紫绀症状，两小时后死亡[70]。试验结果一出，法官当庭判定生产商全责，并以威胁公共健康罪对其处以罚款：区区50法郎[71]。1901年，于连·川瑞贝（Julien Tribet），来自染料生产之都“里昂”的一位医学生，在论文中写道：“必须警告公众，阿尼林染料和鞋油抛光剂是危险产品，”然后号召生产商对此类产品进行标识，并在法国全境内规范产品的销售[72]。虽然没找到医学记录，但这些染料一定对人体健康有影响，尤其是不规范行业的工人，包括修鞋店工人、鞋匠和零售业销售人员。他们干着脏活儿累活儿，打理他人的皮鞋、皮靴。1902年的这起诉讼案中，那位帮助W先生买到新鞋的销售人员告诉警察，每当他拔掉装着涂料的瓶塞时，有毒的“味道顿时令他窒息”。然而，保护性法令迟迟不下，直到1927年3月，芝加哥健康部才发布禁令，严禁在皮革染料中添加有毒溶剂。该部门要求在产品上清楚标识警示用语，说明所有染料皮鞋“需在干透后，在空气中放置72小时以上，才能上脚穿着……同时，此染料不得在帆布、缎子或其他布料制品缝制的鞋子上使用”。健康部为所有鞋店、修鞋店及鞋类护理店印制了警示海报[73]。但是，这些警告对某些鞋匠无效：文盲及外来移民。正如一位医生所说，他们中有许多人“基本不会英语”[74]。

19世纪20年代至30年代，头发引发了新问题。一直以来，男人女人为了变得更加时尚，将头发染成灰色，但是新的化学药品的出现，让染发剂带来一连串的“恐怖”事故。同时，廉价的兔毛外套和饰品仿造高档皮草，被染成各种颜色。它们的出现，带来了痛苦的“皮毛皮肤炎”[75]。许多产品危险却合法，“美国恐怖房间”（American Chamber of Horrors）展，通过大量插画，对此进行了展示。这次活动由美国农业部组织，并于1933年先后在芝加哥世界博览会以及华盛顿进行展出（图15）。其中一件产品名为“睫毛诱惑”，是一种睫毛及眉毛用染色产品[76]。睫毛膏是19世纪问世的化妆品之一，20世纪初在中产阶级女性中逐渐盛行。1933年，一位名叫黑兹尔·费伊·布朗（Hazel Fay Brown）的女士，受邀参加由当地“家长教师协会（PTA）”举办的宴会，并被授予奖项。她的照片也因此登上了当地的PTA杂志。宴会一个小时后，布朗女士进入美容院染发，美容师“劝说”其将眉毛和睫毛染色。不过片刻，她的眼睛开始刺痛，第二天一早，双眼完全睁不开。她在医院待了几个月，先是溃疡，然后角膜

▲15. 布朗女士事故前后对比图——她因使用阿尼林染料染睫毛和眉毛，双目失明；摄于1933年；© 食品药品监督管理局（FDA）档案室

脱落，那双“爱笑的蓝眼睛”“永远地失明了”[77]。“睫毛诱惑”品牌睫毛膏中含有对苯二胺，布朗女士对这种阿尼林染膏有严重过敏反应。

“恐怖房间”展出了布朗女士事故前后对比图，借以强调该产品的危害。《时代》杂志（*Time Magazine*）报道称，当埃莉诺·罗斯福（Eleanor Roosevelt）——当时的美国第一夫人第一次看到布朗女士的照片时，她“把照片压在心口上叫道‘我简直不忍心看到它们’”[78]。另一位52岁的女士在美容师女儿为其染涂“睫毛诱惑”八天后死亡。《美国医学协会》（*American Medical Association*）报道了至少17起类似病例。在美国，对苯二胺这种“犯罪成分”还用于皮草和毛毡的染色，并为其取名为“Ursol”（乌搔），进入市场销售。

尽管每120个用户中就有一位中毒，尽管世人皆知对苯二胺是一种接触性高度致敏物质，但是，在化妆品大量使用之前，即

1906年以前，美国不能制定法律，禁止生产商使用对苯二胺，因为生产商并没有睁着眼睛说瞎话，谎称这种化学物质有治病的奇效，法律当然也就管不了它。没有法律进行约束，“睫毛诱惑”这个“腐蚀性的‘美容师’，虽然会烧伤眼珠”，1936年仍在全美商店销售[80]。2011年，英国《卫报》美容专栏作者莎利·休斯（Sali Hughes），发表了一篇名为《你的染发膏是否会杀死你呢？》（*Could your Hair Dye Kill You*）[81]的文章。这篇文章作于17岁苏格兰女孩塔芭莎·麦考特（Tabatha McCourt）死亡事件发生一个月后。这位花季少女死于对染发膏中的对苯二胺（PPD）的严重过敏反应[82]。休斯本人有一头乌黑亮丽的头发，但之前也曾因染发出现类似的过敏反应生病住院。虽然化妆品中禁止使用PPD，但是直到今天，市面上出现的99％的染发剂中仍然含有此种化学物质，包括欧莱雅、伊卡璐、雅芳等知名品牌，因为PPD对于掩盖白发有显著效果。从口红中常用的铅到染发剂中常见的PPD，美容产品和服装中常见的有毒物质，从古至今依然出现在我们生活的方方面面，损伤人类健康。商家追逐经济利益，社会向往“美貌”与“得体”，正如维多利亚时代，男士们心心念念那双黑色皮靴一样，社会的需求使女性们对染发历来推崇备至——即使不染成其他漂亮的颜色，遮住白发也是好的。

注释

1 Willard Stone, "Fatal Poisoning Due to Skin Absorption of Liquid Shoe Blacking (Nitrobenzol)," *Journal of the American Medical Association* 43 (October 1, 1904): 977–80.

2 Alice Hamilton, *Industrial Toxicology*, 4th ed. (New York: Harper & Brothers, 1934), xvii. She notes that alcohol also "acts synergistically" with arsenic and mercury.

3 "University Students Poisoned by Shoe Dye," *Ypsilanti Record*, April 10, 1924, reprinted in *Dusty Diary* blog (October 1, 2010). http://ypsiarchivesdustydiary.blogspot.ca/2010/10/toxic-shoes-hospitalize-u-m-students.html.

4 James Redding Ware, *A Dictionary of Victorian Slang* (London: Routledge, 1909), 3–4.

5 Alison Matthews, "Aestheticism's True Colors: The Politics of Pigment in Victorian Art, Criticism, and Fashion," in *Women in British Aestheticism*, eds. T. Schaffer and K.A. Psomiades (Charlottesville: University of Virginia Press, 1999), 172–91.

6 James Startin, "Aniline Dyes," *London Times*, September 17, 1884, 8, reprinted in Simon Garfield, *Mauve* (London: Faber and Faber, 2000), 102.

7 Regina Lee Blaszcyk, *The Color Revolution*, (Cambridge: MIT Press, 2012), 27.

8 Gustav Jaeger, *Health-Culture* (London: Adams Brothers, 1903), 131–32.

9 Allergic reactions to textile dyes and dark blue, black, violet, and green garment linings worn by women against the skin are still fairly common. See M. Pratt and V. Taraska, "Disperse blue dyes 106 and 124 are common causes of textile dermatitis and should serve as screening allergens for this condition," *Am J Contact Dermatitis*, 2000, 11:1, 30–41.

10 "Mythology and Socks," *Punch* (October 17, 1868), p. 160. These terms were probably invented in response to chemist William Crookes, who in an article published just under two weeks earlier referred to socks dyed with potentially hazardous "dinitroaniline, chloroxynaphthalic acid, and nitrodiphenylaniline" marketed under commercial names like "Victoria Orange" and "Manchester Yellow." "Yellow and Orange Dyes," *London Times*, October 5, 1868, 4.

11 *London Times*, January 7, 1869, 9.

12 Paul Blanc, *How Everyday Products Make People Sick: Toxins at Home and in the Workplace*, Oakland: University of California Press, 2009, 53. He discusses benzene's use in toxic glues, including adhesives used for shoe manufacture and repair.

13 "Perkin's Purple," *All the Year Round* (September 10, 1859), 468.

14 "The Mauve Measles," *Punch* (August 20, 1859), 81.

15 'Perkin's Purple,' 469.

16 Simon Garfield, *Mauve* (London: Faber and Faber, 2000), 9–10.

17 "Perkin's Purple," 468.

18 Garfield, *Mauve*, 78–79. Hoffman renamed it rosaniline.

19 "The Case of the Empty House," cited in Alan Dronsfield, *The Transition from Natural to Synthetic Dyes*, Historic Dye Series No. 6 (Little Chalfont: John Edmonds, 2001), 26.

20 Garfield, p. 83. Its "epidemic" toxicity for Lyon dye plant workers was documented early by Henri Charvet, "Etude sur une épidémie qui a sévi parmi les ouvriers employés à la fabrication de la Fuschine." *Annales d'hygiène publique et de médecine légale*, série 2, no. 20 (1863): 281–311.

21 Garfield, *Mauve*, 80.

22 Ambroise Tardieu and Z. Roussin, "Mémoire sur la coralline et sur le danger que présente l'emploi de cette substance dans la teinture de certains vêtements," *Annales d'hygiène publique et de médicine légale*, série 2, tome 31 (janvier 1869): 257–74; Ambroise Tardieu, "Mémoire sur l'empoisonnement par la coralline," *L'Union Médicale*, série 3, no.7 (1869): 162–67.

23 The pro-coralline article was written by M. Tabourin, a professor at the veterinary school in Lyon, who had conducted his own animal experiments. "Note relative à l'action de la coralline sur l'homme et les animaux" (Lyon: Imprimerie de Pitrat Aîné, 1871).

24 William Thompson, *The Occupational Diseases: Their Causation, Symptoms, Treatment, and Prevention*, (New York: D. Appleton, 1914), 634.

25 Ibid., 635–36.

26 Ibid., 310.

27 Caroline J. Smith and George Havenith, "Body Mapping of Sweating Patterns in Male Athletes in Mild Exercise-induced Hyperthermia," *European Journal of Applied Physiology* 111 (2011): 1391–1404; Lynton T. Hazelhurst and Nicolaas Kla, "Research Note: Gender Differences in the Sweat Response During Spinning Exercise," *Journal of Strength & Conditioning*, 20, no. 3 (August 2006): 7232–34.

28 Ada Ballin, *Health and Beauty in Dress* (London: John Flank, 1892),115.

29 Ambroise Viaud-Grand-Marais, "Des accidents produits par l'emploi sur la peau de chemises de laine aux couleurs d'aniline," *Gazette des hôpitaux civils et militaires* 14 (February 4, 1873), 108.

30 "The Fashions—Stockings," *Lady's Newspaper*, January 26, 1861,51. For more examples of bright women's stockings from the late nineteenth century, see *à fleur de peau, Le Bas: Entre mode et art de 1850 à nos jours* (Paris: Somogy, 2007).

31 "The Fashions—Stockings," 51.

32 *The Times*, September 30, 1868, 9.

33 Jabez Hogg, "Arsenic and Arsenical Domestic Poisoning," *The Medical Press and Circular*, July 20, 1879, 84.

34 *The Times*, October 8, 1868, 8.

35 "Police," *The Times*, September 30, 1868, 9.

36 "Poisoned Socks Again," *The Lancet* vol. 94 no. 2395 (July 24, 1869): 129–30. Several detailed case studies can be found in Erasmus Wilson, "Dermatitis Toxica from the Aniline Dye," *Journal of Cutaneous Medicine and Diseases of the Skin*, 3 (1869): 44–49; "Poisoned Socks," BMJ vol. 1 no. 534 (March 25, 1871), 316.

37 Viaud-Grand-Marais, "Des accidents produits," 109.

38 In William Brock, *The Case of the Poisonous Socks: Tales from Chemistry*, (Cambridge, UK: The Royal Society of Chemistry, 2011), 6.

39 "Police," *The Times*, October 3, 1868, 11.

40 One French doctor thought it was not coralline, "acide phénique" used in the dye industry causing the problem. It was innocuous at 8 degrees Celsius but when heated to 15–20 degrees it "can burn skin, eat away flesh and cause actual tumefaction," P. Guyot, "Nouveaux accidents causés par les chaussettes empoisonnées; explication du problème," *Le courier médical et la réforme médicale*, 21 (1871): 236–38.

41 William Crookes, "Poisonous Dyes," *London Times*, October 16, 1868, 4.

42 Brock, *The Case of the Poisonous Socks*, 3, 7.

43 Crookes, "Yellow and Orange Dyes," 4. The firm of Morley eventually developed an oxidizing process that stabilized synthetic dyes, now marketed as "sanitary" or "hygienic." Brock, *The Case of the Poisonous Socks*, 7.

44 Ibid.

45 Ambroise Viaud-Grand-Marais, "Fait pour server à l'histoire de l'empoisonnement par les tissus anglais de couleur carmine," *La Lancette française-Gazette des Hôpitaux Civils et Militaires* 21 (February 20, 1869), 82.

46 Ibid., 83.

47 Viaud-Grand-Marais, "Des accidents produits," 108–23, 307–31.

48 Alice Hart, "Donegal Industrial Fund," *London Times*, September 12, 1884, 6. This fantasy of preindustrial production continues today with the fetish for denim hand-dyed with natural plant-based indigo by Japanese companies like Dry Bones and Pure Blue Japan, which retail artisanally produced pairs of jeans for US$575 and US$685, respectively.

49 Ballin, *Health and Beauty in Dress*, 113.

50 For information on dress reform, see Stella Mary Newton's classic *Health, Art, and Reason: Dress Reformers of the 19th Century*, (London: John Murray, 1974): Patricia A. Cunningham, *Reforming Women's Fashion, 1850–1920* (Kent, OH: Kent State University Press, 2003).

51 Susan Vincent, *The Anatomy of Fashion* (Oxford: Berg, 2009), 148.

52 John Thomson, and Adolphe Smith, *Street Life in London* (1877), reprinted as *Victorian London Street Life in Historic Photographs* (New York: Dover, 1994), 133–34.

53 André Guillerme, *La naissance de l'industrie à Paris: entre sueurs et vapeurs: 1780-1830* (Seyssel: Champ Vallon, 2007), 197–98. The book gives an excellent summary of all of the industries using leather in Paris, and varnishes of all types "to give shine, colour, and to protect from the destructive action of air and water" were an extensive industry worth 5 million francs in Paris in 1819.

54 *Crotte* is also the word for animal excrement. Michael Marrinan, *Romantic Paris: Histories of a Cultural Landscape, 1800–1850* (Stanford: Stanford University Press), 279.

55 Michael Allen, "New Light on Dickens and the Blacking Factory," *The Dickensian* 106 (2010): 5.

56 Edmond Frémy (dir.), *Encyclopédie chimique. Tome X.- Applications de chimie organique. Matières colorantes: série aromatique et ses applications industrielles*, par MM. Ch. Girard et A. Pabst (Paris: Dunod, 1892), 97.

57 Charles Thompson, *Poison Mysteries in History, Romance, and Crime* (London: The Scientific Press, 1923), 203; Edouard Nobecourt and Pichon, "A propos d'un cas d'intoxication par le Nitrobenzene observé chez un enfant de quatorze ans," *Paris médical: la semaine du clinicien* 53 (November 8, 1924): 380.

58 World Health Organization, "International Agency for Research on Cancer Monographs," Lyon, France: IARC, *Nitrobenzene*, 65 (1996): http://monographs.iarc.fr/ENG/Monographs/vol65/mono65.pdf, 384; Blanc, "How Everyday Products," 55. When used in glues like rubber cement, it kills white blood cells and produces often lethal "aplastic anemia."

59 Edouard Nobecourt and Pichon, "A propos d'un cas d'intoxication," 385.

60 Alok Gupta et al., "A Fatal Case of Severe Methaemoglobinemia Due to Nitrobenzene Poisoning," *Emergency Medicine Journal* 29 (2012): 70–71.

61 Stone, "Fatal Poisoning Due to Skin Absorption," 979.

62 F.F. Gundrum, "Nitro-benzol Poisoning," *California State Journal of Medicine* 16, no. 6 (May 1918): 252.

63 Frémy, *Encyclopédie chimique*, 96–97.

64 E.G. Knox, "Ceremonial methaemoglobinuria," BMJ 7151 (July 23, 1998), 153.

65 "Poisoning from Aniline Black on Shoes," *The Lancet* vol. 173 no. 4454 (January 9, 1909): 118.

66 Landouzy and Georges Brouardel, "Empoisonnements non professionnels par l'aniline," *Bulletin de l'Académie de médecine* (July 17, 1900), cited in Paul Brouardel, A. Riche, and L. Thoinot, "Un cas d'intoxication par chaussures jaunes noircies à l'aniline," *Annales d'Hygiène Publique et de Médecine Légale*, 3ème série, tome XLVII (1902): 391.

67 The *Invisible Paris* blog reprints four newspaper clippings from 1901 to 1902 reporting on other cases of yellow shoes being dyed black. "The Paris Archives: Poisonous Shoes" (June 6, 2012). http://parisisinvisible.blogspot.ca/2012/06/paris-archives-poisonous-shoes.html.

68 Brouardel et al., "Un cas d'intoxication," 385–99.

69 Ibid., 386–87.

70 Ibid., 397, 399.

71 Ibid., 399.

72 Julien Tribet, *Empoisonnement par le vernis au noir d'aniline appliqué à la chaussure* (Dijon: Barbier-Marlier, 1901), 75–76.

73 "Shoe Dyes and Aniline Poisoning," *Journal of the American Medical Association* 87, no. 34 (July 3, 1926): 34.

74 John Aikman, "Shoe-Dye Poisoning: Report of Three Cases," *American Journal of Diseases of Children* 35 (August 8, 1928): 1040.

75 Many cases of 'Dyed-fur dermatitis' are listed in Ruth O'Brien's *Bibliography of Clothing in Relation to Health* (Washington, D.C.: U.S. Department of Agriculture, 1929).

76 A Professor Tugwell also denounced "eyelash beautifiers" in a 1933 Paramount Newsreel. Maybelline corporation was incensed because sales of their product decreased.

77 Ruth DeForest Lamb, *American Chamber of Horrors: The Truth*

About Food and Drugs (New York: Farrar and Rinehart, 1936), 18. The author was the Food and Drug Administration's first Chief Education Officer.

78 "Eyes and Dyes," *Time Magazine*, 22, no. 23 (December 4, 1933): 26.

79 Hamilton, *Industrial Toxicology*, 175.

80 DeForest Lamb, *American Chamber of Horrors*, 22.

81 Sali Hughes, "Could Your Hair Dye Kill You?" *The Guardian* (Manchester), November 28, 2011. Web. http://www.the guardian.com/lifeandstyle/2011/nov/28/could-hair-dye-kill-you.

82 This dye is from exactly the same family as the chemical used in Lash-Lure in the 1930s. Ibid.

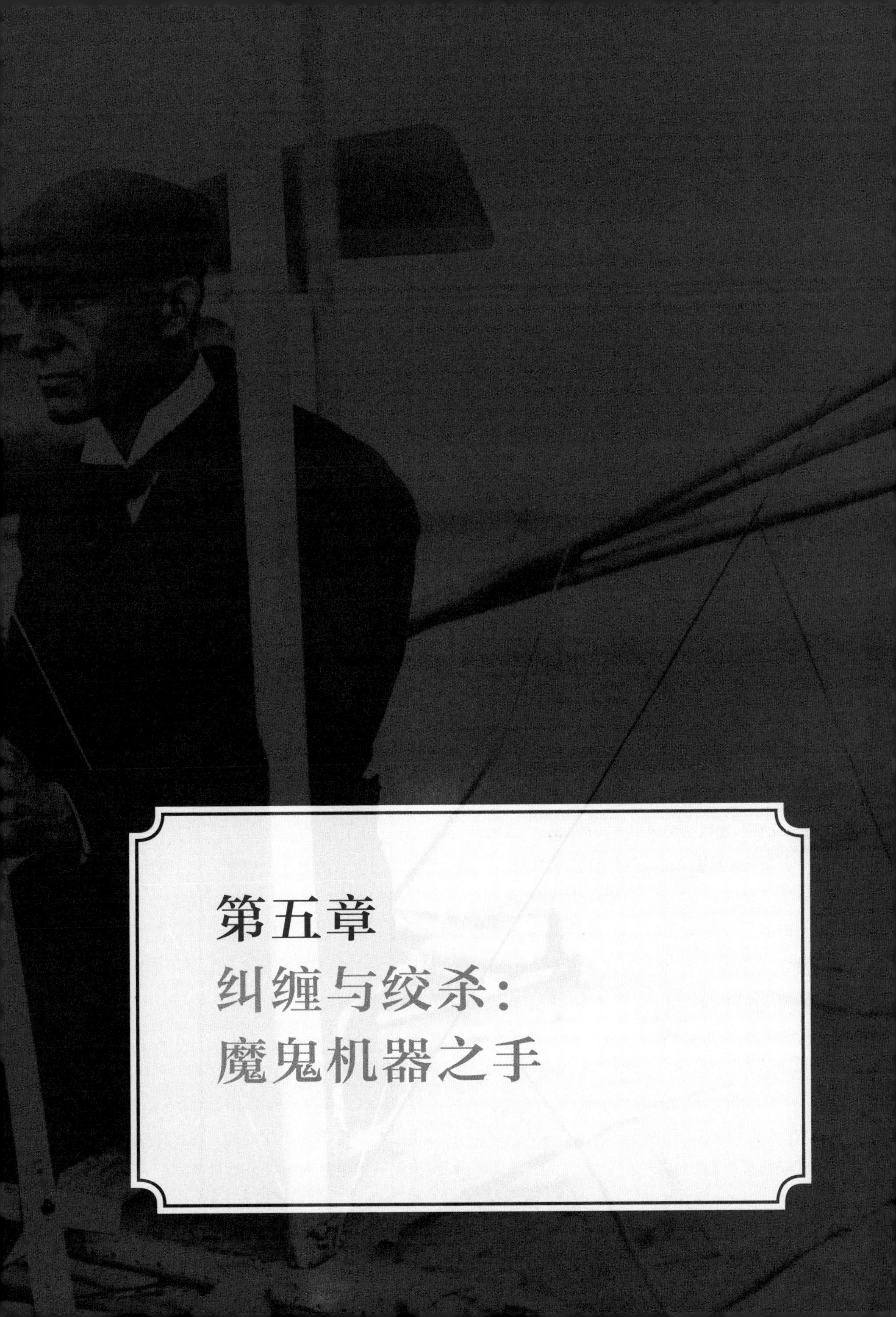

第五章
纠缠与绞杀：魔鬼机器之手

"矫揉造作害死人。"

——格特鲁德·斯坦(Gertrude Stein)听闻伊莎多拉·邓肯(Isadora Duncan)的噩耗时说

1927年9月14日晚，法国蔚蓝海岸里维耶拉的尼斯城，美国著名舞蹈家伊莎多拉·邓肯坐上了一辆阿米尼卡运动轿车的乘客席。车开动了，邓肯女士将她那条标志性的红色丝绸长围巾围在脖子上，绕了两圈后搭在左肩。她一边围围巾，一边念出熟悉的戏剧台词"Adieu mes amis. Je vais à la gloire！"也就是"再见，我的朋友！我离去，去追寻荣光![1]"这句台词在法语中代表永别。事实上，不过一会儿，邓肯就真的与世长辞——被长围巾绞杀。阿米尼卡车厢低矮、敞篷式，轮胎又有辐条，座位紧凑，同时与轮胎距离很近，因此非常危险。左边的乘客席设在驾驶座后排稍近的位置[2]。司机完全看不到后面的乘客，当然没有留意到邓肯的手势。他没有发现，长围巾的边缘"滑进了车身及后挡泥板之间，然后缠在盘式制动器和轮胎辐条中间"[3]。随着车子的开动，长围巾缠在车轴上，一圈又一圈，将舞蹈家拉向后轮。来到盎格鲁大道后，车子越开越快，猛地勒住邓肯的脖子。转瞬间，她被拽了下来，重重地撞在人行道上。不论怎么看，这都是一场可怕的事故，几乎瞬间致人死亡。据目击者称，"围巾又快又狠地勒紧了她"，尽管"泪流满面的朋友们疯狂地剪断并撕碎了缠在轮胎上的厚厚的丝绸，(将)她撕裂的血肉解放出来"，但她已经死去，鲜血从脖子上的伤口流出，滴落在脚踏板上[4]。

美国作家与诗人格特鲁德·斯坦一丝慈悲心也无，她严厉地告诫说，这位在大家看来最为著名的时尚受害者，死于她那身"矫揉造作"的服装。斯坦的评论与《纽约时报》的头版头条遥相呼应。这份报纸也说，"做作地——如她平日般——穿上一套不同寻常的服装，缠住邓肯女士脖子的，就是一条色彩斑斓的长丝巾。[5]"不论邓肯女士生前和死时的衣品多么特别、古怪与矛盾，这次死亡事故的原因的确让人心惊。这条死亡丝巾的一小片碎片，现保存在法国国家图书馆艺术与娱乐类目下。残片被装在一个信封里，封面印有尼斯的一家报社

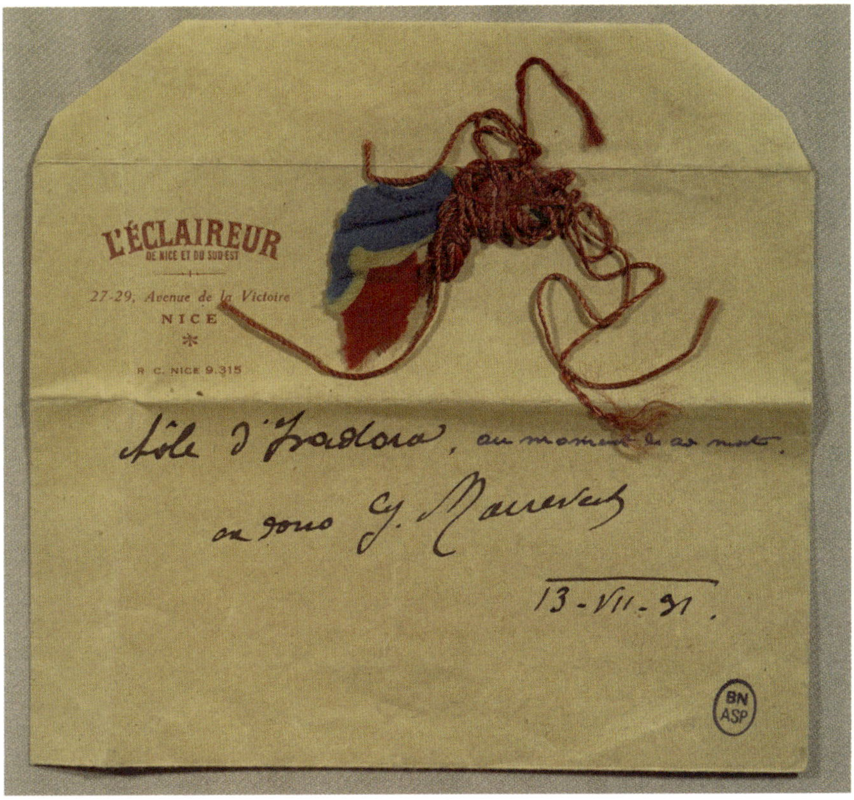

▲1.舞蹈家伊莎多拉·邓肯“死时佩戴的”致命围巾的碎片；约1927年；法国国家图书馆（Bibliothèque Nationale de France）艺术与娱乐类目藏品

L'Éclaireur的地址（图1)。这片丝绸最初可能由一位名叫乔治斯·马埃弗特（Georges Maurevert）的记者收藏，他是邓肯女士的一位朋友，名字也印在信封上。信封上印有这样一句话：“伊莎多拉死时佩戴的围巾。”档案馆仔细保存了这个信封，上面悲伤如诗一般的语言提醒世人生命的脆弱。信封被密封在塑料袋中，旁边摆放的，是另一件同样引人哀思的纪念品：邓肯女士3岁儿子的一束头发。这个可爱的孩子和他6岁的姐姐迪尔德丽一起，死于一场交通事故。1913年，他们乘坐的轿车冲进塞纳河，两个孩子双双溺水身亡。

这片小小的围巾残片使邓肯之死再度引发热议，它重新定义了这起悲伤的绞杀事故。和她的身体一样，这条红红绿绿的绉丝围巾被割成了碎片，然后被长长的流苏缠成一团。这片布料不是这位时尚烈士留在人世的唯一遗物，她的礼服碎片也被朋友和崇拜者收集了起来。她的养女爱尔玛从围巾上剪下了几条流苏，装在信封中保留下来。信封上带有黑色的线条，说明是葬礼专用，上面印有字母D[6]。邓肯的私人物品在其死后一个月被拍卖，那条“杀人的围巾”被一位不知名的年轻美国女性以2 000美元的价格购得，她是夏威夷一位菠萝种植商的继承人[7]。当年，一辆司蒂蓓克（Studebaker）轿车的售价也不过1 895美元，便宜的雪佛莱（Chevrolet）售价仅为525美元。所以，这条围巾还真具有较高的投资价值[8]。我没能找到整条围巾，但是其中一部分被邓肯的朋友玛丽·德斯蒂（Mary Desti）收藏，藏品现存于加利福尼亚大学欧文分校的特别收藏室。

邓肯，这位专业演员，死前坚持披戴那条长长卷卷的围巾乘车，而不是选择实用的防风夹克、帽子和眼镜这类当年常见的敞篷车装备。她的同伴伯纳德·法尔凯托（Bernard Falchetto）是一名年轻英俊的法裔意大利赛车手及机械师。邓肯戏谑地称呼他为“Bugatti”，即布加迪，知名跑车的名字。事故发生前，伯纳德向邓肯道歉，说车子不太干净，还拿出了自己的皮外套给她穿，可惜被拒绝了[9]。后来有心人士揣测说，当时那位年过半百的舞蹈家如此穿戴就是为了这位司机。可爱的年轻人魅力四射，让人不能自已。虽然，我们不能将邓肯的长围巾简单地定义为一种时尚单品——它们是邓肯的标志，伴随这位舞蹈家走过了几十个年头——但在1927年，流苏长围巾确实走上了时尚的巅峰。邓肯逝世前一个月，某法国时尚杂志写道，手绘的布料“像童话一样”，装点着橱窗，“色彩丰满、滟光盈盈的丝制长围巾与流苏相得益彰”，“使我妖艳的姐妹们神魂颠倒”[10]。

《纽约时报》称，邓肯当时的穿着不只“七彩斑斓”，还具有浓浓的亚洲风。肇事的这条围巾由移民自俄国的艺术家罗曼·查托夫（Roman Chatov，也可以拼写成Roma Chatoff）及其工作室手工完成。邓肯的另一位美国朋友玛丽·德斯蒂协助查托夫完成了此次艺术创作，并于1927年5月1日将其作为特殊礼物送给邓肯。那天正是邓肯死去的儿子帕特里克的生日，朋友希望这件礼物能让她展颜，度过那个悲伤的日子[11]。一个世纪以来，“古怪的”的围巾在时尚的舞台上来了又去。俄国及亚洲风的织品被披上了肩头，令19世纪一二十年代简单、管状的裙子看起来更柔和[12]。长围巾，用阿尼林染料染成五颜六色，具有典型的俄国特色。俄国大革命后，无数俄国人来到巴黎，开了一家又一家的高端工作室和店铺[13]。邓肯佩戴的那一条，“长二码，宽60英寸，一只手绘的黄色大鸟神气地占据着整张绉丝布料，蓝色的翠菊和黑色的中文字点缀其中——真是一件绝妙的作品”[14]。我们在巴黎有幸一瞻部分图案——从那团缠绕在一起的碎布料中。

德斯蒂虽然承认以下的说法略有夸大之处，但这条围巾的确可以说是“伊莎多拉的生命之光”。收到礼物时，伊莎多拉“几乎流下欢欣的眼泪”。这位舞蹈家向她说道，“啊，玛丽，它就像是新生、希望和幸福。我从未见过这样的东西。天啊！它就像是活的一样。你看，这些流苏飘来荡去，似乎

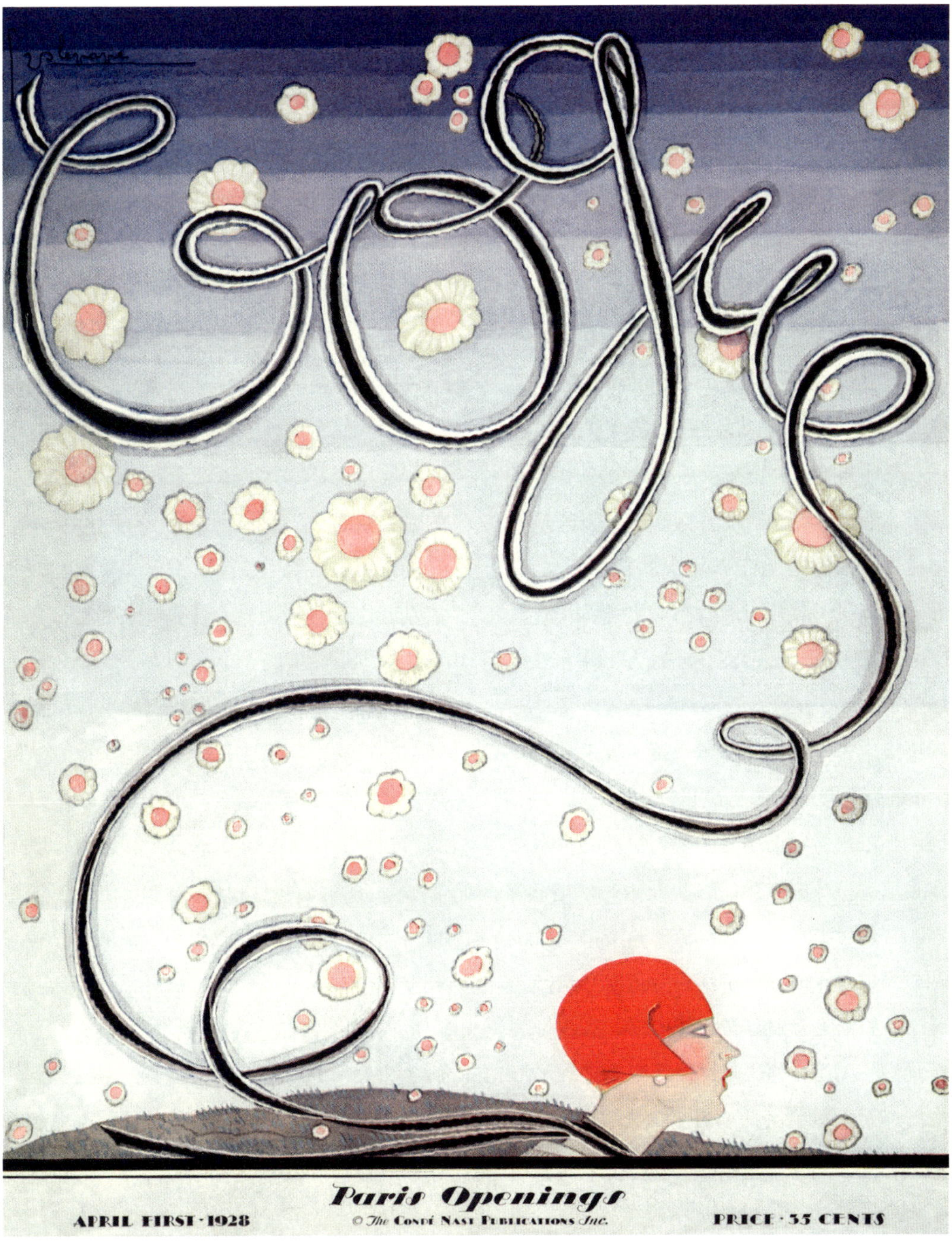

▲2.《Vogue》杂志封面画，作者乔治斯·勒帕普（Georges Lepape），伊莎多拉·邓肯死后六个月出版刊印，1928年4月刊

它们也有生命。玛丽，亲爱的，这条围巾一定永远、永远不能离开我！它那柔红的拥抱一定能温暖我可怜悲惨的心。”邓肯“用了几百种方法将它围来围去，在镜子面前一直欢快地舞蹈着”，然后她说，“亲爱的，这条围巾有魔法，我能感受到上面的电流……多么漂亮的红色——这是心脏的血红色[15]。”但是，四个多月后，这条围巾成了警方的物证，德斯蒂确认，这条“该死的”围巾“浸满了（邓肯的）鲜血”[16]。可悲的是，这条围巾是邓肯的爱物，“走哪儿都要带着它”，最后却被撕成了碎片，然后拍卖出售，最后消失。它的致命诱惑至今可见。正如《时尚剧院》（*Theatre of Fashion*）一书的作者，时尚历史学家安伯·简·布查特（Amber Jane Butchart）所说，邓肯离世几个月后，乔治斯·勒帕普为《Vogue》杂志绘制的封面画才是这次事故引发热议的推手（图2）[17]。在勒帕普的想象世界中，致命的长围巾变成了一条黑白条纹的花体字带，绕过摩登女郎的脖子一路向上盘旋，像天线一样，绕出了一个词——Vogue。这张封面没有直接画出汽车——虽然勒帕普此前曾多次为《Vogue》杂志绘画汽车作为封面——但风中飘荡的车轮形态的花朵，和女郎头戴的钟形红礼帽（这顶帽子看起来就像女性的红唇，大大张开），无一不在向读者暗示两个词：速度与兴奋。当然，勒帕普笔下的这种情绪显然不是因为巴黎春季新品上市。

1926年，邓肯去世前一年，德国和美国的心理学家提出一个新术语——“易发生事故的”[18]。20世纪前二十年，越来越多的交通事故出现，加上人们总是担心司机的责任心不够强，心理学界开始关注容易遭遇意外事故的人群及其特性。据记载，美国死于交通事故的人数从1906年的374人，迅速攀升至1919年的1万人[19]。邓肯死讯宣布当天，《纽约时报》发表了一篇文章，细数这位舞蹈家与汽车的爱恨情仇，名为“她生命中的数起车祸”。文中说到杀死邓肯两个小孩的那起车祸，还有邓肯在1913年和1924年分别亲历的两起[20]。虽然工程师找到各种方法改进这种新型交通工具的安全性能，交通事故的数量仍居高不下。但是，请记住，虽说纺织品偶尔成为汽车事故的凶手，但在今天，一旦发生撞击，我们还得依靠纺织品保护司机和乘客的安全。例如，安全带可以将我们扣在座位上，五点式安全扣座椅可以用来保证儿童的安全。我们应该心怀感激地看到，纺织品虽偶有危害，却在很多时候能够拯救我们的生命。

现代医学也能创造奇迹。2001年，一位年方21的年轻姑娘正骑着一辆三轮车，穿梭在爱丁堡市中心，突然，她的围巾被卷进了车轮里。和伊莎多拉·邓肯差不多，这位姑娘喉部受伤，舌骨骨折，颈动脉受损。药学家及外科医生最终挽救了她的生命。他们称这种类型的伤病为“伊莎多拉·邓肯综合征”。据他们所知，三轮车姑娘是此类衣料“绷带”事故的第一个，也是唯一的一个幸存者[21]。

事故简史

事故通常不可预见，顷刻间飞来横祸。一旦事故发生，就成了媒体的头版头条。事实上，现代社会厌恶风险，因此对于此类报道有着近乎病态的喜爱，似乎透过报道及相关分析，读者就能够学会避免意外的发生。在数字媒体的帮助下，关于事故的恐怖言论、图片甚至视频，转瞬间就得以在全世界传播。正是这样的现代风险社会，催生出大量的统计数据及保险政策，用于“保障”我们的利益，防范意外事故带来的风险。尽管世界各国工作条件各不相同，但几乎每一个国家都会把保障生产环境安全，将风险和疾病发生概率“最小化”，作为坚定的目标，并制定相关法律。当然，在历史上的一些时期，或在其他文化中，人们对待此类意外的态度与今天截然相反。例如，部落文化、农耕文明及前工业时代，意外是神明的手笔。死亡对那时的人们来说，是不幸或命中注定的事。工业革命发生，合同制雇佣关系兴起，也因此，现代法律对意外有了新的定义，同时发展的还有避免事故发生的免责意识。布料，正如我们所知，在这场“事故”进化史中，发挥了不小的作用。

例如，1897年，《工人赔偿法》在英国立法通过，规定受雇方接受工作中的危险，是劳工合同的一部分。合同中明文指出：“一旦仆人与主人确立服务关系，他及其主人需知悉，服务过程可能遇到的所有常见风险[22]。”换句话说，为金钱而工作的合同关系中，即使工作有普通或致命危险，对受雇方来说，也应当视其为自愿接受的条款。正是由于这种利益至上的体系，使得工人即使遭遇事故受伤，也很难得到相应的赔偿，工人阶级在面对疼痛甚至残疾等问题时，往往保持克己忍耐的态度，希望以此保有他们所谓的“自由人”的社会地位，免受他人的摆布[23]。工人不希望被雇主当作无助的或者小孩儿一样只拿钱不干事的人，这种态度阻碍了相关部门对工伤事故处理的认定和规范。尽管阻碍重重，到19世纪晚期，即使没有相关法律法规明文规定，机械设备及生产原料带来的工伤事故，如引发慢性中毒的化学原料等，被越来越多的人认定为职业伤害。

本章及后两章将着重描写从1750年左右至今，由时尚面料及服饰引发的个人及工业事故。读者不仅可以读到与此相关的大量法律、医学信息及统计数据，还可以看到当时出版的“纪实文学”。时值出版文化蓬勃发展的时期，出版业尤其偏爱意外死亡一类的新闻。那时，几乎每一页报纸上都有事故的详细记录，文字描述极尽恐怖之能事，今天读起来也有些令人反胃，但在当时，这种“死亡情色作品”诱惑非常，一经出版就能大卖[24]。不过，在审视具体案例之前，我们得首先搞明白：服装及饰品主要容易引发哪类事故？这些弊端是否已经得到改善？与前文中提到的毒外袍神话不同——我们能从每个历史时期和不同的文化中找到蛛丝马迹——大多数因服装致死的意外事故都是近代技术革新的“衍生物”。当然，这并不是说，工业革命之前，服装绝不可能引发意外事故。例如，1559年8月，一个名叫乔治·吕德约克（George Rydyoke）的人就被一阵大风吹得衬衣卡进风车里[25]。所以我们知道，衣服、旋转的轮子以及有风的天气，加在一起就很危险。吕德约克只是“受了点小伤”，他被轮子折断了手臂和两根肋骨，然后，死了。但是，我在这里讨论的意外事故，多发生于18世纪以后，它们由新型工业技术直接或间接引发，与奢侈品的平民化休戚相关。这些“高端享乐”，过去是“上流社会”的专属，工业技术的发达，使它们在社会大众间普及开来。本章重点讨论衣带绞杀及高空坠落两大类关联事故。

绞杀，正如邓肯事故中的长围巾所做的一样，多因衣料过多引起。事故发生时布料往往缠绕在人体脆弱或可移动的部分，尤其是脖子和四肢。过长过宽的面料一旦被卡住，就会越勒越紧，人体因此被禁锢或伤害。那位可怜的16世纪风车工人的悲剧不是个案，他的身后，还有无数同样服务于旋转的机器的受害者。下述的第一位受害者记录是我在法国一家档案馆发现的。它的描述很具有代表性。警察向宪兵队报告说，在蓬塔尔利耶，法国东部临近瑞士的一座小城里，一位名叫朱尔斯·图尼耶（Jules Tournier）的四十岁的白班工人被正在旋转的转动轴扯住，然后被切得稀碎。工业革命后，转轴和皮带被广泛使用，用作传送动力，其高速持续的旋转是事故的常见诱因。当时和图尼耶一起上工的，是一位名叫泰奥菲·保罗斯（Theophile Paulus）的19岁年轻人，他回忆说，1882年6月10日早上6点，他和图尼耶一起爬上机库去放板子。做完这事，两人必须通过转动着的轴去到梯子那儿，然后才能下去。但是这次，图尼耶身子趴得不够低，转轴“一下子扯住他的衣物，把他拖了过去，一看到这情形，我立刻大叫起来，但是一切都已经太迟了，不到二三分钟，他的身体就被切成了碎片”[26]。M.M.万耐尔兄弟工厂（M.M.Vandel Frères）的工头说，“可怜人的尸体一片片撒落在地”，警察到达后，发现只有衣物还挂在转轴上。尸体“碎片”被送到了医院，警方检验后得出结论，必须“极度小心谨慎”才能避免事故的发生，因为这根轴离地面只有一米的距离。要从它下面爬过去，工人必须趴得很低，四肢着地。

虽然一提到工厂事故，人们第一时间想到的就是男性，但不要忘记，女性也在工厂工作。事实上，男性死亡可以由各种不同的工作间事故引起，而女工人身故的杀手就是机器本身[27]。如果爱美的女性留着一头长发，那么，接近运动中的轴就是一件非常危险的事：因为头发很容易被卷进去。早期的女性公务员之一，希尔达·马丁代尔（Hilda Martindale）1906年所写的一篇报告中记录到，英国“监管人员观察到，工厂有因为转轴扯伤头发的事故，其中一例事故中，因为缺乏急救知识，受害者的头发被遗留在（转动着的）轴上一个小时之久”[28]。另一例由衣物引起的事故同样让人毛骨悚然，受害者为女性，地点为某骨瓷工厂：“可怜的女人，负责往骨粉磨里投料，一不小心，离机器太近，衣物立刻被轮子绞住了。结果她被拖进了磨里……她大腿的肉被无情的机器绞成一片一片。脆弱的四肢和脖子不过几秒也被拖了进去，实在让人伤心。”

技术“进步”和新的工业流程把大量工人阶级暴露在新危机之中。让人吃惊的是，这种危机居然从一定程度上促进了传统苏格兰短裙的发展。这种专供男性穿着，有多道裙褶的裙子一向是高地上勇敢战士的专属，是民族身份的体现，也是高尚品格的象征。16、17世纪，地位较低的苏格兰人只能把廉价的格子花呢（英文名为“breacan”）裹在身上，在荒野或灌木丛中能起到一定的保护作用。苏格兰人扎上腰带，有时则直接用布料在腰间打一个松垮的结，在其他国家和地区的人看来，这种穿着跟裙子差不多[30]。反之，酋长或地位较高的苏格兰人穿着更加“绅士的”紧身呢绒裤或短裤加长袜。1727年，英格兰教友派信徒，来自兰开夏郡的铁匠托马斯·罗林森（Thomas Rawlinson），从因弗内斯郡的麦克唐纳一家（MacDonell）那里租了一小片树林，用以冶炼铁矿石。他雇佣苏格兰人伐木炼铁，但发现他们身着长格子裙是“累赘笨拙的习惯”，甚至在工作时有安全隐患，于是他雇来军队裁缝，把裙子裁短，再一剪为二。罗林森和麦克唐纳率先穿起了这种新式苏格兰裙，当地人纷纷效仿，于是就有了今天我们所知的苏格兰短裙[31]。因此，可以说，苏格兰短裙是工业革命的早期产物，它由英国企业主设计，作为专业工作服，将高地人“从灌木丛中带出，带进工厂之中”[32]。

工作服的设计意图是实用，它让工人身体没有束缚感，能保护工人免受职业危害。例如，铁匠和蹄铁匠，身穿厚厚的皮革围裙和沉重的平头靴，是因为他们的工作是与热金属和坏脾气的动物打交道。随着行业的细分，新行业出现，材料科学、生理学与工效学的发展使防护服得到了改良，设计更科学，穿着更舒适。除了围巾，防护服中还加入了手套、护目镜、面罩及呼吸设备，用以隔离灰尘。鞋子可以防水防电，背心防弹，甚至出现了含特殊供氧设备的专业防护服，保护人们免受化学物质、火焰、生物体及辐射的危害。军队制服对此类技术革新起到至关重要的推动作用，高科技的体育设备也见证了技术进步，“鲨鱼服”能加快游泳速度，一度引发争议[33]。太空服是技术发展的巅峰之作，使人类得以在极端环境下生存，它就像个神话，让血肉之躯以鲜活的姿态进入冰冻的无重力环境。

如果说服装的科技革新强化了人体的先天能力，并帮助人体达到生理巅峰，那么时尚的“革新”，可以说是——也常常是——服装革新的双生兄妹，可惜是邪恶的那一个。时尚通常无视人体机能，肆意妄为，怎么不实用怎么来。事实上，纵观历史，时尚就是有意识地牺牲舒适和自如的行动，以换取视觉展示。只有富人可以不用经常移动他们的手和脚，可以穿衣袖过紧或过宽的服装，不必担心踩着高跟鞋摇摇欲坠，也不怕头上顶一堆高耸入云的假发，哪怕脖子被衣褶堆得僵硬也在所不惜。仆人、奴隶就是他们的双手双脚，这些人帮他们拿东西、做吃的、打扫房间、装扮衣饰、梳妆打扮。马车、马匹或轿子载着富人们穿过肮脏的街道，保证他们昂贵的衣服鞋子一尘不染。在高端时尚面前，科技同样起到了至关重要的作用，但它的作用往往是创造更加廉价的各色布料，或是（通过夸大或减少头部、脖颈、臀部、腰部或生殖器附近，尤其是鼠蹊部分的结构）改变身体的“自然”形态，而不是保护脆弱的身体不受伤害。

能够熟练操控过大、很可能别扭的衣服、围巾、扇子和阳伞，尽显优雅之态，是衡量古代女性的一项重要标准。服饰优雅、行止有度，是女性社会地位、个人品位和财富多寡的指向标。但是，正如苏珊·海纳（Susan Hiner）在其作品《现代配饰》（*Accessories to Modernity*）一书中所写的一样，工业让“商品的再生产和获得更加便宜”，使社会底层人员能够买得起过去“统治阶级”专属的时尚品[34]。如果说18世纪有诸如苏格兰短裙一样专为工作改良的服装，女性则像我们将要看到的一样，普遍更易受时尚的摆布，一般不怎么乐意服从工作规范穿着工作服。

束缚：蹒跚霍布（步）

“好吧，我解放了胸部又铐上了双脚。”

——保罗·普瓦雷（Paul Poiret），《在周围的时候》（*En habillant l'époque*）（巴黎：格雷塞，1930年，第53页）

正如格特鲁德·斯坦对邓肯的评价一样，女演员的着装矫揉造作“非常危险”，因此监察人员认为有责任向公众传递正确的标准，介绍这类容易引发事故的时尚穿着。然而一些作家却把这种事故视为人生常态，另一些则对此持嘲讽态度，这些人觉得，既然“殉道者”们通常为女性，如此不理智，非得穿一身夸张或是诱惑的时尚衣饰，他们受伤流血就是命中注定的事。早期的说教以宗教传道为主，但是医生、服饰改革者、保健专家和女权主义者们［如夏洛特·珀金斯·吉尔曼（Charlotte Perkins Gilman）］扛起反时尚的旗帜，认为时尚会摧毁女性健康，且阻碍女性行动。这种道德宣判希望将服装与历史文化剥离开来，不谈服装与社会、经济和情感的关联，绝口不提“极致的”时尚为穿着者带来的视觉或触觉享受，于是，裙子成为他们绝佳的范例。大量医学论述让我们熟知束身衣和鞋子的危害，然而鲜少有人提及双腿可能面对的危机。自从中世纪发明了男士紧腿裤，男人一直穿着这种开衩的下装，随时随地展现大长腿。女性为了迎合社会对女性温柔气质的向往，理所当然地一直身着长裙。在许多文化中，“短

▲3. 伊迪丝·O. 伯格（Edith O.Berg）女士，作为第一位乘坐飞机的女性，裙子被绑得牢牢的，和威尔伯·莱特（Wilbur Wright）一起试飞；照片摄于1908年9月；©国家飞行与太空博物馆[National Air and Space Museum(NASM 2002—11883)]

裙”是男人的专属，苏格兰短裙还被用作工作服。女性服饰的改革者试图让女性也穿上裤装，如灯笼裤（Bloomer），可惜50多年过去了，直到20世纪初，她们的工作也没能取得丝毫进展[35]。可笑的抵制随处可见，女性还是不愿“穿上裤子”。只有在运动时或是高级时装店里，才能一窥女性裤装的风姿。

19世纪80年代是一个见证服装改革的时代，无数改革家掀起美学运动，规定女性必须穿着宽松的长袍；这也是一个见证主流文化向女权运动重拳出击的时代，他们发明了窄身裙，裙内膝盖后方设计有绑带。1880年，一位服装改革家写道，“我跟许多人聊过，她们和我一样认为，散步的乐趣已经消失殆尽。如果身体不够好，穿着这种又长又重的窄身裙，每迈一步都像在打仗，身心俱疲，实在让人忧心[36]。”束缚感极强的裙子在时尚圈中来了又去，1908年，前卫的女性们，如演员，拼命把身体挤进一件特别显身材的裙子里——紧身裙或督政府裙（directoire skirt）。这种裙子“线条优美”，高开衩，行动间露出小腿甚至大腿根部，女性们可以尽情炫耀五颜六色的长筒袜，双腿看起来既灵活又性感[37]。虽然这种裙子紧，好在不会妨碍走路。可惜，不久后，另一种完全限制女性活动的裙子取代了它，即霍布裙（hobble skirt），人们戏称它为蹒跚裙。

“Hobble Skirt”，法语叫“jupe entravée”，这种窄底裙强迫穿着者控制步幅走小碎步。其设计灵感或许源自第一位乘坐飞机遨游天空的女性。1908年，莱特兄弟公司欧洲代理处，哈特（伊迪丝）·欧·伯格女士[Hart（Edith）O.Berg]陪同威尔伯·莱特进行了几次试飞，激动异常。他们从法国勒芒起飞，希望证明持续性的“载人”飞行是可行的。欧洲沸腾了，法国观察家和无数媒体蜂拥而至，见证这一伟大的活动。10月7日，伯格女士作为第一位乘坐飞机的女性，在威尔伯·莱特身旁，在空中呼啸而过，历时2分零7秒。记者抓拍的一张照片显示，伯格女士身穿一套实用且时髦的套装，帽子上系有一条长围带，可以有效地保护头部（图3）。膝盖以下的部位被紧紧地缠住，防止飞行时裙边飞起，卡住零件。传奇之处在于，一位法国服装设计师，也许是保罗·波烈（Paul Poiret）本人，看到伯格女士下飞机的一幕，受到她那蹒跚步态的启发，发明了霍布裙。当时伯格女士腿上绳子未解，只能一步一挪，跳着走下飞机。早期的霍布裙上就有类似的绑带，因此我认为，伯格女士的飞行服或许真是霍布裙的原型。《纽约时报》1910年的一篇报道提到，霍布裙最早被称为飞机裙。文章还不无戏谑地评论这种裙子的社会意义，当然，也可能只是为了调侃裙子的名字，文中说，“所有穿着飞行裙的女性其实都有机会坐飞机。因此，如果她们坚持穿着飞行裙，会发生什么事呢？她们是不再走路了，还是开始学飞了[38]？”不论霍布裙是由保罗·波烈幻想而成，还是受伊迪丝·伯格的启发设计而成，在霍布裙引发的事故不断发生之后，法国人通通高举双手，宣布这种裙子是一种恐怖的“美国”发明。裙子轮廓非常特别，美国人深受启发，发明了“霍布裙”形状的可乐瓶，瓶底呈向内的“凹”形，并于1915年为该设计申请了专利。至此，这具时尚的女性形体成为一件标志性的容器，你可以抓住“她”的“双腿”，然后从“头部”的开口中喝到香甜的饮品。

大约1910至1914年，紧身霍布裙是时尚宠儿，“hobble”意为用来捆绑马和驴前蹄的脚镣。可想而知，人一旦被铐上脚镣手铐，要么是奴隶，要么是罪犯，要不就只能是被套在束身服里的疯子了。霍布裙严重损害人体健康，因为裙子的束边直径不到1米，约38英尺，它紧紧地箍在膝盖下方，再绑在脚踝上。1914年，法国高端时装杂志《轻声细语》（*La Gazette du Bon Ton*）的一张插画抓住了霍布裙的美学真谛，即色情和“时尚之奴”（图4）。图片上的短发女士身着贴身二片式水蓝色晚礼服，礼服前片后片缝合后，紧紧裹着女士的双腿，一枚蓝宝石别针把裙摆系在一起，鞋子和脖子部位有同款别针，还有一些类似的宝石别针起到固定作用，将绑带一圈圈固定在她的双臂上。插图上有“Il a été primé”字样。这话出自女士之口，意为“它赢得了奖品”。她一边说着话，一边将手搭在小狗头上，轻轻地抚摸这条漂亮的灰色纯种犬。这幅图似乎还传递出一丝幽默：女士的姿势、裙子上的“尾巴”与小狗的姿势和尾巴似乎交相

▲4.弗朗西斯科·哈维尔·戈斯（Francisco Javier Gosé），作品名“它赢得了奖品！”，《轻声细语》插图，1914年3月刊；霍布晚礼服；©安大略皇家博物馆图书馆

▲5.穿霍布裙套袋赛跑，《伦敦新闻》插画，1910年8月13日刊，作者私藏

辉应。20世纪早期，时髦的小狗比赛在布洛林森林公园很流行。在这座巴黎的公园里，有钱的女士们“体态丰盈”，牵着同样打扮时髦的小狗，在公园走来走去，进行“时尚竞赛”。比赛评出最佳打扮奖，获胜者（女士和狗）会赢得奖品，获奖照片会登上当天的时尚杂志。《轻声细语》登载的就是这类比赛的插画，图片上的是两个娇生惯养的“宠物”。大概是晚礼服太紧，女士迈不开脚，不能完全跟小狗保持一致。尽管艺术家让这种礼服看起来光彩夺目，但不是每一位女性都喜欢这种极具象征意义、阻碍活动的霍布裙。媒体大众也常常嘲笑这种裙装。早期的讽刺风格明信片就曾以穿霍布裙的“娘们儿”为主题。法国动物保护协会举办的一次假面舞会上，许多男士身着霍布裙，“特别荒诞滑稽”[39]。1910年，法国郊区举行了一次搞笑的“套袋赛跑”，要求女士穿着

霍布裙代替布袋。一些参赛选手挣扎着迈开了双腿，另一些却只能“像袋鼠一样，蹦跳着向前进”（图5）。

霍布裙出现在女性投票权运动的关键时期，绝不仅仅是巧合。一篇文章曾明确质疑，怎么可能有女士渴望像“日本娃娃”一样走路？“如果女性希望竞选政府管理人员，她们必须跑得飞快，至少能追车；如果女性希望竞选总统，她们得能一步跨上摩托；如果她们希望从法律上获得完全的自由，她们一定不能被‘脚镣’束缚”[40]。夏洛特·珀金斯·吉尔曼——女性主义先锋作家及运动员，于1910年至1915年致力于对女性裙装的批判，对所有女裙做出严厉的控诉，尤其是“霍布”裙：

> 穿着裙子的女性，当然只能无精打采地坐着，她们有时也能保持平衡，站上那么一小会儿……但是，一旦涉及腿部运动时，穿裙子的女性身体受限，不可能像男性的动作那么精确。小碎步看似是“女性化”的表现，其实不过是“裙装化”——它与性感没有一丝一毫的关系。
>
> 近年来，我们饱受这类机械性伤痛的折磨，罪魁祸首就是霍布裙。好在现在“给我们穿衣服的力量”协会好心地免除了这一折磨。成年女性不再被刀鞘一般的紧身服装束缚。那东西紧得像一条裤管，而不是一条裙子。由它引发的事故中，甚至有多起致人死亡的案例，多数是因为在必要的时刻，无法迈开大步或跳跃[41]。

或许你以为，吉尔曼的这席话多有夸张之处，但是霍布裙确应为几起死亡事件负上直接责任。不过讽刺的是，这些事故没能引起媒体的重视。1910年9月，一匹脱缰的赛马在巴黎附近的尚蒂伊跑马场狂奔，而后冲入看台的人群之中。一位身着霍布裙的女士仿佛被套上了缰绳，“因为裙子太紧”跑不动，倒在马蹄之下。她的头发缠在马掌上，马匹拖着她跑了好远，最后头骨骨裂死亡[42]。一年后，纽约北部，年仅18岁的艾达·歌提娅（Ida Goyette）正在通过横跨伊利运河的一座桥梁，她“试图跨过被锁住的大门，但是裙子绊了她一下，加上护栏比较低矮，一头栽进了河里”。不等被救起，艾达就淹死在了河中[43]。幸运的是，不是每一起事故都致命，有些不过就是缺个胳膊断个腿儿而已。

现代交通向女性提出了新的挑战，尤其上下车时。《笨拙》杂志登载了一篇名为“新裙子和移动之歌”的讽刺漫画：一位女士为了走得更快，撅着屁股，看起来别扭又可笑。她一边走，一边催促她的朋友梅布尔（Mabel）想办法走得更快些，因为如果“不想办法跑起来”，她们就赶不上火车了。另一组名为“限速裙”的漫画明信片则把男性加入了画面里：图片上，一位男士托起一位穿霍布裙的女士，帮助她翻越栅栏。某牧师严令禁止女性穿着霍布裙到他的教堂，因为它们是“行走的气球”，看起来“神神叨叨”，是被“上帝抛弃的穿着”；另一位牧师却恰恰相反，宣称霍布裙是“好太太”的

6. 纽约百老汇大街，一位女士正在跨上公共汽车，台阶高19英寸；1913年7月11日；国会图书馆（Library of Congress），摄影：George Grantham Bain

象征，因为“对时尚表现出极大兴趣的女性一定是教区里最棒的女性”[44]。这些道德家们你争我辩，还未分出个胜负，媒体报纸就已经摆正立场，报道了多起由霍布裙引发的跌落事故。对于霍布裙女士而言，公共汽车的台阶是最难翻越的障碍之一。这张1913年的照片（图6）显示，早期的公交车台阶高19英寸，纽约警察局的一位警员汤普森（Thompson）中尉曾不得不连续两次帮助一位尴尬的女士登上汽车，因为她在登车时“总是上不了那道门”。中尉之前还没留意过这种1910年的新时尚，于是给上不了车的女士一把小刀，让她把裙子割道小口子，便于活动，谁知却惹得女士怒火中烧，说中尉是个“地痞流氓”。中尉的同事在一旁乐不可支，给他递了本女性时尚杂志，上面画着霍布裙，同事还用红笔在上面画了个圈[45]。事实上，笑到最后的应该是霍布裙女士：两年后，纽约公共交通部门在市面上投入了一种新型公车——霍布裙车，汽车中部设门，没有台阶，无须提裙上下（图7）[46]。可以说，城市交通不得不考虑时尚女士的需求，对公共汽车进行了改良，无意中造福了大众。

然而，事故仍然屡见不鲜：女演员伊娃·斯图尔特（Eva Stuart）下出租车时摔倒，头撞上了人行道；一位名叫E.凡·卡泽恩（E.Van Cutzen）的女士“走下她的轻便电动小车（发明于1903年）”时，发生了类似的事故[47]。在两位巴黎女士下出租车摔断腿的事故发生之后，巴黎“男装制衣”和“伟大的设计师们”宣布：霍布裙“奇形怪

▲7.1912年4月，百老汇大街，新的“霍布裙车”投入使用；图片见于1914年的明信片；作者私藏

状”，它是“来自大西洋彼岸”的“危险的恶魔”[48]。遗憾的是，巴黎的高端时尚杂志，如《轻声细语》等，仍为霍布裙留有一席之地，上述反对的声音就这样被淹没在杂志绚烂的插画中。撇开霍布裙的发源地不谈，这种裙子确实非常紧，往往使女性在危险来临时难以逃脱。一位名叫萨拉·H.克里斯托夫(Sarah H.Christopher)的女士，也就是那位著名的“救火女警”，告诫女性工人，要学会“从她们的织布机和缝纫机上一跃而起，勇敢地向上向下爬，避开令人眩晕的火光逃生”[49]。1911年，三角女衣厂火灾事件发生，这场无情的大火夺去了146位纽约制衣工人的生命。事故发生后，社会意识到，工厂应该适当进行火灾演练。1913年，工人阶级也穿上了霍布裙，用于搭配的还有法式高跟鞋和廉价的礼服裙[50]。但在克里斯托夫女士看来，霍布裙是“极端”的“怪”裙子，她警告制衣工人，“如果有一天，烟火四起，后面还有其他女孩在不停地推你，而你的膝盖又被那条窄窄的裙子箍得迈不开腿，一旦需要你从窗口往下爬，那种恐惧，真是说都说不出来。而且，这关系到的不仅是你一个人的生命，还有你身后所有女孩的生命，那些

人可能被你绊倒，压在你身上，然后堵住这条生路。” 她还说，发生危险时，女孩们，你们完全不要管什么礼仪仪态，“当人们的生命受到威胁时，才不会有人注意你的腿是怎么迈的呢。宁愿有条能逃离火灾的腿，也好过成为躺在棺材里的尸体” 。机械时代事故频发，人们被服饰缠绕捆绑，致伤致残。提到服饰，一些人渴望紧跟时尚，另一些人强调能跑能动。尽管人们为此争论不休，我们却不得不说，时尚的力量如此强大，在款式与实用的拉锯战中，实用性一路败北，至今仍未翻身。

注释

1 Mary Desti, *The Untold Story: The Life of Isadora Duncan 1921–27* (New York: Horace Liveright, 1929), 26. Desti later admitted that because she was leaving for a sexual encounter she actually exclaimed, "à l'amour!" or "to love!" and not to glory, but that she did not want to print Duncan's actual last words.

2 A 1927 Amilcar that shows this seat configuration and how close the passenger seat is to the spoked wheels is reproduced here: http://www.the-blueprints.com/blueprints/cars/various-cars/52131/view/amilcar_cgss_%281927%29/.

3 "Isadora Duncan meurt victime d'un singulier accident," *L'éclaireur de Nice et du Sud Ouest* (September 15, 1927), 1.

4 Irma Duncan, and Allan Ross MacDougall, *Isadora Duncan's Russian Days and Her Last Years in France* (New York: Covici-Friede, 1929), 354; Jean-Pierre Liausu, n.t. (September 18, 1927), in "Dossier d'Artiste Isadora Duncan," *Arts et Spectacles*, BNF.

5 "Isadora Duncan, Dragged by Scarf From Auto, Killed," *The New York Times*, September 15, 1927, front page, Proquest Historical Newspapers.

6 New York Public Library, Irma Duncan Collection, MG-ZMC-RES 23.

7 I have not been able to track down the buyer. "Buys Fatal Duncan Shawl," *The The New York Times* (October 29, 1927), 3, Proquest Historical Newspapers.

8 "The People History: 1920s Collector Cars" (September 13, 2013). http://www.thepeoplehistory.com/20scars.html.

9 Duncan and MacDougall, *Isadora Duncan's Russian Days*, 352.

10 "Du nouveau toujours du nouveau," *Chemiserie, lingerie, bonneterie, revue professionelle de l'élégance masculine et féminine* (August 1927), 23–24.

11 Mary Desti, *Isadora Duncan's End* (London: V. Gollancz, 1929), 240.

12 Barbara Baines, *Fashion Revivals* (London: B.T. Batsford, 1981), 175.

13 For a detailed description of these émigrés, see Alexandre Vassileu, *Beauty in Exile: The Artists, Models, and Nobility who Fled the Russian Revolution and Influenced the World of Fashion*, (London: Harry N. Abrams, 2000), 145.

14 Desti, *Isadora Duncan's End*, 335.

15 Desti, *Untold Story*, 197–98.

16 Ibid., 275.

17 "No People Like Show People: Isadora Duncan." *Theatre of Fashion* blog (November 17, 2010). http://theatreoffashion.co.uk/2010/11/17/no-people-like-show-people-isadora-duncan/.

18 John C. Burnham, *Accident Prone: A History of Technology, Psychology and Misfits of the Machine Age* (Chicago: University of Chicago Press, 2009), 2.

19 Ibid., 15.

20 *The New York Times* (September 15, 1927), 4.

21 P.A. Gowens et al., "Survival from Accidental Strangulation from a Scarf Resulting in Laryngeal Rupture and Carotid Artery Stenosis: The "Isadora Duncan Syndrome," *Emergency Medicine Journal* 20, no. 4 (2003), 391–93.

22 Karl Figlio, "What is an Accident?," in *The Social History of Occupational Health* (London: Croom Helm, 1985), 189.

23 Jamie Bronstein, "The Paradox of Free Labour," *Caught in the Machinery: Workplace Accidents and Injured Workers in Nineteenth-Century Britain* (Stanford: Stanford University Press, 2008), 97–124.

24 Ibid., 72.

25 Steven Gunn, University of Oxford, Faculty of History, Everyday Life and Fatal Hazard Project, "Everyday Life and Fatal Hazard Discovery of the Month," August 2011, http://www.history.ox.ac.uk/research/project/everydaylife/discoveries.html. Web. Accessed June 18, 2014.

26 Archives Départementales, Besançon, M. 2480 Gendarmerie, 7e Légion Compagnie du Doubs, Arrondissement de Pontarlier.

27 Bronstein, "The Paradox of Free Labour," 107.

28 In Barbara Harrison, *Not Only the Dangerous Trades: Women's Work and Health in Britain, 1880–1914* (Milton Park: Taylor & Francis, 1996), 59.

29 Cited in Bronstein, "The Paradox of Free Labour," 63.

30 Hugh Trevor-Roper, "The Invention of Tradition: the Highland Tradition of Scotland," in *The Invention of Tradition*, eds. Eric Hobsbawm and Terence Ranger (Cambridge: Cambridge University Press, 1983), 19–20 (pp.15–42).

31 Trevor-Roper, "The Invention of Tradition," 22.

32 Jonathan Faiers, *Tartan* (Oxford: Berg, 2008), 79.

33 Joanna Berzowska, "Electronic Textiles: Wearable Computers, Reactive Fashion, and Soft Computation," *Textile: The Journal of Cloth and Culture* 3, no. 1 (2004): 58–75.

34 See John Styles, *Dress of the People: Everyday Fashion in Eighteenth-Century England* (New Haven: Yale University Press, 2008); *Accessories to Modernity: Fashion and the Feminine in Nineteenth-Century France* (Philadelphia: University of Philadelphia Press, 2010), 13.

35 Andrew Bolton, *Men in Skirts* (London: V & A, 2002); Patricia Cunningham, *Reforming Women's Fashion*, 1850–1920 (Kent: Kent State University Press, 2003); Gail Fischer, *Pantaloons and Power: Nineteenth-Century Dress Reform in the United States* (Kent: Kent State University Press, 2001).

36 F.W. Harberton, "A Plea for Dress Reform," *The Queen* 68 (July–December 1880): 332. See also Kimberly Wahl, *Dressed as in a Painting: Women and British Aestheticism in an Age of Reform* (Durham: University of New Hampshire Press, 2013).

37 Marlis Schweitzer, *When Broadway Was the Runway: Theater, Fashion, and American Culture* (Philadelphia: University of Pennsylvania Press, 2009), 143.

38 "'The Hobble' is the Latest Freak in Woman's Fashions," *The The New York Times* (June 12, 1910), SM10.

39 "Satirizing the 'Hobble' Skirt," *The New York Times*, September 4, 1910, p. C2.

40 *The The New York Times* (June 12, 1910), SM10.

41 Charlotte Perkins Gilman, "The Principles Involved," Chapter 3 in *The Dress of Women: A Critical Introduction to the Symbolism and Sociology of Clothing* (1915), eds. Michael Hill and

Mary Jo Deegan (Westport, CT: Greenwood Press, 2002), 34.

42 "Victim of Hobble Skirt," *The New York Times* (September 13, 1910), 1.

43 "Hobble Skirt Caused Her Death," *The New York Times* (September 1, 1911), 1.

44 "Hobble Skirts Barred," *Washington Post* (September 17, 1910), 6; "Defends Hobble-Skirt Girl," *Washington Post* (October 10, 1910), 9.

45 "Hobble Skirt Tripped Her," *The New York Times* (July 21, 1910, 3).

46 "New 'Hobble Skirt Car,'" *The New York Times* (March 20, 1912), 2.

47 "Hobbled by Hobble Skirt," *Globe and Mail* (July 23, 1910, 1); "Injured in 'Hobble' Skirt," *The New York Times* (August 5, 1910, 1).

48 "Hobble Skirt Is American," *The New York Times* (August 14, 1910); "Paris Hoots Hobble Skirt. Directors of Fashion Calmly Blame America for It," *Washington Post*, August 28, 1910.

49 "Perils of Hobble Skirts. Friend of Working Girls Says They Block Escape from Burning Buildings," *The New York Times* (August 8, 1913), 4.

50 Nan Enstad, *Ladies of Labor, Girls of Adventure* (New York: Columbia University Press, 1999).

第六章
燃烧的布料：蓬蓬裙和裙箍

"舞者冲向那道火墙：火墙之外，是真实的世界，而她被困在火墙内的理想世界中。她那仙气飘飘的雪白舞裙轻扬，像鸽子的翅膀一样，扑腾着想要起飞。煤气喷嘴张牙舞爪地吐出蓝白色的舌头，一口一口舔着轻薄的布料。不一会儿，女孩被火焰包围。再一瞬间，在一团红光之中，她像萤火虫一样起舞，然后突然冲向舞台两翼：疯狂、恐惧，被燃烧的舞蹈服活活吞噬。"

——泰奥菲尔·戈蒂埃（Théophile Gautier），《凶兆》（*Jettatura*），1856年[1]

戈蒂埃的描写抓住了芭蕾舞者生命最后一刻的美丽与恐惧。虽然这出死亡之剧纯属虚构，类似的场景却贯穿19世纪的现实舞台。英国芭蕾舞演员克莱尔·韦伯斯特（Clare Webster）的悲剧，是本章的灵感之源。1844年，竹瑞街剧院，韦伯斯特的舞蹈服突然着火，当时，她正扮演一位皇家奴仆得莉卡（Zelika）。讽刺的是，起火时，台上的舞者们正在皇宫浴室中"向对方泼水嬉戏"[2]。一束束灯光打在舞台上，象征浴室中的水。灯光打在裙子上，没有任何防护措施，韦伯斯特的裙子被高温点燃，其他的芭蕾舞者惊恐万分，深恐烧到自己，根本想不到办法解救她。随后，戈蒂埃执笔，将韦伯斯特的死亡讣告发布在巴黎的报纸上，"之前有传言说，她有可能恢复如初，但她漂亮的头发在红色的两颊旁燃烧，美丽的身影如今面目全非。所以，死亡对她来说，其实再好不过"[3]。这段讣告听起来没心没肺，但一读到它，舞台上如梦似幻的美好立刻消失，变成种种危险与隐患，勾勒出女演员们苦苦忍耐的现实。维多利亚时代，大部分的媒体一次又一次地着墨渲染事故的恐怖细节，验尸人员反而因此惊叹，这位可爱的芭蕾舞演员的尸体"居然可以在那么短的时间内变形得如此厉害。尸身大面积烧伤，放进棺材时，一些部位的肉从抬尸人的手边掉落下来，当然，也就没办法给死者穿上衣服。"验尸官把韦伯斯特的死定性为意外事故，并不因此问责剧院的服务人员，尽管事实上，韦伯斯特着火后无人施救，舞台两翼的防火水桶中无水——剧院里当时有的不过是舞台上布置的土耳其浴室背景："喔！苦涩的嘲弄——附近居然没有一滴水！[4]"

➤1. 机制真丝网纱裙，雪尼尔丝刺绣，配有手工缝制的真丝缎带；约1810年；©V&A博物馆，伦敦

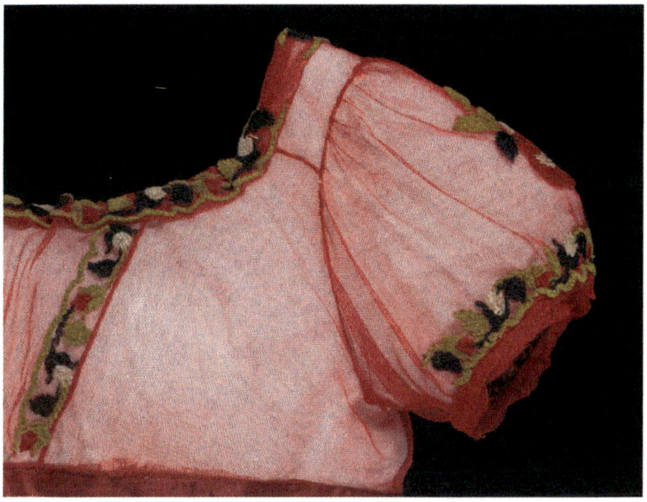

克莱尔·韦伯斯特的事故不过是沧海一粟。18世纪至19世纪早期，贸易、政治、社会和技术领域的变革对男女的穿着带来了质的改变。男性服装以暗色为主色调，常见“大众化的”黑色套装，上流社会女性的服装颜色较以往浅。女性的新“战袍”——白色的“帝国”袍，与男性套装相比，从视觉、意识形态和材质上给人以明显对比，进一步强化了男女之间的性别差异[5]。18世纪的后20年间，服装较以往略显随意。此前衣料多用绸缎，料子重、不易燃，18世纪后期却被时尚的精纺白色棉布取代，这种棉布源自印度，它的流行与照明技术的革新密切相关：18世纪的时尚偏好闪光面料，因为这类面料在蜡烛的照射下星星点点，妙不可言。随着19世纪早期更为明亮的光源，包括汽灯的发明，时尚对衣料的视觉效果有了截然不同的追求。汽灯照亮了工厂、街道、店铺，1817年起甚至登上了伦敦竹瑞街剧院和科芬园剧院的舞台。为了在汽灯下营造出轻盈、朦胧的效果，女舞者们将身体裹进薄如蝉翼的布料中，周身好像发着白光，似乎能够伴随燃气，一起在空气中舞动、挥发。

工业革命后的世界污浊不堪，在世人看来，精纺的白布代表纯粹、神圣、经典和理想，虽然事实上，这种布料看起来有点透明，把它披挂上身，纯洁的“女神们”反而有了一些性感魅惑。创造这种看似“大众民主”的形象，其实所费不菲，需要耗费大量人力物力财力。它的背后，隐藏着深深的罪恶。18世纪晚期至19世纪早期，南美洲的种植园里，黑人奴隶为了日益扩大的棉花需求，不眠不休地工作[6]。原材料进口至英国后，妇女儿童又守在危险的磨坊里，在四处飞舞的棉絮和粉尘里，夜以继日地工作，将棉花纺成棉布。最后，大批洗衣工人出

动，洗净肮脏的原布，再在上面刷上淀粉，这样的棉布才能做出硬挺洁白的衬衣和衣领。在这幅丑恶的画面中，淀粉似乎没什么大罪，但别忘了，它可是用粮食，也就是玉米和小麦做出来的。可以说，早些年间，这种时尚需求就是从穷人口中夺食，省下穷人口中的粮食，给富人穿在身上。1800年，英国明令禁止生产小麦淀粉；1812年又再次下令。1800年，普雷斯顿市的教区牧师，因为在这个"英格兰黑暗恶魔磨坊的心脏地带"工作，直言淀粉是罪恶之源。他说"(越来越)多的小麦被这个国家的棉布工厂和棉布采购消耗，就为了把它搬上织布机，而不是作为食物让本地居民果腹"[7]。从原材料到成品，整个制作过程中，处处隐藏着棉布对人类的伤害。

这种看似"不俗"的俗物，虽然洁白如新、一尘不染，让穿上它的时尚女性一个个飘飘若仙，但它的每一尺每一寸，都沾染着无数奴隶、磨坊工人、洗衣工人备受折磨的印记。无数设计制作布料的技术人员，绞尽脑汁，试图创造出棉布最美的形象，它们有的"是闪着银光的纤维，就像为女王打造的布匹，美妙绝伦，或是轻盈飘逸，仿佛摸不着碰不到，是空气精灵的专属美衣"[8]。里程碑之一是机制蕾丝，此前纯手工蕾丝价格高得离谱。1809年，约翰·希思科特(John Heathcoat)设计制作出当时最复杂的纺织机，并申请专利[9]。希思科特的六角网眼纱机是世界上第一台可以用来织制丝制及棉制"蕾丝"，也就是六角网眼纱的机器，现代人称这种面料为"绢网"，意即薄纱。1810年左右，在英国用大幅薄纱制作的礼服裙上，还会用真丝的绳绒丝或是更加华贵的银线或金线手工刺绣，就像法国皇后约瑟芬穿的那一条一样(图1)。

尽管很美，这种蜂窝状的六边形织纹薄纱却能够瞬间燃烧。火焰文化历史学家史蒂芬·J.派恩(Stephen J.Pyne)把工业革命称为"火焰的第三个年代"，历时200年，其开始的标志为内燃机的发明使用，使人类可以有效利用火能[10]。内燃机的使用降低了人类对"无法控制"的火焰的忍耐程度，尤其是医疗、科学及工业文学领域，简直见不到"火焰"和"燃烧"的身影。19世纪早期，医生警告说当时的裙子非常危险："年轻女性，因为服装的样式，加大了遇到火灾事故的危险。但她完全意识不到这种风险，反而不管不顾地接近火源，于是，不过一秒，她就发现，自己已经被大火团团包围了[11]。"早在1799初，伦敦某电工J.凯托(J.Cato)就曾为他设计的电线防护装置和护栏做广告，卖点为"防止火灾事故的发生"。他说，自己的产品能够"彻底阻止火星四溅，从而杜绝房间的火灾隐患"[12]。另有相关人员随后观察到，"任何形式的棉都是火种，但是，棉布长裙使用的棉比羊毛和棉的混纺面料更易燃，因为前者属于精纺面料，又轻又薄，就像昆虫的翅膀，也可以说是像任何轻薄的，甚至无形的物质。因此，当前流行的女性着装，增加了穿着者烧伤致死的风险"[13]。

历史上有过男性无意中点燃自己的记

▲2.波利娜·梅特涅公主（Princesse Pauline Metternich）肖像，公主身穿薄纱礼裙；弗朗兹-艾克塞瓦·温特哈尔特；1860年；©世界艺术复兴中心（Art Renewal Center）—www.artrenewal.org

载。男性们常把点燃的或是未完全熄灭的烟斗放在口袋里，于是引发火灾，又或者是一不小心把胡子点着了[14]，但男性的衣着本身，从未有过如女性衣着一样的不安全因素，不论是样式还是材质。

尽管上述危险众人皆知，薄纱仍被广泛用于晚礼服的制作。这类礼服的辅料一般也是类似的面料，如真丝、精纺棉纱，以及一种相对比较粗糙的棉纱——塔勒丹薄纱，英文称为“tarlatan”或“tarlatane”。早期的薄纱和塔勒丹棉纱往往为多层面料，用淀粉进行处理[15]，以增加布料的坠性、降低透明度。但是淀粉为碳水化合物，会快速碳化，用它处理的面料更加易燃。另外，水洗使塔勒丹棉纱不再硬挺，“啪地摊成一堆”，因此每次洗涤后，都需用淀粉对面料进行再次处理。正如《女性宝库》(*Ladies' Treasury*)杂志在1860年所写的一样，“对年轻人来说，没有任何礼服裙，比有着层层叠叠的荷叶边的白色塔勒丹裙更优加雅。同时，要想达到真正优雅的效果，荷叶边必须用绢纱制作，才能有更好的褶边和飞舞之感”[16]。1860年，宫廷画师弗朗兹-艾克塞瓦·温特哈尔特为波利娜·梅特涅公主绘制了一幅肖像画。这位公主一向以出色的衣着品位而出名，图2中公主身穿的礼服裙可以说是薄纱礼裙的顶峰之作。画面上的公主袒胸露肩，凝眉而视，眉色间别有一股诱人的风情。她的肌肤像奶油一样，圆润的珍珠和朵朵玫瑰点缀其上。但是，这幅油画的经典之处，还在于公主周身散发的天使之光：因为她被一层层薄纱包裹，就像有层层光晕将公主包围其间。

本章的第一部分，将重点讨论芭蕾舞裙是如何进入人们的视线，最终成为浪漫的芭蕾舞蹈的“制式”着装。但是，这种“优雅”将舞者暴露于舞蹈大厅的种种危险之中，其中，火灾作为芭蕾舞团的高发事故，几乎每天都有发生。接下来，本章将把视线移向“裙箍”的大规模生产之中，这种巨大的由不锈钢丝制成的裙子支架，在18世纪五六十年代广为流行。一直以来，宽大的裙子都是道德家们抨击的对象，但是“笼子一样的裙箍”带来的不仅是道德问题，在都市化的环境中，它还是引发事故的安全隐患之一。这些事故，被憎恶女性的部分媒体大肆渲染，极尽夸张之能事，只因它们不满女性越来越多地出现在公众的舞台上[17]。事实上，我们很难理解，这样一种极端夸张的裙式，为何会在几十年间盛行，被社会各个阶层的女性所接受。在当时，只有穷人，或是四处流浪的波希米亚人才不穿箍裙。且不论过去人们如何看待这种服饰，我们不妨问问自己，现代女性中，有几位愿意不穿轻便的内衣，而是靠着几根钢丝内撑出门？没有身材不说，身体也得不到保护。但是，我们不难看到，小女孩们仍把芭蕾舞裙和公主裙当作最美的装扮；“摩登的”新娘也总是身着白色的、层层叠叠的“蛋糕”纱裙。这些裙装，其实正是当年的含裙箍的晚礼服的变形。虽然不再是日常衣着中的一员，但是纱裙，在当代女性的心目中，仍然具有极其重要的地位。所有的梦幻与期盼，都来源于当年的理想装扮——那条绢纱织就的浪漫的芭蕾舞裙。

舞台服装如此危险，19世纪的剧院因此成为火灾的高发地，夺去了许多人的生命。据记载，1797年至1897年，全世界约有1万余条生命葬身于剧院的大火中；另有记载显示，1877年前，共有516间剧院发生火灾事故[18]。大部分的起火点为舞台，观众嘴里的香烟或其他有毒气体往往加重火势，因此，当时的媒体总把各种演出称为“走向坟墓的门票”[19]。尽管不时有观众或演职人员陷入火海，舞者们身穿的服装，仍是用最易燃的面料制成。之所以悲剧频发，是因为这些舞蹈演员社会地位低下，投诉无门，尽管工作条件极其危险，也无力做出改变。事实上，这些“贫穷的精灵”们，往往四处托人，争取得到危险的吊钢丝飞舞的机会，因为这个角色可以帮他们多挣几个钱[20]。19世纪的芭蕾舞演员，属于体力劳动者，只需看看他们所受的严苛训练，再看看他们超常的耐痛力，就可以知道我所言非虚。

少数女演员被筛选出来，成为国际知名的芭蕾舞明星，但是大部分的舞者来自贫穷的工人阶级家庭。芭蕾舞圈子里公开的秘密是，年轻的舞者，即便是在最高级的舞团工作，如巴黎歌剧团（Paris Opéra），也吃不饱穿不暖，需要加班加点，卖淫为生。她们的父母，为了增加家庭收入，将女孩儿卖给剧团。由著名的建筑大师查尔斯·加尼叶（Charles Garnier）设计建造的“巴黎歌剧院”中，有一个特殊的包厢，名为“舞蹈之家”，其实就是专供有钱的男人们，也就是剧院的金主们“赏鉴”年轻芭蕾舞者的地方。他们睁着色眯眯的眼睛，挑到合适的就可以付钱玩乐[21]。

尽管社会地位低下，往往沦为男人的玩物，年轻的女孩儿在浪漫的芭蕾舞服，尤其芭蕾舞裙的映衬下，变得空灵而神圣。19世纪早期，芭蕾舞技艺达到了新高，为了跳得更高，舞得更轻盈，舞者们需要一种更加轻巧的服装（图3）。于是，芭蕾舞裙问世。芭蕾舞裙让舞者的双腿不受束缚。层层白色的轻纱让普通的人类女孩变得像精灵一样，挥舞着翅膀；或者像蝴蝶，穿着特制的舞鞋，轻点脚尖，在地面上轻快地跳跃。1832年，玛丽·塔廖妮（Marie Taglioni）主演芭蕾舞著名曲目《仙女》（*La Sylphide*），奠定了芭蕾领域的审美基调，人称“白色芭蕾”（ballet blanche）。从那时起，“纯白的绸子和薄纱被层层叠叠地堆在裙子上”（图4）[22]。不幸的是，因为舞美和服装占据的比例越来越重，完全超越了这项工作的实际需求，舞蹈演员的双腿，不仅被暴露在观众的视线之内，也被暴露在舞台上的汽灯吐出的火焰中，也就是加尼叶所说的“火舌”的范围之内。当时舞台灯光设计的重点之一，就是“照亮舞者的双腿”[23]。注意，剧院经理和服装设计师，之所以要求芭蕾舞演员穿得如此“危险”，都是为了吸引男性观众的视线。毕竟，有钱的男性观众，是贴补女演员微薄收入的主要“赞助商”。

众人对纱裙追捧的后果是：一场致命事故夺去了6位芭蕾舞演员的生命，其中4位为同胞姐妹。她们“天资聪颖、国色天香”，来自盖尔一家（图5）[24]。1861年9月14日，1 500名观众济济一堂，在费城的大陆剧院欣赏莎士比亚的作品——《暴风雨》（*Tempest*）。后台更衣室内，塞西莉亚·盖尔小姐（Cecilia Gale）（一说泽里亚·盖尔小姐）站在长沙发旁，准备拿演出服，谁知她身上突然起火，亲爱的姐妹们和其他几位舞者冲上前去，试图挽救她的性命，却把自己也困入了火海之中。惊恐之下，几位舞蹈

▲3.浪漫的芭蕾舞裙，著名编导福金（Fokine）的芭蕾舞剧目《仙女》演出服，“佳吉列夫芭蕾舞团”（Diaghilev Ballet），1909年；仙女服的上半身由纯白网纱构成，袖子也由网纱做成，宽松，形似帽子，裙摆为层层叠叠的网纱，后背缝制了一对小翅膀；©V&A博物馆，伦敦

▲4.玛丽·塔廖妮主演《仙女》，平版印画，手绘彩图；艾尔弗雷德·爱德华·沙隆（Alfred Edward Chalon），约1840年；©V&A博物馆，伦敦

▲5. 大陆剧院芭蕾舞演员起火细节图，1861年9月14日；“芭蕾剧团之火” 选自《弗兰克·莱斯利的新闻插图集》（*Frank Leslie's Illustrated Newspaper*），1861年9月28日刊，312–13；©美国狄金森学院分庭工程（House Divided Project at Dickinson College，USA）

演员从二楼的窗户中跳了出去，跳落到下方的鹅卵石路面上。汉娜·盖尔（Hannah Gale）小姐因此严重摔伤，头部背部严重受损。1868年，英国医学杂志《柳叶刀》就此事发表评论文章《芭蕾舞女孩大屠杀》（The Holocaust of Ballet-Girls）。题目中用到的单词“屠杀”（holocaust），现代用语中其意义基本等同于“Sohah”，也就是“浩劫”。但是“holocaust”更多地用在由火灾导致的死亡事故中：因为本词的希腊语词根为“holo-caustos”，意思是“整个儿烧起来”。《柳叶刀》认为，“每种行业自有其风险，要么就是特殊职业病：矿工的肺、女仆的膝盖、漆工的疝气、油漆匠的腕垂症（因铅中毒引起），现在还得加上芭蕾舞女孩的火灾”，都怪“又轻又薄”的演出服。这本医学杂志还刻意着笔，痛斥剧团经理的悭吝贪婪，因为这波人愿意花大价钱增加舞台效

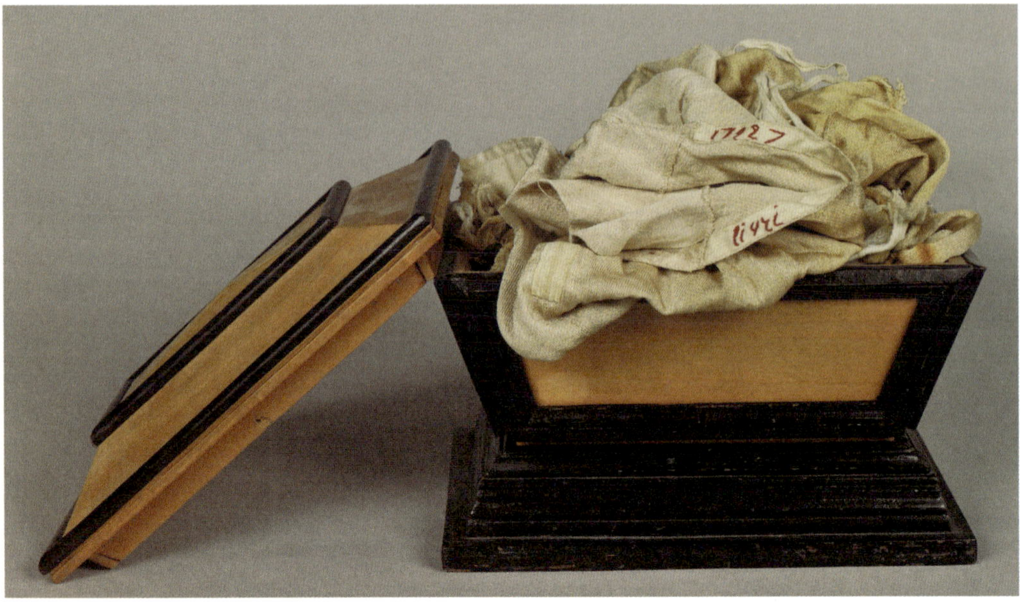

▲6.爱玛·丽弗瑞(Emma Livry)演出服残片,保存在一具小型的木棺中;巴黎歌剧院博物馆图书馆收藏,现存于法国国家图书馆

果,却拒绝花钱保护自己的舞者[25]。

19世纪著名的舞台“浩劫/大屠杀”的导火索——一件破破烂烂的芭蕾舞裙,看上去很无辜,它没被大火付之一炬,留下了些许残余,此刻正缩成一团,躺在一具微缩木棺中,被保存在巴黎歌剧院博物馆(图6)。这些“被烧焦的布条”“被当作文物一般珍藏”,它曾是芭蕾舞明星爱玛·丽弗瑞的演出服。1862年11月15日,由于演出服起火,爱玛被重度烧伤[26]。丽弗瑞本名爱玛·丽弗罗特(Emma Livarot),是一位法国男爵的私生女,后成为巴黎歌剧院的舞蹈演员(图7)。那位贵族父亲在情人生下爱玛后,就抛弃了她们母女。后来,爱玛的母亲成为当时有头有脸的费迪南德·德·蒙特吉翁子爵(Vicomte Ferdinand de Montguyon)的情人。在子爵的供养下,丽弗瑞凭借在舞蹈方面的天赋,成为芭蕾舞界的一颗新星,作为巨星塔廖妮的继任者,丽弗瑞成为浪漫主义芭蕾舞的新生代表。1858年,年仅16岁的丽弗瑞在巴黎歌剧院首次登台,出演著名舞剧《仙女》的主角。当时,法国的国王王后前来为她祝贺,著名摄像师费利克斯·纳达尔(Félix Nadar)为其拍照,在后来的无数诗歌和雕塑作品中,丽弗瑞的形象得以永存。几年后,作曲家雅克·奥芬巴赫(Jacques Offenbach)特意为丽弗瑞谱曲,并由玛丽·塔廖妮亲自设计舞蹈动作,成就了著名的作品《蝴蝶》(*La Papillon*)。这部作品就像是丽弗瑞的死亡预兆。在这部剧中,

▲7.玛丽-亚历山大·阿洛（Marie-Alexandre Alophe）手绘彩色石版画：爱玛·丽弗瑞在赫库兰尼姆古城，Auguste Bry印制，约1860年，巴黎；Dame Marie Rambert捐赠，V&A博物馆，伦敦

丽弗瑞扮演法尔法拉（Farfalla），这个角色是整部作品的精髓，开始是一个女孩，然后变成了蝴蝶，被火吸引，“飞蛾扑火”般投向火焰之中，脆弱的翅膀被火焰灼伤[27]。受伤的法尔法拉跌进了王子的臂弯，王子的吻把这只昆虫重新变回人类女性。

1859年11月27日圣谕下达，责令所有剧院必须使用让-阿道夫·卡尔特龙（Jean-Adolphe Carteron）的新技术，确保其设施及服装具有防火性[28]。然而，舞蹈演员们却联合发声，要求保留穿着芭蕾舞纱裙的权利，尽管他们知道这种裙子有多么的危险。事实上，这种新型技术不过是当年众多的化学技术革新中的一员，利用明矾、硼砂或硼酸溶液处理纤维制品后，使其具备防火的性能。但是，这种“硬皮包装技术”（carteronnage）也有不小的问题：它会使布料泛黄、僵硬且没有光泽[29]。丽弗瑞拒绝穿着这些难看的“硬皮”演出服。她不希望自己看起来像个下苦力的，于是给剧团导演写信（时间为1860年）。她写道，“我坚持，先生，在每次首演时穿着普通的芭蕾舞裙，所有责任由我一力承担[30]。”她给自己签了张死亡证书[31]。然而，丽弗瑞的死也没有改变舞蹈演员们对硬皮包装技术的厌恶。丽弗瑞死后，有人还发出了这样的呼喊，“该死的！如果被烧死，不过是一晚上的事儿，可要换成丑裙子，那就是每天晚上都要忍受痛苦啦！”另外一位芭蕾舞主演阿玛莉亚·费拉里斯（Amalia Ferraris），同样拒绝穿防火裙，她公然宣称，“不！我宁愿像爱玛·丽弗瑞一样被烧死！”

丽弗瑞的确被烧着了。舞剧《波尔提契的哑女》（*La Muette de Portici*）带妆彩排时，丽弗瑞扮演了一位那不勒斯的农家女孩儿费妮拉（Fenella）。休息时，她的芭蕾舞裙突然着火：因为不想把裙子压皱了，入座时，丽弗瑞把裙子厚厚的下摆提了起来，高举过头顶，结果一不小心掀起一阵风，扇得舞台角落的汽灯燃得更猛了。灯光直射到丽弗瑞的芭蕾舞裙上，过高的热度迅速点燃了裙子，一下子窜起四五米高。丽弗瑞跑上舞台，发出惊恐的尖叫声，气流带动火势变得越来越猛——按在场人员的原话来说——她变成了“一根火柱”。《插图世界》（*Le Monde Illustré*）杂志的一张插画准确地还原了此次事故发生时的场景（图8）。痛苦和恐惧之中，丽弗瑞避开了舞美工作人员伸出的一只救援之手，或许是因为害羞——显然当时她早已来潮，不再是个懵懂的小女孩了[32]。当时在岗的一位消防人员拿着一床毯子，冲上前去，扑灭了丽弗瑞身上的火，但丽弗瑞已经重度烧伤，全身烧伤面积至少40%。在忍受了8个月的极度疼痛之后，医学再也帮不了她。1863年，丽弗瑞离开了人世，年仅21岁[33]。

焦黄的演出服碎片“活”了下来，成为原主人惨死的见证（图6）。它们缩在一个小木头盒子里，盒子被刷成了黑色，意味着送葬。丽弗瑞的老师卡罗琳·多米尼克·韦内托扎（Caroline Dominique Venetozza）夫人，自丽弗瑞11岁起一直伴她左右，她把这些衣

▲8.爱玛·丽弗瑞火灾事故图；《插图世界》（1862年11月29日刊）钢版雕刻；© 卡纳瓦雷博物馆（Musée Carnavalet/Roger-Viollet）

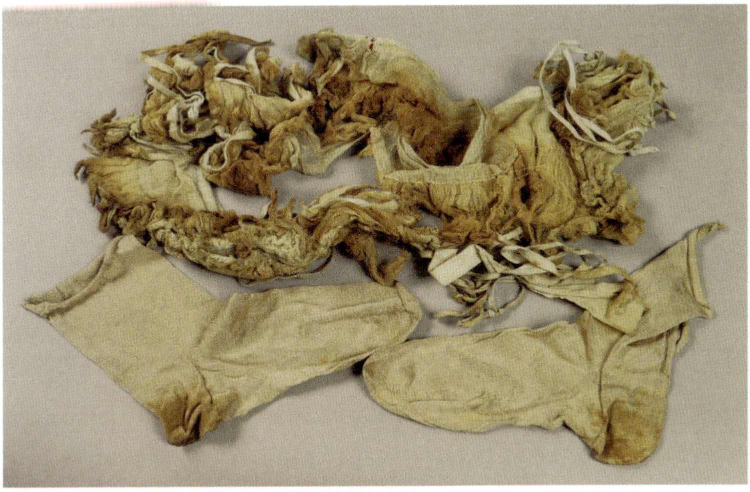

▲9.丽弗瑞演出服残片（火烧后布料焦黄）；巴黎歌剧院博物馆图书馆收藏，现存于法国国家图书馆

服的残片收集起来，以示纪念。这位夫人的丈夫随后将其捐赠给巴黎歌剧院的博物馆。据不完全统计，至少从1887年开始，博物馆一直展出这些残片，直到20世纪初[34]。从残片上可以看出，服装的腰带位置绣着一排红色的字，是丽弗瑞的名字Livri(错误拼写，本应变I为Y)，还有五个数字，看起来有点像17927。我查找了巴黎歌剧院图书馆的档案，证实这是爱玛·丽弗瑞专用衣柜的号码，代表的意思是"pantalon tricot soie chair"，也就是"颜色鲜艳的丝绸紧身衣或裤子"。

图9照片里的也是丽弗瑞的演出服，同样装在盒子里，但略显凌乱，非常不容易辨认，但这些残片应该是内衣的一部分[35]。泛黄的薄棉纱应该是吊带衫，负责撑起一层层的裙摆，使裙子既有坠性又有型。丽弗瑞生前定制了十条棉质内裙，也就是芭蕾舞专用"罩衣"，均被缝制成这种吊带衫。事实上，演出服记录显示，主演那不勒斯女孩儿时，丽弗瑞上身穿一件红色天鹅绒制紧身胸衣，下身着金蓝黄三色的塔夫绸裙子，裙子上缀有丝带。这身鲜艳的外裙被大火烧成了灰烬。但在图9中，我们仍可以模模糊糊地看到，紧身内衣膝盖处有被烧焦的洞眼，洞眼边上还有黑色的烟渍，那就是真丝外裙的灰烬[36]。或许是为了帮助丽弗瑞脱掉演出服，长筒袜被分成了两段。腿部和主裙连在一起，短袜被单独放在一旁。紧身胸衣的衣骨和丽弗瑞的皮肉粘成了一团，因此不得不一根根地取下来，这个过程一定痛苦非常。拉博里（Laborie）医生——丽弗瑞事故发生后会诊的医生之一，详细描述了丽弗瑞是如何被"带回自己的化妆间，然后被想尽办法，脱掉烧成一团的衣服。"整套演出服中唯一剩下的就是"一片腰带、一包破布，一双手就能握住"[37]。我们可以沿着这些服装的"遗迹"，追寻丽弗瑞所经历的创伤。那件颜色鲜艳的紧身胸衣的衣料边缘为锯齿状，就像被撕裂了一样极不平整，我们的芭蕾舞演员的身体就是从这个位置开始烧了起来，医生不得不反复用柠檬汁消毒，然后割开皮肉，使这块肌肤尽量保持平整，防止皮肤"绷裂"。丽弗瑞不能大喊大叫，"以免打断脆弱的皮肤组织的愈合"[38]。一片薄如蝉翼的轻纱点燃了丽弗瑞，使她惊恐地在生与死的边缘徘徊了八个月。八个月后，她被送往国王的乡村庄园疗养，不幸在转移的过程中皮肤开裂，然后感染，死于血液病变。

这位芭蕾舞演员的死促使防火安全技术的革新。倒置的汽灯被发明出来，剧院可以把它安装在舞台侧翼的水池或大块的湿布的上方，防止高温点燃舞台[39]。1863年，著名的染料化学家尤金·谢弗勒尔（Eugene Chevreul）援引丽弗瑞火灾事故，在行业杂志《环球戴尔》（*Le Teinturier Universel*）上，发布了数种不易燃的薄纱样品，用实例说明纺织业如何做到既使布料具备防火性能，又不像"硬皮包装技术一样""损害斑斓的色彩"（图10）[40]。爱玛·丽弗瑞的死虽然引发了人们的关注，但很少有人想到，对于女性来说，只要有薄纱裙的存在，就意味着潜伏的危险，她们的思想和身体，时刻经受着考

1

➤10.《环球戴尔》(1863年2月1日刊)；主要内容：“不易燃的薄纱”样品，化学家尤金·谢弗勒尔在巴黎某工厂指导制造；©福尔内图书馆/Roger-Viollet

验。当然，烈火只是常见事故的一部分。人们向逝去的芭蕾舞演员表示哀悼，是因为她不过是位无辜受害者。她的死亡是无良的经理和职业危机造成的。可是，在大众的心目中，那些追逐流行、穿着箍裙的女性们，不过是一群自投罗网的时尚呆瓜，她们的危险来自自己和同样身着箍裙的同胞。选择本身就是错误的，因为人人都穿箍裙衬裙，正如医学杂志《柳叶刀》中提到的一样，“嘲讽、斥责，或是对火灾的恐惧，都不能消灭这个危险的时尚怪物”[41]。

易燃的裙箍

“现在，这个国度的每一位女性，上至尊贵的女王，下至厨房的女仆，都穿裙箍，就连三岁的小儿都不能免俗……裙箍带来巨大的商业效应，它不再是伦敦小店里几位职业女性的选择，还走进了冶炼厂、工作间，甚至矿区。就在女人们疯狂追捧时尚单品的时候，

> 男人们正不分老幼，在地底深处弓腰驼背，挥汗成雨，挖掘铁矿。火炉的烈焰和炙热的蒸汽将铁炼成钢，再经过无数精细的流程，将钢铁转化为女性身着的华服。"
>
> ——亨利·梅休（Henry Mayhew），《伦敦商店公司及大不列颠商务贸易和制造》，1865年[42]

裙箍就像个钢铁笼子，北美称它为"圈环裙"。1856年至19世纪60年代晚期，裙箍步入大工业机器生产时代。拿破仑三世（1852—1870）时期，欧仁妮皇后的宫廷中出现了裙箍。这种宽大的裙饰古已有之，但与之前所不同的是，裙箍不再是上流社会的专利[43]。作为技术革新的象征，裙撑成为钢铁时代的代言"人"："清晨醒来，眼前就是令人兴奋的英格兰钢铁时代，这个时代的伟大，甚至可以用美丽的英格兰姑娘的裙装来见证[44]。"标致（Peugeot）工厂的自动生产线，标志着裙箍机器化大生产时代的到来：整个工厂都在制造这种钢铁"笼子"。英格兰的另一家著名的裙箍工厂为汤普森（Thompson）工厂。仅上述两家工厂，1858年至1864年就生产了两千四百吨裙箍，当时全国一年工厂生产的裙箍总合约为480万吨[45]。裙箍，钢铁为架，铁丝外覆盖一层布料，铁圈与铁圈之间由布带连接，再用黄铜铆钉收合（见引言部分图10）。图片上的这件亮红色的裙箍，以"皇后爱物"作为卖点，暗指法国皇后欧仁妮。这件裙箍最短的一圈，直径约为8英尺（约等于2.44米）。

与18世纪盛行的衬裙一样，裙箍出现后受到了各种批评，但是它的亲历者们——穿裙箍的女士们的日常对话却显示，这种裙箍显然比过去那种用马鬃和亚麻布制作的衬裙更加先进。最著名的一例是格温·拉弗拉（Gwen Raverat）向爱蒂（Etty）姨妈询问穿裙箍究竟是什么感觉，姨妈回答说："噢！它实在令人愉悦！""自从衬裙问世以来，我还从未感觉如此舒适。裙箍能让衬裙远离双脚，走起路来轻巧又容易"[46]。它还能遮住孕妇的肚皮，最重要的是，这对19世纪中期盛行的大男子文化来说或许非常危险，但它能让女性与男人们保持距离：女人们既能得体地出现在公众场合，又能免受咸猪手的骚扰。穿上裙箍，女人们就像镶在底座上的雕塑，身体四周自然而然地留有独立的空间。

反对者的呼声大多集中在女性安全层面。英国《笨拙》杂志选择站在保守的中产阶级男性的立场上，对裙箍的安全持怀疑态度。它言辞老派，以一副家长及殖民占领者的口吻写道："每次看到女士站在炉火前的地毯上，我们就不由地担心她会把自己给烧着。我们在印度镇压了自焚的惨剧（妻子为丈夫殉节自焚），不曾想，在英格兰的土地上，还有妻子女儿甚至寡妇在干这种蠢事儿……放火自焚的概率如此之大，英格兰甚至为此成立了专门的裙箍保险公司。可是损赔率过高，公司就快办不下去了。"《笨拙》杂志还不无幽默地建议，女性应该尽可能地选用早年技术制作的衬裙，那玩意儿是用充气橡胶管做成，一旦着火，自己就能帮着把火给灭了：

所有衣帽间均应设有逃生通道，遇到火灾险情，女士们可以以此逃脱被烧焦的命运。另请注意，橡胶管制作的衬裙可在管内装水——还可以装贵重物品——需要时喷射即可。因此，每位女士，事实上都有自己的消防车，裙子起火时自行灭火即可。[47]

尽管杂志的口吻略带调侃，现实世界中却不乏由裙箍导致的死亡事故，足以引起世人的警惕。后来，一位作者将裙箍戏称为“恶魔机器”，声称应该“加倍小心，才能躲开这堆炸药”[48]。据报社统计，并经医学期刊证实，裙箍有致命风险。铃铛形状的支架悬挂在身上，支架上覆盖有几码易燃纤维，一旦裙子着火，裙箍就会像烟道一样加速火情。当时的多本期刊提到，裙箍就像个“烟囱，通风绝佳，起到‘鼓风机’的作用”。现代医生也支持这一观点，他们用更加专业的术语详细描述了一起吉卜赛裙事故的全过程：“一旦被点燃，轻薄的衣料周遭的空气加速了火焰的蔓延[49]。”

媒体充斥着裙箍着火的报道。早在1860年，《柳叶刀》杂志就曾写道，“‘另一起火灾死亡事故’是现代读者们常见的头版头条，几乎每一天，都有妇女儿童葬身火海。他们或是易燃裙装的牺牲品，或是被宽大裙箍波及的受害者。”杂志提到，“每个阶层都有受害者。王公贵族、平头百姓、舞蹈演员、劳工大众都是名单上的一员[50]。”这位作者观察到，每年死于火灾事故的人数，有记录的就超过3 000人，其中许多起由衣料着火引发。虽然没有因裙箍致死的详细数字记录，但据报纸杂志和讽刺漫画的描绘可以看出，此类事故往往鲜血淋淋，大众迫切地希望了解事故真相。一张名为《火：裙箍之怒，毁人性命》（*Fire: The Horrors of Crinoline and the Destruction of Human Life*）的廉价彩画形象地描绘了此类事故（图11）：年轻的女士离图片左侧的壁炉过近，裙摆因此着火。火焰吞噬了整件衣料，我们可以看见女士的脚踝及蕾丝打底裤。她在惊恐之中将手中的花束扔到了地上，双手举向天空，似乎是在祈祷或是恳求。幸运的是，帮手近在眼前：一位朋友或是姐妹用一件宽大的红斗篷把她裹了起来；救火人员也赶到现场，泼水灭火。这件红斗篷或许是一件厚厚的羊毛制“防火斗篷”，也叫“窒息布料”。《女士杂志》（*The Lady's Magazine*）曾说，应该“在大不列颠王国的每个客厅、每间更衣室”里备一件这样的斗篷，专供灭火使用[51]。这恰恰说明了面料的双面性——轻薄衣料容易引起火灾，厚重面料则可用来灭火。

“火焰”的第二篇章将让读者们深切地感受“火情通过布料强势入侵”的局面[52]。这一篇章列举了几位由裙箍引起的著名火灾事故致死的被害者姓名，包括菲茨-詹姆斯女公爵（duchesse de Fitz-James）、万尼伯爵夫人（Comtesse de Vaine）、奥乔亚小姐（Mademoiselle Ochoa），及圣·马苏尔特伯爵夫人（Comtesse de Saint-Marsault），当时她们身处舞会之中，一位女士的礼服裙

◀11.《火：裙箍之怒，毁人性命》，手绘彩图；维尔康姆图书馆，伦敦

着火后，为了灭火，她们留在了现场，却不幸身故[53]。美国诗人亨利·华兹华斯·朗费罗（Henry Wadsworts Longfellow）的爱妻芬妮（Fanny）也死于薄纱礼裙起火[54]。妻子的死令诗人痛不欲生，余生都在缅怀爱妻，只能依靠鸦片酊和醚麻醉缓解痛苦。另一起悲剧的主角是18岁的奥地利公主梅塞尔德（Archduchesse Mathilde of Austria）。十几岁的少女正值叛逆期，某一天，公主穿着轻薄的夏裙躲在房间抽烟，谁知严厉的普鲁士父亲走进了房间。公主把香烟藏在身后，然后，在全家人面前被活活烧死[55]。著名作家奥斯卡·王尔德（Oscar Wilde）的姐姐们，当年22岁的玛莉和24岁的爱米莉（爱玛）于1871年11月双双身亡，死在爱尔兰莫纳亨郡庄园举办的一次万圣节舞会[56]。两位姑娘是奥斯卡的父亲威廉·王尔德（William Wilde）的私生女，母不详。我们这位著名

▲12.《卡罗琳斯卡夫人的最后时刻》(*The Final Moments of Madame Crinoliska*)，约1860—1865年，©卡纳瓦雷博物馆

的作家大约并不认识这两个姐姐。因为身份不明，当时这起事故并未公之于众，当地验尸官在记录两位死者名字时大约用了“威利（Wylie）姐妹”之类的名字。根据历史学家的口述，我们得知，舞会主人正邀请其中一位姐妹跳最后一曲华尔兹，没想到玛莉的裙子一不小心扫到了一堆露天的篝火。她的姐姐冲上前，试图营救，自己也着火了。事故发生九天后玛莉身故，随后两周内，她的姐姐爱米莉也随她而去。另一起事故的受害人年仅7岁，这位名叫艾伦·怀特（Ellen Wright）的小姑娘当时正穿着妈妈的裙箍，玩装扮游戏。她想为火炉添块煤，裙子却烧了起来。小姑娘尖叫着冲上楼，“天啊！把火扑灭！把火扑灭！”但是为时已晚，小姑娘全身被烧伤，随后死在了医院。验尸报告上写着：“死于穿着裙箍引起的意外事故[57]。”

19世纪60年代末，或许是为了削弱公众对火灾隐患的担忧，裙箍制式变小。1865年，《笨拙》杂志发表了一首诗歌，庆祝裙箍在优雅的上流社会的“灭亡”，同时指出，穷苦的仆人们，仍然喜爱穿着裙箍：

我们不再听到优雅的女士，
在精钢铁骨中被活活煅烧，
被壁炉的火焰无情灼烧；
可叹厨娘的衣裙仍被撑开，
她们打扮一新，不管不顾，
因为仆从阶级都爱穿裙箍[58]。

1865年后，厨娘和仆从占据了事故名单的大部分篇幅：她们的工作与火相关。查尔斯·狄更斯的日记本记录，当时，家庭和工厂事故频发，人们呼吁采取防护措施及更好的灭火设备："工厂里，因为危险，我们给机器安上围栏。为什么不在炉灶边加上围栏防火呢？难道它不危险吗[59]？"这一阶层的火灾受难者包括，18岁的哈丽雅特·威利斯（Harriet Willis）。这个姑娘当时正在清理壁炉，送奶工来敲门，姑娘迅速转了个身，身后的裙子立即被点燃[60]。另一位年轻的女仆死于1866年，她的死"震惊左右"。女仆的主人伯尔德（Bird）女士住在伦敦低调奢华的斯隆大街，她也在清理壁炉时出了事[61]。尽管一位验尸官因此"表达了意见说不应该允许仆人们穿裙箍"，一些讽刺漫画家却把重点放在"性感"二字上，说女人们总爱用稀奇古怪的外表吸引崇拜者的眼球。

一组名为《怪诞巴黎》（*Paris Grotesque*）的法国讽刺漫画上，就有这样一位女士，打扮光彩地参加舞会（图12）。但她的裙子起火，里面裙箍的钢铁骨架就这样露了出来。着火的女士顺带点燃死对头的裙子，对方一脸怒气。在她们周围，五位身着铠甲的消防工兵举着水管朝她们喷射，却没办法扑灭大火。漫画的配文是，"卡罗琳斯卡夫人的最后时刻，心头起火，人也起火"。这句话显然含蓄地指出，卡罗琳斯卡身着的那条性感挑逗的裙子，正是引起火灾的元凶。她"煽起了"男人们的心头火，也正是这火导致了她的毁灭。这张图片告诉我们，对比丽弗瑞的事故，媒体态度迥异，大相径庭，有态度尖刻、厌恶女人的漫画，也有把重点放在裙箍上的论文专著。一些人把裙箍带来的死亡归咎于女人的虚荣心。在他们看来，正因为女人们想要成为万众瞩目的"巨大"焦点，才会有裙箍和随之而来的死亡。而前面提到的蓬蓬裙也一样，在某些人看来，蓬蓬裙就是芭蕾舞界的职业装，只要是演员，就应该穿蓬蓬裙，因此，如果碰上天灾人祸，责任自负。在男性杂志眼中，穿裙箍的女人们要么就是一群没大脑的时尚追随者，要么就是一个移动火把隐形杀手，但时尚的芭蕾舞演员们，收获的是一片赞扬之声，她们被男人们看作舞蹈界的丰碑和英雄。文学界学者茱莉安·托马斯（Julia Thomas）反驳道，"穿裙箍的女性从不是时尚的奴隶或受害者"，"反之，她之所以被贴上这样的标签，或许正是因为与之相反的另一种可能性：裙箍虽然是笼子，更是一种抵抗"[62]。也许卫生医学杂志的描述略显夸张，也许确有女性从裙箍中得到愉悦和保护，甚至把它当作一种无声的、对男权主义的反抗，利用裙箍的宽度把无聊的异性拒之门外，但我们不应该忘记，是男人发明设计了这种风靡19世纪的裙撑，还因此获得了专利，将被火烧伤的危险加诸女性之上。现代工厂创造出了“健康的危险”，政府却对此保持缄默，以保障国家的经济繁荣。它们不想发布明令，禁止这些危险品的生产销售，反将目光投向了化学科学，希望以此拯救国民的性命。

浴火凤凰：防火裙的诞生

> “现代化学为她们提供了有效手段，为服饰披上光彩的外袍。这样的服饰敢于向火焰提出挑战，还能在顷刻间发挥作用，比易燃长袍更致命。浸泡在这些化学药水中，僵硬的躯干可能变成残废，但绝不会让人葬身火海。用化学羽毛做的饰品，简直可以与凤凰相对抗，身处烈焰也可以优美地嬉戏。”
>
> ——“防火衣物之死”，《柳叶刀》，1860年9月8日，第245页

法国国王曾明令规定，剧院必须采用防火技术；英国当权阶级也促成了类似的研究。维多利亚女王下令铸币场负责人，要求F.韦尔斯曼（F.Versmann）先生和阿方斯·奥本海姆（Alphons Oppenheim）医生进行化学实验。为了找到防火布料，他们“试验了各种能想到的粉剂，其中一些是某些人这辈子都想不到要用的东西”[63]。女王命令皇家洗衣房听从研究人员的调遣。研究团队从苏打粉中提取出钨酸盐，从氨溶液中分离出了硫酸盐。两种物质都可以用以改善衣料易燃的问题。《柳叶刀》指出，“衣物不再起火，只会让人瘸腿。而最糟糕的情况是，美丽的女士们会穿着新型衣料，像凤凰一样，从外壳的余烬中，遇火飞升[64]。”神话中的凤凰，是一种在烈火中化成灰烬，再进入新生的鸟，是智慧的象征。然而，当神话遭遇洗衣房肮脏的现实世界时，神鸟也只能在痛苦中挣扎。这些化学试剂最大的操作问题在于，它们大都可溶于水，因此每次清洗之后，需由受过训练的专业洗衣女工反复将其重新涂抹在衣料上，其过程苦不堪言。在发生于1844年的克拉尔·韦伯斯特的火灾事故后，60年代，《泰晤士报》组织“试验了由查尔斯·韦特斯特男爵（Charles Wetterstedt）发明的一种淀粉的功效”，并向消费者宣称，“可以购买‘“优雅女性”生活管家’牌洗衣类产品”。18世纪70年代，唐纳德·尼科尔先生（Donald Nicoll）在伦敦市富人区肯辛顿的国际博览会上推出了“尼科尔先生防火淀粉”[65]。这种淀粉听起来似乎没什么害处，但是从长远来看，并非所有的防火技术都是安全的。

最稀奇的潮品为石棉制品，据说它是“已知自然界唯一可以用于纺织的矿物质”[66]。和耶格的“健康”未染色袜子一样，约翰·贝尔（John Bell）发明的石棉裙在1884年的国际健康博览会上一经推出，立刻被当作奇迹般的存在，一度成为救火队制服。据说约翰·贝尔在伦敦南克街以及其他

▲13.《对女士的建议——或法兰绒医生来访》，艾萨克·克鲁克香克，彩图，1807年；维尔康姆图书馆，伦敦

国家很多地方开办了石棉棉纺工厂。事实上，从19世纪30年代开始，石棉作为实验成果，就以防火服的身份出现在意大利救火队员的身上[67]，但贝尔将其推而广之，使石棉衣物进入船只及机械室内，还打着“卫生健康”的旗号在家庭及剧院广为推广。许多期刊盛赞贝尔，说他做出了世界上第一件斜纹纯石棉服装，“这种面料水火不侵，还能抗酸抗腐蚀，千年不化”[68]。尽管石棉是从变质岩中提取的纤维材料，既天然又防火，但它会使人患上石棉沉滞症，这种肺部疾病最初出现于1900年，但直到20世纪60年代，都不为大众所熟知[69]。1919年，为了庆祝这种“世界上最奇妙的矿物质”在第一次世界大战后大量进入民用领域，有文章写道，“窗帘、屏幕、熨斗配件、毛线、围裙、手套、火把、打火机、炉子，甚至泡打粉[70]”都用上了石棉。虽然在当代读者看来，石棉毛线、泡打粉听起来简直莫名其妙，但在当时，用石棉纺制的蕾丝布料等非常流行，因为它均为成品出售，买来后不需加工即可使用，可直接用于作画、做衣服，或是做建筑材料。剧院以及市政建筑等，如学校和办公大楼，使用石棉瓦后，确实起到了保护生命的作用。

19世纪，石棉几乎出现在生活的方方

面面。除了石棉服装，鲜有其他衣料能真正起到防火的作用，可溶于水的淀粉和溶液会带来额外支出，加重洗衣工的工作量，还可能污染衣料。正如一位评论人士所说，礼服和晚礼服可以“通过化学手段变得防火”，就像1884年健康博览会上展示的一样，但“这些纤维组织，一定是参加了告解或是忏悔仪式，看起来毫无光泽”[71]。而对19世纪的消费者来说，不论是衣服还是鞋子，闪闪发光尤其重要，“毫无光泽”的面料真是没有丝毫吸引力。于是，19世纪80年代，人们渐渐将绢纱和半透明的面料弃之不用，换上了阻燃性相对较高的厚重丝绸和天鹅绒。随之而来的新问题是，在工薪阶层中，一种新型的危险产品开始流行。结果显而易见，成年女性的火灾隐患逐渐消除，无辜的儿童成为新的受害者。

“可怜小家伙的裹尸布”：绒布恶魔

“绒布恶魔”这个词语听起来有些矛盾，但它恰恰是1911年新西兰某报纸的头条标题[72]。当代读者肯定认为，“绒布”这个词语能够唤起人们美好的记忆，那是一种在冬日寒夜被柔软睡衣包裹的舒适感觉。但在20世纪早期，作为当年新研发的仿羊绒棉制品，绒布唤醒的只有恐怖记忆和随之而来的怒火，最终带来的是大不列颠全境范围内相关保护法令的出台。新西兰这个天然羊毛羊绒的主要生产方及出口方，更把上述这种棉纺品看作眼中钉、肉中刺。原因有二：它损害人体健康，也损害了新西兰的对外贸易。在联合王国，各大报纸直言不讳，警告民众防范绒布带来的风险。就在圣诞节前夕，《旁观者》(*Spectator*)杂志刊登了一封名为“燃烧的绒布”的信件[73]。因为圣诞节的习俗是，上流及中流阶层捐赠衣物用作慈善。为了不让他们的一片好意付诸流水，甚至变成致命的礼物，作者特意发文，恳求读者购买并捐赠特定品牌服装，即化学防火服饰“帕金医生的不起火”系列。这位作者说，“一件普通的、毛茸茸的、看似舒适的廉价绒布服装，可能给儿童带来生命的威胁”，因为它们中大部分“会像纸片一样易燃”。“不起火”牌服装比一般未经处理的衣物价格略高，“为了节约几个钱，随着冬日的到来，‘无心的灾难’会一周接一周地不断发生，这种或许舒适的小衣服，在大多数情况下，最后反而成为可怜的儿童的裹尸布”。一年后，利物浦市特聘验尸官公开警告说，绒布“与血肉粘连，不能像普通衣料一样轻松地剥离身体，因此烧得更厉害，伤者受的罪也更大”[74]。案例研究揭示了真相，说明了这种本应御寒的材料为何使穿着者面对火焰时毫无抵抗之力，但是，这种研究手段的有效性，在法律界引起了巨大争议。相应的科学研究应运而生，希望通过标准化的检测手段，保护本民族最脆弱的小市民们。

天然的羊毛法兰绒太过昂贵，人们希望找到便宜的替代品，售价最好低于天然材质的一半。“绒布”被命名为“flannelette”，意思就是“可爱的小法兰绒”。高品质的法兰绒厚实、温暖、耐用，但对工薪阶层来说，它的价格高不可攀。单面或是双面的拉绒，能带来类似毛毡的质感，还能保温。在没有中央空调的年代，法兰绒保护人们免受寒冷的侵蚀，被认为对多种疾病有治疗效果。法兰绒制“健康背心”和女式衬裙，是广受欢迎的内衣之选，儿童、老人、病弱体虚者尤其适用。1871年，《不列颠医学》(*British Medical Journal*)杂志登载广告，宣传“杜兰德(Durand)医生的健康法兰绒”，以支持这位比利时医生。“测试了对风湿病、神经痛、坐骨神经痛、头疼、腰痛(背痛)等疾病的治疗效果后，我自信地推荐大家使用法兰绒以预防及治疗以上疾病[75]。”法兰绒这种健康但不太时尚的特性被英国讽刺漫画家艾萨克·克鲁克香克(Isaac Cruick-shank)纳入笔下，于1807年左右(图13)，发表了漫画“对女士的建议——或法兰绒医生来访！”(*A Hint to the Ladies or a Visit from Dr. Flannel*)一位身材臃肿的红鼻子医生向一位穿着漂亮的红裙子、头戴华丽头巾的女士推荐一种黄色内衣。显然，一位名叫珍妮的女仆事先已经告诉这位医生，“尊敬的女主人一直抱怨腰部不够暖和”。谁知这位女主人向地位比她低的法兰绒医生尖叫说，自己“压根儿就没有腰这种东西”！尽管医生说的话——帮她暖腰——有点暧昧不清，但女士对他压根儿没有好脸色，严词拒绝了这件会让她“看起来像个怪物”的衣服。摄政时代，如果为了健康在里面穿上羊毛衬裙，精美华丽的宫廷礼服确实会看起来既笨重又臃肿。

当时，寒冷是持续困扰医生的一大问题，医生认为，冷空气使人生病。有位名叫克雷斯皮(Crespi)的医生就曾建议说，“疾病甚至死亡可以通过每年保护身体免受寒冷进行预防——方法就是穿着足够保暖。”他还

说，“善于预防的人都穿上了法兰绒，这样就能尽可能地远离痢疾或霍乱[76]。” 正是法兰绒健康、有益身体的特点，催生了便宜替代品的出现。我发现，第一次提及仿法兰绒的新面料是在1877年的《玛拉的服装与时尚杂志》（*Myra's Journal of Dress and Fashion*）。该杂志于1875年首次发行，目标人群为“新都市消费者”[77]。玛拉杂志的女性读者或许被吸引，开始购买诸如绒布一类的新型面料，生产商C.威廉姆森（C.Williamson）公司的广告语称，它“像天鹅绒毛一样柔软，贴身穿着令人愉悦”[78]。

绒布物美价廉，不会像纯羊毛法兰绒一样缩水，可以经常用水清洗，不会发臭[79]。该面料迅速被大众接受，1897年的某文章写道，“纵观整个现代交易史，我们可以毫不迟疑地说，没有任何面料像绒布一样，能够在如此短暂的时间内为人所知并被广泛使用。绒布这个词现在已经进入词典，位列家居用品条目之下，而在15年前，我们对它几乎一无所知[80]。” 20世纪初，绒布基本取代了羊毛法兰绒，《柳叶刀》杂志提到，人们给这种布料冠上了“舒适方便”的名头，各个阶层都爱它[81]。然而，与羊毛法兰绒不同，羊毛法兰绒由动物蛋白纤维纺织而来，布料紧实，能够防火，而流行的绒布是用棉，也就是植物纤维织成，没有哪种布料比它更易燃。另外，绒布多采取平纹织法，经过梳理起毛的工艺使棉布变成绒布，相当于将原纤维表面撕裂，使它“被细小的纤维组成的绒毛覆盖，然后形成一层薄薄的所谓棉制羊毛的东西”[82]。（图14）将这种绒布与动物皮毛相比，其触感几乎同样温暖柔软，然而，一旦有火星落在上面，星星之火可以迅速燎原，“整片毛茸茸的棉线层都不能幸免，速度之快超乎想象”[83]。某绒布工厂有这样的描述：处理绒布的房间“防火，并且为了谨慎起见，每台机器旁都装有消防水管”[84]。这

◄14.左：肯卡特（Kingcot）绒布样品集，样品为绒布三角片，共计39件，另含小片样本一份，约1915—1920年，编号F270，920.95.23；右：肯卡特绒布样品细节图，编号920.95.23；安大略皇家博物馆

说明，绒布是少数几种使生产者比消费者得到更多保护的产品。《柳叶刀》一篇关于烧伤的文章谈及此事，认为女性受害者比例较高。它以数据统计为基础进行分析后，把炮火对准了女童服饰。1岁至3岁的男童死亡率直线上升：因为维多利亚时代和爱德华七世时代的人，不分男女，只要是小婴儿，都穿裙子。但4岁左右的男孩开始穿男装，或是“马裤”，死亡率因此下降，再然后死亡率跌至零[85]。与此相反，小女孩儿往往穿着相对宽松，4岁至5岁年龄段的死亡率几乎是男孩的两倍，15岁至20岁龄段的死亡率是同龄男性的八倍。差异巨大，触目惊心。例如，1906年至1911年，共有389名5到10岁的男孩死于烧伤，而同龄女孩则有1 427人被烧死。布伦德（Brend）医生详细描述了工人阶级女孩被“捆”在薄薄的布料中烧死的详细过程：

> 女孩儿的情形更糟。首先，她们穿厚背心和绒布内衣。有的还把绒布内裤穿在胸衣外面或下面，胸衣通常是带骨架的款式。然后再堆个两三件衬衣衬裙在外……再然后，女孩儿还得穿一件连衣裙，往往是带褶皱的款式，最后是一条围裙……或许，世界上再也找不出什么穿法，比这种将薄衣料层层叠叠地堆在身上，中间除了空气啥都没有的穿法更容易起火了。只要围裙的一角被点燃，几分钟之内，小女孩就会被火焰团团包围。另一方面，男孩们常穿的灯笼裤、毛线衫或外套，就没那么容易燃烧了[86]。

医学界就绒布是不是恶魔争论不休，更多的声音则集中在工人阶层家居安全方面。孩子们在家中无人监管，被火烧死，工人阶层的母亲们却为生活所迫，在外忙碌。这个社会问题日益突出，英国因此出台了相关的保护条例。当时，政府对公众的身体健康非常在意，因为布尔战争失利，英国急需征兵入伍。在当权者看来，工人阶级母亲本应发挥作用，养育健康的孩子，因此国内迅速发布了相关政策，由公众及慈善组织进行监督[87]。19世纪60年代，社会对此问题的看法较过去不同。曾经，这类死亡仅仅被看作单纯的悲剧事故，纯粹“因为母亲的粗心大意”造成，我们可以找到相关的数据统计[88]。如果在工人阶级母亲们外出工作时，把孩子送到政府育儿机构，或聘请保姆监护他们，遭遇此类事故的儿童数量一定会有所减少，但是她们却把小孩独自留在家中，或是交给哥哥姐姐看护。

后来人们意识到，事故频发的另外一个原因在于缺乏防火设施。工人阶级房屋往往又小又挤，厨房多使用明火，尽管家用防火设施可以保护儿童，使其远离厨房用火，但对挣扎在贫困线上的家庭来说，其昂贵的售价无异于天价。1901年政府明文警告：“1899年至1901年，共有1 684名儿童尸体检验证实其死于烧伤，其中的1 425起事故原因为无人看护[89]。”1908年，《儿童条令第十五条》立法通过，规定将对因家中未安装防火设施导致儿童烧伤的家庭判处罚款[90]。然而事实上，这条法律条款基本形同虚设，失去孩子的母亲悲痛欲绝，陪审员甚至法官都对她们抱以同情，根本不会对其处以罚款。因此，在当时，易燃衣物和明火的结合仍然是致命的死亡杀手。为此，“特别委员会”及“法医委员会”针对“使用绒布制作衣物增加的风险”发表了一系列报告。委员会成员特意咨询了法医、生产商及医学专门人员。1910年出具的报告显示，“妇女儿童的短裙或长袍一旦与火接触……不太可能不引发大火致人死亡”，除此以外，委员会还发现，“自己无力推行任何立法”因为“考虑到时间问题，我们希望事故发生之前就能自行更正”[91]。1911年“总登记”的年度申请中，专设一栏报告与绒布致死有关的内容。当然，当时也有怀疑的声音，表示媒体夸大了相关事实。事实上，《泰晤士报》的文章《点火的隐患》（*Supposed Danger of Ignition*），就低估了火的危害，文章说1912年到1913年，只有“约73或67”名儿童死于火灾，虽然这个数据在现代读者看来，已经非常可怕了[92]。不幸的是，正是由于政府官员这种放任自流的态度，大多数纺织业制造商及零售商面对绒布的安全隐患，不是提前解决，而是遵循此前发生类似问题时的应对态度及措施，例如，制帽业水银中毒问题的处理方法，以及约莫50年前，玛蒂尔达·斯科蒂勒砷中毒死亡事件的应对方式。

“验尸官强烈推荐”

小威廉·亨利·珀金（William Henrr Perkin，Jr.）是那位在1856年发明阿尼林紫（珀金紫）的著名化学家的大儿子。和他的父亲一样，小珀金也是一位化学家。大约1900年，惠普尔兄弟＆托德（Messrs Whipp Bros&Tod）公司作为当时曼城最大的一家棉布生产制造公司，害怕政府禁止销售公司最火的产品，于是雇佣小威廉为其工作。1898年，曼城验尸官西德尼·斯米尔特（Sidney Smelt）公开宣布，家长应严格履行监护子女的义务，避免儿童穿绒布衣物。大约就从这个时候起，公众的反对之声此起彼伏。验尸官的原话是，绒布“一旦与火接触，几乎像火药一样危险”。摆在小珀金面前的困难，是一种需要变成赫拉克勒斯一样的大力士才能完成的费力的工作：他需要像个炼金术士一样，将棉布转变成另一种纤维，有着像它一样的安全性能，也有像羊毛一样的质感。他所进行的化学试验，即不能破坏绒布的触感、耐用性和颜色，也不能破坏衣物的设计感，不能使衣料附着有毒的化学成分，如砷、锑或铅。这种布料还得耐洗，用腐蚀性的肥皂或其他的新型机械设备洗上五十次也不变色变形。最后，它还得便宜，工人阶级消费者也能买得起[93]。

研究助理的记录显示，他们至少做了一万次以上的燃烧实验，最终解决了问题。他们几乎尝试了所有盐类成分，包括氰亚铁酸盐、砷酸盐、锑酸盐和铅酸盐。排除它们成分有毒的属性，在发现锡盐能够使衣料同时实现防火及具有不溶于水的特性后，最终的实验围绕锡酸钠溶剂展开。他们将原材

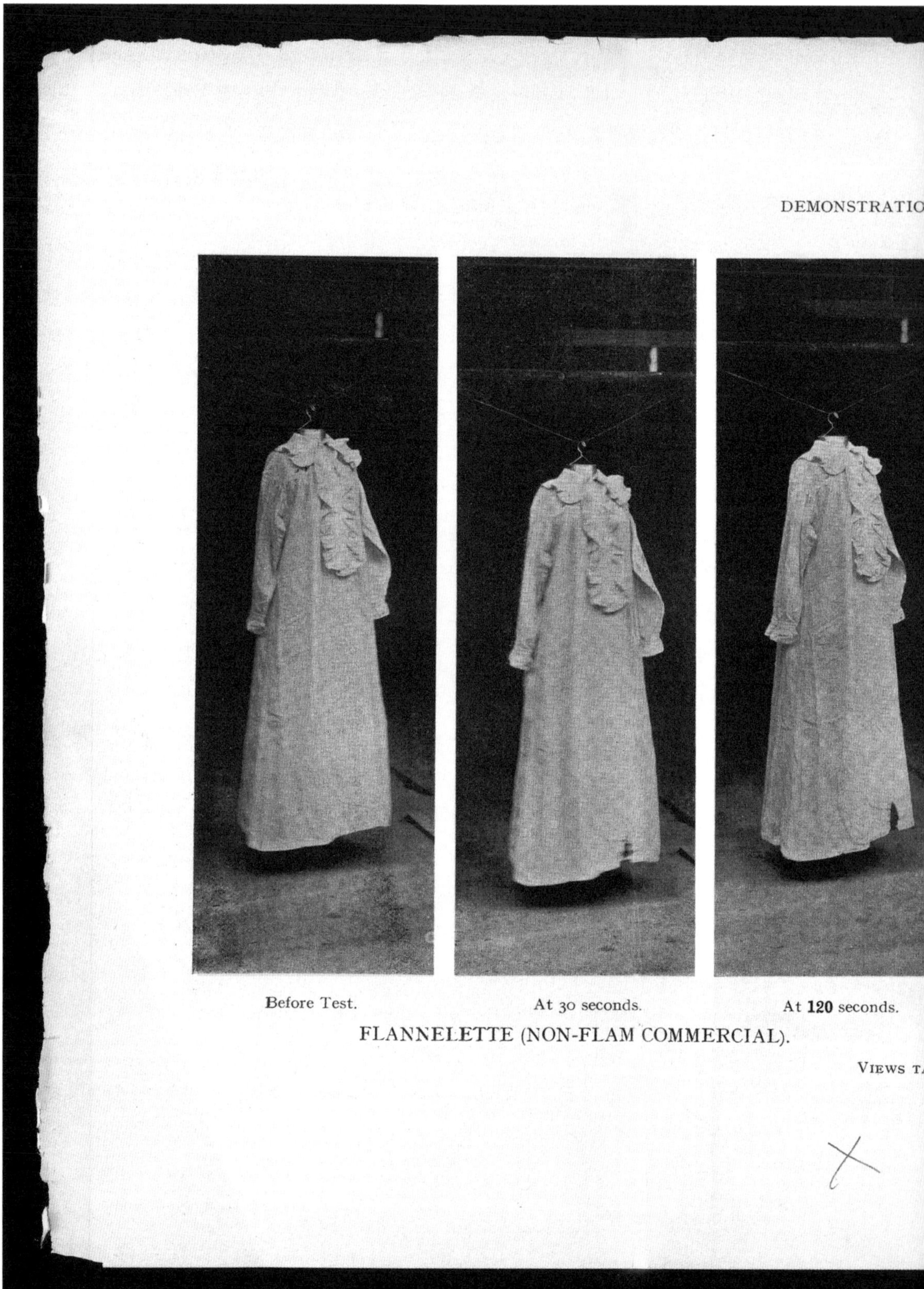
DEMONSTRATIO

Before Test. At 30 seconds. At 120 seconds.

FLANNELETTE (NON-FLAM COMMERCIAL).

VIEWS T

15. 2分钟后，左边组图中的珀金不燃绒布上只有一个小洞，而右边组图中的普通绒布在不到60秒内几乎烧个一干二净；《纤维起火试验：委员会报告》（*Fire Tests with Textiles: The Committee's Report*）折叠页：英国防火委员会监印，1910年；©维尔康姆图书馆，伦敦

料用该溶液浸泡，然后加热，再把它放进硫酸铵溶液里。这个神奇的过程使原材料触感更软，还让它的韧性更强。除绒布外，这种方法还可以用于其他纤维，包括棉质纱布和蕾丝，这几类纤维材料也被看作家庭火灾的常见起因。问题是，锡也是一种昂贵的材料，但是仅仅几年内，惠普尔兄弟&托德公司就将新产品投入了市场，产品名为“珀金博士的不燃布”。这位化学家带着他的新发明去参加“第八届国际应用化学委员会”。在纽约城市大学的演讲上，化学家重点强调了衬裙的“烟火制造技术”：

> 他从手提包里扯出一小块碎布，已经老旧地褪了色……这是一片黄色衬裙的碎片，它曾被曼城某个洗衣妇人的女儿穿了整整四年，被手洗25次，被机洗35次。这片布料曾经在碱性和酸性肥皂的折磨下苦苦挣扎，但它……还是像之前保证的一样，维持了原有的不可燃性的特点。教授将火把举到衬裙近前，现场的一些观众屏住呼吸。但是，现场没有发生任何变化，衬裙可以活着参加下一次讲座了……因为一缕棉线都没有烧起来[94]。

与会代表团手上都拿着该布料的样品书，他们亲自试验了材料的防火性，“在大学里，在火柴不会被吹灭的各个角落，终于确信，讲演者的名声果然不是吹来的”。

除了珀金的演讲台衬裙试验，《纤维起火试验》这本1910年由“英国防火委员会”出版的图书，同样记录了“不燃布”的阻燃特性（图15）。它用图表描述了三种不同材质布料的起火点和燃烧速度：“不燃布”、普通绒布，以及“联合牌”羊毛法兰绒。委员会似乎第一次真正建立了所谓的标准化测试程序，以测量“燃烧速度”的方式，也就是布料起火直到燃烧成灰的速度。他们的方法使布料可以按照特性分类，从“易燃”到“不易燃烧”。任何公众，只要按照相关的检测方法进行检测，“男女不论，只要智力正常，不需多么费力费钱就能得出检测结论”[95]。用延时照相机，如静止动作摄影师朱尔斯·马雷（Jules Marey）或埃德沃德·迈布里奇（Eadweard Muybridge）发明的那种，试验人员就可以记录烟火吞噬布料的全过程（或暂停点的形态）。他们用肥皂和水清洁及熨烫样品及衣物十次后，将内衣穿在女性身形的铁丝模特上，然后点燃衣物褶边。区别之大简直令人震惊。2分钟后，“不燃布”制作的绒布内衣只在燃烧褶边的右下底部有个小洞，而不到一半的时间内，普通的绒布已经被火焰吞噬，可怕的大火烧到了模特的“头部”区域，铁丝模特的“肋骨”清晰可见。

惠普尔兄弟&托德公司的产品宣传海报则应用了一种更加甜蜜的方法。海报上的小女孩有着红红的脸蛋，她抱着洋娃娃和一只眼睛大大的斑虎猫站在楼梯间（图16）。她的蜡烛从空空的烛台上吊落下来，落在绒布睡袍上，她弯腰捡起蜡烛。图片下方写着：“为什么她不怕被烧伤？因为她穿着

▲16.珀金的“不燃绒布”广告画，“验尸官强烈推荐”，约1910年，作者私藏

‘不燃布’，防火、舒适又美观，验尸官强烈推荐。”在那个不愿承担风险的年代，很难想象，一件儿童产品的宣传广告上，居然会印有“验尸官”推荐字样，但这句话恰恰说明，验尸官员已经看过大量儿童的焦黑尸体了。珀金找到了一种防火替代面料，但不是所有的生产商都像惠普尔兄弟＆托德公司一样小心谨慎，廉价的仿制品像洪水一样涌入市场[96]。这些本应防火的材料初次使用时也有些效果，但只需清洗一次，这些次货就会像普通绒布一样容易起火。1911年，《柳叶刀》下属的实验室进行了更加细致的燃烧实验。考虑到当时没有明确的法令可以保护公众，他们测试了12种以“不燃”为名出售的绒布样品。在12种样品中，有7种确认安全，另4种确认不安全，1种性能不明，因为它在清洗了几次之后就会燃烧[97]。实验室得出的结论是，向毫无戒心的公众出售易燃布料是错误的行为，呼吁相关部门立刻立法禁止。然而，直到两年后，也就是1913年，相关法令《纤维错误描述条例》（*Misdescription of Fabric Bill*）才得以出台[98]。该条例的唯一目标是“阻止布料的销售方错误地将不能阻燃的物品描述为阻燃”。绒布生产商当然不希望出现在这个条例的附加名单上，因此，该条例无形中“规范了所有面料的说明方式”。惠普尔兄弟&托德公司花了大价钱，研发并生产出“不燃布”，但上述条例“非常愉悦”地表示，该公司必须无条件地将不燃绒布的专利捐赠出来，回馈社会。《教育时报》（*The Educational Times*）在第二年刊登的一则声明可以证明，该法令得到了有效实施。这个声明首先是一位布料零售商的道歉书。她的一位销售人员把普通绒布错误标示为“不燃布”，并将其出售给客户，该零售商因此被处以3英镑的罚款[99]。不论是简·奥斯汀时代的棉布、芭蕾舞演员的纱裙、厨娘青睐的裙箍，抑或是儿童的舒适睡衣，一个多世纪以来，各种各样的易燃材料站到了时尚舞台上。值得庆幸的是，在化学家、企业和政府的共同规范下，布料的安全性终于得到了最大的改善。

注释

1 Cited in *Gautier on Dance*, trans. Ivor Guest (London: Dance Books, 1986), 153.

2 Ivor Guest, *Victorian Ballet-Girl: The Tragic Story of Clara Webster* (London: A. and C. Black, 1957), 107.

3 Théophile Gautier, *La Presse* (December 23, 1844) L:724, cited in *Gautier on Dance*, 153.

4 *Court Journal*, cited in Guest, *Victorian Ballet-Girl*, 116.

5 Margaret MacDonald et al., *Whistler, Women, and Fashion* (New Haven: Yale University Press, 2003); John Harvey, "Men in Black with Women in White," in *Men in Black* (Chicago: University of Chicago Press, 1995).

6 Exports of high-quality long-staple cotton used in fine muslin textiles from South Carolina and Georgia rose from 93,540 pounds in 1793 to 8,300,000 pounds in 1801, or almost eight times in eight years. Beverly Lemire, *Cotton* (Oxford: Berg, 2011), 87.

7 In Susan Vincent, *The Anatomy of Fashion* (Oxford: Berg, 2009), 33.

8 Henri Despaigne, *Le Code de la Mode* (1866) in Philippe Perrot, *Fashioning the Bourgeoisie* (Princeton: Princeton University Press, 1994), 97.

9 F.A. Wells, "The Textile Industry: Hosiery and Lace," in *A History of Technology* (Oxford: Oxford University Press), 601.

10 Stephen J. Pyne, *Fire: Nature and Culture* (London: Reaktion Books, 2012).

11 P.M.L.B. Remy, *Essai sur la brûlure considérée comme accident*, Thesis (Paris, 1835), 10.

12 "To Prevent Accidents by Fire," (London) *Times*, January 8th, 1799, 1.

13 "Tungstate of Soda and Muslins," *Tait's Edinburgh Magazine* (May 1861), 15.

14 Barbara Burman, "Pocketing the Difference," in *Material Strategies: Dress and Gender in Historical Perspective* (Oxford: Blackwell Publishing, 2002), 91.

15 Electron microscopy revealed that two net dresses from 1815 and 1820 had been coated with starch after weaving, making it brittle and stiff even two hundred years later. Howard, Sarah, and Paul Garside, "'Net' What It Seems! The Impact of Detailed Research and Analysis on the Approaches to the Conservation of Two Early 19th-Century Machine-Made Net Dresses," in *Scientific Analysis of Ancient and Historic Textiles* (London: Archetype Publications, 2005), 19–23.

16 Tulle illusion was an almost invisible silk tulle. *The Ladies' Treasury* 4 (London: Ward and Lock, 1860), 26.

17 "Crinolinomania: Punch's Female Malady," in Julia Thomas, *Pictorial Victorians* (Athens: Ohio University Press, 2004), 77–102.

18 Rachel Maines, Asbestos and Fire: *Technological Trade-offs and the Body at Risk* (New Brunswick: Rutgers University Press, 2005), 45, 48.

19 Ibid., 46.

20 Deirdre Kelly, *Ballerina: Sex, Scandal, and Suffering Behind the Symbol of Perfection* (Vancouver: Greystone Books, 2012), 55.

21 Ibid., 47–70.

22 Martine Kahane, *Le Tutu* (Paris: Flammarion, 2000), 14.

23 Dr. Tripier, *Assainissement des théatres* (Paris: J.B. Ballière, 1864), 33.

24 *The Richmond Daily Dispatch*, October 1, 1861.

25 "The Holocausts of Ballet-Girls," *The Lancet* vol. 91 no. 2333 (May 16, 1868), 631–32.

26 Guest, *Victorian Ballet-Girl*, 9; l'épine Quatrelles, *Emma Livry* (Paris: Ollendorff, 1909); Cyril Beaumont, *Three French Dancers of the Nineteenth Century: Duverny, Livry, Beaugrand* (London: C.W. Beaumont, 1935); Ivor Guest, *The Ballet of the Second Empire* (London: A and B Black, 1953).

27 Beaumont, *Three French Dancers*, 25.

28 *Gazette des Tribunaux*, April 21 and 22, 1873, 383.

29 Letter to the Ministre de la Maison de l'Empereur et des Beaux-Arts from the Direction Perrin, "Note Relative aux systèmes Carteron et Hottin rendant les tissues ininflammables," (April 1864), Opéra Archives, 19 [68]. As an architect wrote, the average life span of a theatre was 22.5 years in Europe and only ten years in the United States. P. Chenevrier, *La Question du feu dans les théatres* (Paris: Librairie générale de l'architecture et des travaux publics, 1882), 53.

30 Beaumont, *Three French Dancers*, 25.

31 "Bonfire Ballerinas," in Kelly, *Ballerina*, 86–87.

32 Quatrelles, *Emma Livry*, 30.

33 Guest, *Second Empire*, 36.

34 Visitors were shown this object by the Opéra concierge, *Ces demoiselles de l'Opéra* (Paris: Tresses et Stock, 1887), 130. Madame Venetozza, who owned these remains, died in 1885, and her husband donated them to the museum.

35 I am thankful to Caroline O'Brien, an expert maker of tutus, for her help with this object.

36 I am grateful to Ada Hopkins, Textile Conservator at the Bata Shoe Museum, for this observation.

37 Quatrelles, *Emma Livry*, 38–39.

38 Quatrelles, *Emma Livry*, 35.

39 "L'éclairage au théatre," *Comédia* 23, no. 8 (1924), 40. Paul Lafage, *Gare au feu! Les rôtissoires de Paris* (Paris: L. Dumas, 1897), 26 n1.

40 Le Teinturier Universel no. 21 (February 1, 1863), Bibliothèque Forney, Paris.

41 "Fireproof Fabrics," *Lancet* vol. 74 no. 1891 (November 26, 1859): 544.

42 Cited in Christopher Breward, *The Culture of Fashion* (Manchester: Manchester University Press, 1995), 160.

43 *Sous l'empire des crinolines* (Paris: Paris Musées, 2008).

44 Christina Walkley, "'Nor Iron Bars a Cage' The Victorian Crinoline and its Caricaturists," *History Today* 25, no. 10 (1975): 712.

45 Perrot, *Fashioning the Bourgeoisie*, 73.

46 Gwen Raverat, *Period Piece: A Cambridge Childhood* (London: Faber and Faber, 1952), p. 260.

47 "Petticoat Protection," *Punch* (January 8, 1859), p. 19.

48 Frederick Treves, "The Influence of Dress and Health," in *The*

Book of Health (London: Cassell, 1883), 475.

49 "The Perils of Crinoline," *New York Times*, March 16, 1858); S. C. L. Leong, I. E. Emecheta, and M. I. James, "The Flaming Gypsy Skirt Injury," *Injury* 38, no. 1 (2007), 124

50 "Death by Fire," *Lancet* vol. 76 no. 1939 (October 27, 1860): 418.

51 Cited in Vincent, *The Anatomy of Fashion*, 156.

52 Mauret de Pourville, *Des incendies et des moyens de les prévenir* (Paris: Paul Dupont, 1869), ch. 3.

53 "Deaths from the Inflammability of Clothing," *Lancet* vol. 76 no. 1932 (September 8, 1860): 245.

54 Charles C Calhoun, *Longfellow: A Rediscovered Life* (Boston: Beacon Press, 2004), 215.

55 Official articles said that she had stepped on a Lucifer-match. "Burnt to Death," *Lancet* vol. 89 no. 2285 (June 15, 1867): 749.

56 McMahon, "The Tragic Deaths in 1871 in County Monaghan of Emily and Mary Wilde—Half-Sisters of Oscar Wilde," *Clogher Record* 18, no. 1 (2003): 129–45.

57 "Deaths from Wearing Crinoline," *London Times*, March 23, 1863, 6.

58 "Rhymes to Decreasing Crinoline," *Punch* (March 25, 1865), 124.

59 "The Good Servant: The Bad Master," *All The Year Round*, vol.6 no.140 (December 28, 1861), p.324.

60 "Crinoline Again," *London Times*, August 4, 1864, 6.

61 "The Crinoline Tragedy," *London Times*, November 27, 1866, 6.

62 Thomas, *Pictorial Victorians*, 103.

63 "On the Comparative Value of Certain Salts for Rendering Fabrics Non-inflammable," reprinted in *Franklin Journal* 69, no. 5 (May 1860): 354–55.

64 "Fireproof Fabrics," *Lancet* vol. 74 no. 1891 (November 26, 1859): 545.

65 "Anti-Inflammable Starch," *Times*, December 25, 1844, 6; "Tungstate of Soda and Muslins," *Tait's Edinburgh Magazine*, vol. 28 no. 324 May 1861, 17, "Ladies' Lives," All the Year Round," vol.6 no.145, (February 1, 1862), 441–444; "Fireproof Starch," *Lancet* vol. 99 no. 2547 (June 22, 1872): 875.

66 Maines, *Asbestos and Fire*, 25.

67 Giovanni Aldini, *Art de se préserver de l'action de la flamme* (Paris: Madame Huzard, 1830).

68 "John Bell: Asbestos Manufacturer," *The New Monthly*, vol. 121 no.726 (October 1882), p.709.

69 Paul Blanc, *How Everyday Products Make People Sick: Toxins at Home and in the Workplace*, Oakland: University of California Press, 2009. 15. Even though the health risks of asbestos, which include cancer, are now well known, it still caused 107,000 deaths worldwide in 2004 according to the World Health Organization. Canada and Russia, which export three-quarters of the world's asbestos, have fought to keep chrysotile asbestos off of the UN hazardous substances list. "Asbestos," World Health Organization, http://www.who.int/ipcs/assessment/public_health/asbestos/en/; Kathleen Ruff, "Russia, Zimbabwe, pick up asbestos baton from Canada," *Toronto Star*, May 5, 2013, http://www.republicofmining.com/2013/05/06/russia-zimbabwe-pick-up-the-asbestos-baton-from-canada-by-kathleen-ruff-toronto-star-may-5-2013/.

70 A. Leonard Summers, *Asbestos and the Asbestos Industry: The World's Most Wonderful Mineral* (London: Pitman & Sons, 1919), 59.

71 "The International Health Exhibition, Group 2.—Dress," *Lancet* vol. 124 no. 3175 (July 5, 1884): 33.

72 "The Flannelette Evil: A New Danger for the Public," *Hawera & Normanby Star*, LXII (September 26, 1911), 7.

73 G.Proudlove (For the Patentees of "Non-Flam"),"Flaming Flannelette, [To the Editor of the "Spectator"]," *Spectator* (December 19, 1908), 19.

74 T.E. Samson, cited in Vicki Holmes, *Victorian Domestic Dangers Blog*,"Inflammable Flannelette," (December 9, 2013). http://victoriandomesticdangers.com/2013/12/09/inflammable-flannelette/.

75 *BMJ* vol. 2 no. 561 (September 30, 1871), 396.

76 "The Preservation of Health," *After Work* (October 1874), 159.

77 Christopher Breward, "Femininity and Consumption: The Problem of the Late Nineteenth-Century Fashion Journal," *Journal of Design History* 7, no. 2 (1994), 71.

78 *Myra's Journal of Dress and Fashion Advertiser*, issue 1,(January 1, 1877), i.

79 Many sources complained that flannel worn in the sickbed or in hot climates became "impregnated with sweat, developed a 'veneer' of dirt . . . its odour became acrid and it began to irritate the skin." G. Reynaud, "L'Armée coloniale au point de vue de l'hygiène pratique," *Archives de médecine navale et coloniale* 59 (janvier 1893): 125.

80 "Flannelette," *Chambers's Journal* (October 16, 1897), 665–67.

81 "What Is Non-Inflammable Flannelette?," *Lancet* vol. 178 no. 4585 (July 15, 1911): 175–79.

82 A mechanical process for raising the nap was invented by Edward Moser in 1884, "Flannelette," *Chambers's Journal* vol. 14 no. 720 (October 16, 1897), 665. William Henry Perkin, "The Permanent Fireproofing of Cotton Goods," *Popular Science Monthly* 81 (October 1912): 400.

83 Ibid., 401.

84 *Chambers's Journal*, 666.

85 William Brend, "The Mortality of Children from Burning," *Lancet* vol. 182 no. 4706 (November 8, 1913), 1321.

86 Margaret Synge, *Simple Garments for Children (from 4 to 14)*, London: Longmans, 1913.

87 Vicky Holmes, "Absent Fireguards and Burnt Children: Coroners and the Development of Clause 15 of the Children Act 1908," *Law, Crime and History* 2, no. 1 (2012): 26: Vicky Holmes, *Dangerous Spaces: Working-Class Homes and Fatal Household Accidents in Suffolk*, 1840–1900 (Unpublished PhD Thesis, University of Essex, 2012).

88 Holmes, "Absent Fireguards," 40.

89 Ibid., 48.

90 Coroners' Committee 1910 (5139) XXI.583, in Holmes, "Inflammable Flannelette"; Holmes, "Absent Fireguards."

91 Coroner's Committee, *Report of Inquiry* (London: His Majesty's Stationery Office, 1910), 4, 6. I am thankful to Vicky Holmes for sharing her research with me.

92 "Supposed Danger of Ignition," *London Times*, June 27, 1913.

93 Perkin, "Permanent Fireproofing," 400–01.

94 "See Cotton Goods in Fireproof State," *New York Times*, September 11, 1912, 11.

95 *Fire Tests with Textiles* (London: The British Fire Prevention Committee, 1910), 6.

96 William Perkin, "The Inflammability of Flannelette," *BMJ* vol. 1 no. 2520 (April 17, 1909): 981–82.

97 "What is Non-Inflammable Flannelette?," 176.

98 Theodore Taylor, HC Deb (April 23, 1913) vol. 52 cc. 390–92. http://hansard.millbanksystems.com/commons/1913/apr/23/misdescription-of-fabrics-bill#S5CV0052P0_19130423_HOC_329.

99 "Fabrics Misdescription Act: Nonflam is Safe," *The Educational Times*,(June 1, 1914), p. 311.

第七章

燃烧的假货：塑料梳子和人造丝绸

透过著名纪实摄影师列维·海因（Lewis Hine）的照片，我们可以看到，红砖楼被烧焦的墙壁仍在，但它对我们分析这栋建筑物里曾经发生的悲剧，没有任何帮助。墙壁上的烟灰让二楼窗户外的“ROBE”字样看起来模糊不清（图1）。我们只知道，1909年12月08日，由罗伯特·莫里森（Robert Morrison）开办，位于纽约布鲁克林区的“纤维梳子厂”（Fibroid），迎来了一位来访工人，他的烟头一不小心掉落到开放式的电梯井里。砰的一声，爆炸声响起，火苗蹿得老高。15分钟后，九人在大火中死亡，其中包括玛丽·凯普尔（Mary Kepple）——一位15岁的豆蔻少女，她“像被爆炸的力量掀起一样”从二楼直接掉落到了街上，“她的衣服、手上和脸上还沾有燃烧的纤维碎片，正在吱吱作响”，玛丽伤重不治，迅速死亡。其他死者多为意大利移民，其中五人因为找不到逃生出口而死亡。此次事故中最糟糕的安全问题是，第二层的窗户被铁栅栏封死。救火队员，站在红色的铁条面前束手无策——铁条无法破除，他们只能眼睁睁地站在原地，看着五位受害者中的一位，猛地冲向窗户，然后“像一条被困的狗一样跌落回厂房内”。24岁的威廉·莫里森（William Morrison）是工厂主的儿子，焦黑的尸体倒在公司的保险箱旁。他本已安全逃离，为了救父亲又返回了现场[1]。让人悲痛的是，这场大火还埋下了一场伏笔：事故发生一周后，工厂主罗伯特·莫里森在悲伤中自杀。这场爆炸发生一年半之后，另一场大火，著名的曼哈顿三角内衣厂火灾（Triangle Shirtwaist Fire）夺走了146名制衣工人的生命。廉价时尚用品和不安全的工作环境，是两起事故的共性。

著名纪实摄影师及反童工活动家海因，或许是为了死去的小玛丽记录下了火灾发生时的这一幕，并将照片提供给“全国童工委员会”。但对海因来说，他对火的危害并不陌生：为了顺利进入工厂，海因一直担任消防检查员。而且，因为自己的照片冲击力较大，担心拍摄的照片被对手烧毁，他一直对底片进行防火处理[2]。海因不得不小心谨慎，因为19世纪晚期及20世纪早期，摄影底片、胶卷以及莫里森的“纤维牌”梳子，大都用同一种高度易燃的材料做成。引发火灾

◀1. 罗伯特·莫里森梳子厂大火，布鲁克林区，1909年12月；《全国童工委员会（National Child Labor Committee）资料集》；美国国会图书馆，摄影：列维·海因

的梳子虽然曾被精心装饰，却在海因“漂亮的”照片中呈现出另一种形态。本章重点向大家披露，新型塑料和人造纤维尽管能够模仿过去的高端奢侈品，挽救了无数动物的生命，但却害死了那些制作、销售及穿着使用它们的人。

纤维（Fibroid），通常被叫作赛璐珞（celluloid），可以说是19世纪从天然材质向人造材质转变的重要标志。曾经，老珀金发明了阿尼林紫，使欧洲成为化学染剂的世界出口商，减少了欧洲对昂贵的天然染色剂和颜料的进口。一直以来，人们圈养牲畜，以获取食物、皮革或皮草，但人们也会为了得到精美的装饰猎杀动物。时尚的需求极大地危害了生物种群：漂亮的鸣禽和水鸟就曾被制成标本，钉在帽子上面——它们都是时尚的受害者[3]。但是，欧洲及北美地区仍然从其他国家进口其他更加昂贵的动物产品。梳洗、装饰以及其他用途的奢侈品，如梳子、牙刷、扇子及珠宝盒，都是用进口象牙或海龟龟壳雕刻而成。几个世纪以前，北美的海狸毛曾是殖民地探索与征服的成功象征，为欧洲带来了新的动物性“原”材料，但需求这种东西，会无限膨胀，人们变得贪得无厌。欧洲饲养的蚕虫，吐丝结茧后就被“屠杀”，19世纪50年代却因一场虫病，几乎死得一条不剩。人们请来化学家，希望能拯救这种濒危动物。

19世纪中期，科学家与企业家合作，用天然植物及人工化学元素的合成物质反复实验，制作新型“塑料”，以及人造纤维（由棉和木浆合成）。本章前半部分将视角投向塑料制作的时尚配件，如梳子和衬衫硬领，第二部分则着笔描述人造丝绸。在那个时代，塑料简直等同于“完美”二字，能够制造各种尺寸、各种形状、各种颜色的时尚单品，关键价格便宜，能满足收入相对低下的购买人群的消费欲望。当年毛毡帽的优势之一，就是能根据季节的变化变幻多端，现在的塑料制品可塑性更强，看这个词本身就知道了。“塑料”一词，英文叫“plastics”，它出自希腊语“plastos”，意思指“形成的”或“锻造的”，其完整的定义为，“一种能在压强作用或热作用下被锻造或塑造成不同形态的材料”[4]。这种品质使“塑料”独树一帜。包括天然塑料在内的同类材料，如琥珀、橡胶和动物角等，都和非塑料（如石头）不同，后者必须通过切割或开凿，才能加工成形。于是，人们想出各种各样的名字，以强化新产品的材料特性，如“帕克赛因”（Parkesine），“仿象牙”（Ivorine），“赛璐铬”（Xylonite），“赛璐珞”（Celluloid），当然还有我们现代人最为熟悉的那个称呼，“人棉”（Rayon，即人造丝）。“Celluloid”这个词语中的后缀“-oid”，暗指某种有天然性能，但是不完全或不完美的仿品。例如，“humanoid”一词，指类人动物，就不是真正的人类。“Celluloid”一词模仿天然原材料“cellulose”（纤维素）或植物而造，因此，与用来提炼纤维素或植物的原材料棉或木浆一样，“赛璐珞”也具有易燃的特性。但是，研制新材料的化学家们更胜一筹，用硝制过程处理了这种材料，在里面加上樟脑，并与其他化学元素混合，最终形成了一种像火药一样易燃易爆的高度硝化的版本，被称为火棉（guncotton，或硝化棉）。这种产品原本还有一些通用名称：“Xylonite”，词源“xylos”，意思是“木的”；“pyroxyline”（焦木素），指“火的”或“木的”。它们都暗指其原材料，但是，随着该材料易燃的新闻铺天盖地地出现，任何与“火”有关的词语很快退出了舞台，不再被人们使用。

1845年，德裔瑞士化学家克里斯汀·舍恩拜因（Christian Schönbein）趁妻子不在家，在厨房大搞实验。他不小心把硝硫酸溅了出来，只好用妻子的棉围裙去擦，然后把围裙挂在火炉前烤干。围裙温度升高后，连缕烟都没冒，就飞快地烧了个一干二净。舍恩拜因敏锐地意识到这项新发现的军事价值，于是将这种材料取名为“火棉”（英文“guncotton”，其中“gun”意为枪）。他把这一成果告知了英格兰的一位同事，科学界极负盛名的迈克尔·法拉第（Michael Faraday）。在信中，舍恩拜因写道：“（通

▲2. 各种赛璐珞制品，主要仿制法国象牙及其制品，可以用于梳洗、化妆，或用作衣饰；约20世纪20年代—20世纪30年代；©科学博物馆，伦敦

过这个过程）我能制作出仅次于火药的，应当被看作世界上最易燃的物质，要多少有多少……我认为，这种物质不论用于防御还是进攻都非常有利。你看，我是不是应该把它提供给你的政府呢[5]？”随后的一个世纪，各种各样高浓度的硝化棉衍生品充斥着整个市场。1884年，法国人保罗·依维拉（Paul Vieille）改良了火药，以硝酸盐为主要成分的“无烟”火药使现代战争威力大增，数百万生命被轻易终结。然而，单就硝酸盐而言，制作塑料才是它最广泛的用途，这一生产领域虽不是为了夺人性命而存在，却仍然危险重重。

1862年，亚历山大·帕克斯（Alexander Parkes）希望将“帕克赛因”（Parkesine）投入市场使用，这种早年的塑料以帕克斯的名字命名，但它容易弯曲变形，公司最终以失败告终。1870年，美国人约翰·韦斯利·海厄特（John Wesley Hyatt）发明了一种更为先进的塑料，代替象牙成为制作台球的主要材料，该品牌被命名为“赛璐珞”。合成象牙随之问世。当时，大象被成批地屠杀殆尽，象牙越发稀有昂贵，人们对它的需求却只增不减。1800年至1850年，大不列颠的象牙进口量从每年119吨增至458吨。到19世纪晚期，全世界对象牙制品的年需求量增至1 000吨，这就意味着每年至少有6万5千头大象被猎杀，数量之多，简直令人难以想象[6]。警钟敲响：1882年，《纽约时报》报道称，“在几内亚，曾经的‘象牙海岸’，大象已成濒危物种，只有少数存世[7]。”当然，当时人们更为担心的，不是大象面临的危机，而是消费者的安全。1878年，英国某幽默杂志诙谐地告诫人们，警惕“象牙之害”。男人的围巾扣在他脸上炸开；一粒台球被吹飞；女人的假牙从牙托上掉了下来。当然，只是看看图，我们不会觉得这些物品真有那么不受控制。事实上，与其他时尚单品一样，生产制作者永远比消费者更容易受到伤害。1875年，一家“赛璐珞”工厂发生爆炸，当晚的值夜人员不幸遇难。《纽约时报》向读者们揭开内幕，“男人自信地上床睡觉，他可没有想过好端端的牙齿会在半夜掉下来”[8]。

赛璐珞具有两面性。一方面，它的出现，既挽救了大象的生命，又能被用来制作可爱的时尚配件和塑料娃娃，但从另一方面来看，它得为频频发生的意外伤亡事故负上大部分责任。虽然人们不会有意点燃赛璐珞，但是一经点燃，其火焰温度能达到815摄氏度(即1 500华氏度)。它吐着凶猛的火舌，释放出令人窒息的黑烟和大量剧毒的气体，包括氰氢酸、氢氰酸(氰化氢)和氮氧化物。许多工人，包括在伦敦一家赛璐珞贺卡工厂工作的八名花季少女，都没有逃脱毒气的魔爪。这些姑娘们逃到自以为安全的屋顶，没想到迎接她们的是冲天的浓烟。她们逃离了火焰，却没逃过一氧化碳的毒杀[9]。

尽管有上述安全隐患，不过在其被发明后的几十年间，赛璐珞就已找到了各种出路，进入了衣柜、办公室、体育场和医院。50多年来，生产商用赛璐珞制作各类时尚配件，如衣饰、梳子及各种休闲产品，包括防水衬衫假领、纽扣、首饰盒、小刀、伞柄、镜架，甚至假牙和义肢(图2)。这类商品通称为“时髦单品”(fancy goods)。东西更是精致小巧，有“专门用来梳后脑勺儿的发梳，有耳坠指环，还有围巾别针、胸针和手镯”[10]。1944年，90%的“盥洗用品”都是赛璐珞制品[11]。

19世纪70年代起，可拆卸的男用衬衫假领、袖口、前襟片等的“防水”外层均由赛璐珞制成。这些新型产品销量过百万。和毛毡帽一样，这些单品是当时男性阳刚之气和社会地位的象征。干干净净、被浆洗得硬挺的白色衬衣领，就是中产阶级男性地位的标志，与普通农夫和操作工人穿的工装蓝领，形成了鲜明的对比。但是，如果没有专门的洗衣工人，白色的衬衫领很难保持干净硬挺的状态，也不会被熨烫得妥妥帖帖。“赛璐珞”本身是液态，它可以薄薄地覆盖在布制衣领外层，所以从实际来看，这种假领假袖的男士的优雅只是一种表面的优雅，毕竟它们是用扣子别在衣物上反复使用的。中下层的小白领们，如店员和办公室人员，往往没有能力维持传统衬衣的完美外表，但是，使用这种新型的配饰，只需用肥皂泡上一会，再用刷子刷刷，就能够亮洁光鲜了。图3这则小广告，出现于1890年左右，恰恰反映了这种新潮有型而又实用的穿衣经。广告上描绘了“求婚者不能穿得老土”，画中主角被花园的水管浇得浑身是水。但是水柱从他的袖口上滴落下来，就像从鸭子的后背上滑落下去一样，使这位衣着华丽的绅

➤3.广告宣传卡：赛璐珞防水硬领、假袖、前襟；多彩石印版，约1890年；作者私藏

士看起来仍旧从容不迫：白色亚麻质地的紧身商务“套装”、高跟皮鞋、单片眼镜、高礼帽，甚至雪茄看起来都光亮如新，身后，他的爱人用手帕捂着脸，正伤心地哭泣。尽管真正的上流社会人士看到这种穿戴，会忍不住皱眉，认定这会降低他们的身份和水准，但社会其他阶层的众多男士、男童，包括后期许多工人阶级女性，都将这类防水衣饰穿戴上身，乐意之至。这种防水衣饰提升了上述人群的社会地位，使他们高普通的蓝领工人一等，但它并不是全然安全无害。吸烟或使用“安全”火柴均有可能点燃“赛璐珞”饰品。1897年，一位年仅10岁的英格兰小男孩丢失了一颗衬衫纽扣，于是只好

▲4.埃及风格“卡洛特（Callot）”精品晚礼服，1909年夏；面料：真丝绸缎、外层镶嵌赛璐珞亮片，以及用金线、水钻及玻璃珠串装饰的棉质蕾丝；©北卡罗来纳州立大学（North Carolina State University）格雷格艺术与设计博物馆（Gregg Museum of Art Design），编号：2003.014.208，Susan Biggs和Myrta Spence捐赠；摄影：Doug Van de Zande

用绳子把衬衣系拢在一起。上床睡觉时，小男孩没办法打开死结，于是试着把绳子烧断。赛璐珞衣领跟着被点燃，“火焰裹住可怜的男孩的脖子，使他的面部和头部烧伤，塑料则在火焰中溶化，一滴滴地落在他的衣服上”，脖子的伤情当然更严重[12]。其他的衣领起火事件中，火源可能是蜡烛、火柴、燃烧的防腐油，甚至放大镜。但是，对于女性来说，赛璐珞发梳及饰品，就像她们的轻薄棉裙一样，才是更大的安全隐患[13]。

弗洛伦斯·（查尔斯）·T. 埃利斯夫人[Florence（Charles）T.Ellis]，23岁，1909年12月31日，她穿着一条由赛璐珞亮片点缀的裙子，兴冲冲地去往“马丁咖啡吧”，参加新年庆祝晚宴。这是纽约的一家高档法式餐厅，客人们非富即贵。晚宴上，不知是谁丢了根火柴在她的裙边旁，“轻薄”的雪纺裙瞬间被点燃[14]。“火焰爬满了年轻女子周身”，她冲到窗边，随即点燃了窗帘。不到三天，埃利斯夫人死亡，留下了一个“十六个月大的婴儿”[15]。当时，晚礼服上常见各种亮片，图4中这条由“巴黎卡洛特姊妹制衣”出品的晚礼服正是如此，当然，这条裙子最后出现在美国。蓝色长裙闪闪发光，其制作灵感来源于埃及的缀珠工艺，上面镶嵌着大面积人造珠宝和一圈圈的亮片[16]。埃利斯夫人死后，制衣匠人“承认赛璐珞亮片”有巨大危险，然后用其他的安全材料进行了替换，包括水钻及包银串珠，还有一种蓝色的亮片——“在高温下只会熔化不会燃烧”[17]。尽管裙子有致命危害，但是，不论是最时尚的女演员，还是最穷困的下层女人，都用“赛璐珞”装点衣物，或是使用“赛璐珞”制作的产品，如发梳等，不论是装饰发梳或功能发梳，它们就是早期塑料工业业内的“面包和黄油”[18]。

冒牌淑女

▲5.玛莉亚梳（Mantilla comb），西班牙产，龟壳制品；19世纪晚期；Robert Bollé私人藏品；©梳子与塑料博物馆

现代社会，少有女性能够每天把头发打理得漂漂亮亮，或是有专职女仆帮助护理一头长发，但在过去，长长的卷发就是上流社会女性的代名词，是女性的“皇冠和荣光”。长发既然是美女的标志，那么梳子当然兼具审美和实用的双重功能。大约一个世纪之前，女性还“随身携带几磅的赛璐珞制品——头上插满形态各异的梳子”[19]。梳子明明白白地向世人展示女性的社会地位和婚姻地位，充满仪式感——小姑娘们从不需要把头发梳得又高又紧，已婚妇女则必须把头发盘起来——发梳由此成为备受推崇的传统婚礼贺礼。接下来的部分，你将惊叹于发梳的流行之广，也会慢慢发现，它给“原料供应商”海龟带来了灭顶之灾，又将惊惧地发现，出现了所谓的“龟壳”替代品后，生产者和消费者又承担了何种风险与危机！我曾有幸在法国瓦约纳克斯市参观。该市的“梳子与塑料博物馆”展出了自人类有历史以来，各个文化中使用的梳子。这些形式各异的发梳功能强大，可用于护发、清洁，及装饰。

发梳匠人曾用不同材料制作发梳：木头、骨头、象牙、金属、动物角。其中最为奢侈的，是用龟壳雕刻制作的产品。龟壳是一种天然“塑料”，色泽呈现斑驳的褐色或“金铜色”，光泽度高、手感润滑，呈半透明状[20]。最为精致的设计是西班牙产的“玛莉亚梳”，即专用于佩戴带头纱的小披肩的装饰性发梳，或称“Peneita”，属龟壳制品，主要出现在历史上的安大路西亚地区，其设计灵感源于摩尔人的窗饰及木雕文饰。18世纪，女性往往头戴面纱或蕾丝头纱披肩，因此需要戴上假发髻，把玛莉亚梳牢牢地别在发髻上端，能起到很好的稳定和支撑作用（图5）[21]。

虽说龟壳制品外表讨喜，但它背后的故事却让人喜欢不起来。制作发梳的原材料，必须是玳瑁龟的背甲和腹甲，这种海龟现在已是濒危物种。收集腹甲的过程尤其残忍，有杂志称这一部位是“海龟的皮肤”：人们要么将捕来的海龟“翻个底朝天”，晾在海滩上自然风干；要么用滚烫的开水或热油直接杀死它[22]。在欧洲，从罗马帝国开始，人们就用龟壳制作首饰或装饰品，但是由于玳瑁龟只生活在热带海域，欧洲不得不从世界各地进口，以获取这种原材料[23]。1878年，大不列颠进口30吨玳瑁龟壳；1876年，法国进口达42 306千克（等于17 000只海龟）。到19世纪晚期，这种材料的价格日益高昂：1870年至1900年，30年间翻了三倍。从大规模屠杀动物的角度来看，赛璐珞生产厂商或许还积有功德一件。因为正是他们的灵光乍现，拯救了动物的生命。"英国赛璐铬（British Xylonite）"公司的商标，就是一头快乐的大象和一只海龟抬起前肢"并肩"散步的形象。

因为龟壳造价过高，18世纪早期，牛角曾一度被当作龟壳的替代品使用。牛角本色为淡黄色，工匠用生石灰、氧化铅或是有毒的硫化铅制作出黑色糊状物，然后用它给牛角上色[25]。19世纪20年代及30年代，牛角和龟壳占据了市场的主要位置，它们一度爬上发髻的两侧，而后攀爬得越来越高，只要不掉下来就行。这些"浪漫的"发型有个绰号，叫"Apollo topknots"，意即"太阳神髻"（图6）。与传统原料相比，赛璐珞为纯人造材料，更易切割、塑形及抛光，同时，它还能被染得五颜六色。因此，问世几年后，各种用它制作的小玩意儿挺进市场，中产阶级和贫穷的工人阶级成为购买此类产品的主力。约翰·汤姆森是早期街头摄影师，在1877年出版的《伦敦市井生活》（*Street Life in London*）（图7）中附有一幅街头手推车的摄影作品，作品名称为"精

▲6. 上：E. 罗兰（E.Laurent）绘"一位头戴龟壳发梳的年轻女子的微缩肖像"；约1820—1830年；"古董 & 珍宝"（Antiques &Uncommon Treasure）收藏；摄影：Susan Dean
下：龟壳玛莉亚梳工艺珍品，扇形；约1820—1840年；©诺玛·拉蒙西班牙梳子（Norma Lammont of The Spanish Comb）

▲7.约翰·汤姆森，作品“精致小物小贩（酷品出售）”[*Dealer in Fancy Ware*（*Swag Selling*）]，1877年；“事实上，女性追捧的不是这种仿真珠宝，而是那些拥有真正珠宝的窈窕淑女”；©伦敦博物馆

致小物小贩（酷品出售）”。这张纪实相片及附注说明，19世纪70年代晚期，即赛璐珞问世不过十年后，用它制作的梳子即已成为流行单品。汤姆森用镜头和文字记录了维多利亚时代工人阶级的生产生活场景，有街头小贩、妇女儿童，有鞋匠、车夫，也有二手服装商人。汤姆森似乎带着崇敬之情，赞叹地写道，“街头兜售的现代‘仿真’珠宝，无论从样式的多样化，还是从工艺美感上来看，简直就是对真正的珠宝首饰的绝佳模仿，而且设计时尚[26]。”它显然吸引了那位站在摊位前的妇女，尽管她当时身穿一条肮脏的围裙，还抱着个婴儿。她和一位穿着围裙的小姑娘一起挑来捡去，后者大约是她的女儿。根据汤姆森的记录，当时那位不知名的小贩表示，这些货品太有吸引力了，有时他的顾客“带着还光着脚没有鞋袜穿的小娃娃一起，花钱买副耳坠，或是漂亮的发梳”。但是，他的优质客户还是年轻的女性，有些——根据小贩的暗示——以卖淫为生，“她们几乎啥都不穿地跑出来，自在得很呢——只要发型够流行就好，然后就选一把我这儿的梳子插在头上。我知道这些人，脚趾头动动我就知道，只要能换把梳子，内衣都能‘换给你’[27]。”对于这些年轻女人来说，用看不见的内衣换把一眼就能看见的梳

◀8.左：头戴赛璐珞发梳的女士，橱柜照片，约1880年，诺玛·拉蒙西班牙梳子友情提供；右：仿真龟壳发梳，19世纪80年代，作者私藏，摄影：Suzame McLean

子，合情合理，毕竟她们做买卖的最大筹码就是自己那张脸。

1880年的一张照片，仿佛捕捉到了衣物和发梳之间关于美的对话（图8）。坐着的这位女士，嘴角含笑，周身俱是时髦单品：缎带、领结、刻有浮雕的宝石饰品以及人造花袖子，前襟和裙子为了营制出对比，特地点缀了黑色蕾丝。最后的点睛之笔是头顶的发梳。梳子不大，但非常漂亮，别在头上就像小鸟头顶的羽毛冠一样。右图的发梳基本来自同时代，我们可以看到精细的雕饰，以及像龟壳制品一样的色彩纹路和光泽感，但它其实是用新型塑料制作而成。

发中藏刀

尽管普通民众一致欢迎这种新型的"魔法"材料，但从19世纪90年代起，医生和媒体开始发出"发中藏刀"的警示[28]。《柳叶刀》讲述了一起离奇事故，事件起因就是佩戴发梳的"野蛮习俗"。文中说，一位女士不小心跌下楼梯，头顶的发齿"插进"了头盖骨，"刺穿了头盖骨"[29]。但火灾是更大的隐患，与法兰绒起火相比，发梳起火的危害只大不小。1888年，法国火药及硝石（用于制作炸药、烟火及火药）总工程师莱昂·福彻（Léon Faucher），受命分析一位法国小姑娘“T小姐”的事故原因。小姑娘为了帮助妈妈加热熨斗，弓着腰在煤炭炉子边待了一个小时，结果发梳起火[30]。事故发生后，小姑娘保住了一命，但是头皮上却永远留下了一条狰狞的白色伤疤。福彻希望借此告诫公众，认清这种“巴黎时髦货”的危害，但最后话锋一转，说和报纸比起来，赛璐珞起火的危险毕竟不算大。1892年，《柳叶刀》英国试验室开展系统测试，得出的结论是，仿象牙骰子盒、仿龟壳发夹以及玩具弹力球是“极度易燃”品[31]。当温度达到摄氏80至90度时，赛璐珞开始变软，并具有延展性，这一特性使其易于加工。但是，一旦达到沸点（即100摄氏度），只需4分钟，一个距火源6英寸（约15厘米）外的发夹就会被“燃烧殆尽”。因此，实验室提醒说，“常规使用也有安全隐患”。1898年，针对青少年读者发行的杂志《我是女孩》（*Girl's Own Paper*）也发表文章，建议女孩们在家做做科学实验，将发梳放在废弃的壁炉中点燃，测试其燃烧情况。该文作者不无遗憾地表示，“很遗憾，它们看起来那么可爱，看着就想买[32]。”

Dangers of the dressing-room

It is at all times a dangerous practice to use an unprotected light on the dressing-table, but more so if your brush and comb have any celluloid about them. In an instant, before you are aware of it, they may catch alight

▲9.“发梳起火”，《战号》（*War Cry*），“救世军”（Salvation Army）出版，1912年；© 救世军国际遗产中心（The Salvation Army International Heritage Centre），伦敦

随着赛璐珞的流行，价格更低、化学稳定性更差的塑料制品涌入市场，火灾事故越来越多。1902年，英国阿伯丁大学（University of Aberdeen）的外科钦定教授亚历山大·奥格斯登发表文章，谴责称“赛璐珞起火事故实非罕见”[33]。无须明火接触，只要人跪趴在红色的火焰旁，发梳和头发就有可能被点燃。奥格斯登教授从医生那里收集了大量“物证”。这些“物证”来源于一位苏格兰妇女，她三度烧伤，在医院治疗了数月后康复，但头皮近1/2英尺宽的位置永久性秃发。主治医生将该患者的发梳样本和另一位家中女性成员的发梳一起送至实验室进行化学分析。其中一片实验材料在128摄氏度（264华氏度）下被点燃，这个温度刚好约等于人在距离火炉6英尺处时感知的温度。在教授看来，造价更低的其他赛璐珞产品，起火点温度更低。因此，他把受害者的发梳的一小部分，与钢制帽针接触（就像

她事故当时的穿戴一样），果然，金属有加温效果，仅仅93摄氏度，赛璐珞即被点燃。接着，为了重现事故当天的真实场景，教授用一缕黑色头发把发梳碎片包裹起来，再次点燃，结果82摄氏度（180华氏度）时，碎片开始燃烧。随后的实验还发现，儿童用发夹的燃点低至75摄氏度（167华氏度），而在同等温度下，高品质的赛璐珞制品则只会软化，不会燃烧。教授最后的结论是，"由不明成分合成的赛璐珞制品随处可见，并被反复使用，但这些材料非常危险，极其易燃"。因此，这类制品应在醒目位置印上"易燃品"字样，同时政府应出台法律，更多地研发并推广阻燃性强的塑料产品[34]。奥格斯登教授发文几个月后，英国上议院将这个议题摆上了桌面，内阁大臣却担心立法不利于赛璐珞的销售，最终否定了该立法提案。诸如"救世军"一类的慈善组织在下属的报纸《战号》刊印了关于赛璐珞的警告，并用图片形象地描绘了女性手中的发梳被蜡烛点燃的场景（图9）。

直到20世纪20年代早期，赛璐珞的生产销售才开始受到监管，但即使有了监管，唯一的禁令也只是针对囤货现象[35]。为了消除消费者的恐慌，动物角制发梳生产者开始在产品上印制"真正动物角"的字样，以期与赛璐珞塑料进行区分。同法兰绒制品的发展进程一样，"不起火赛璐珞"也被研发出来，随即进入市场[36]。相关试验证实，这些看似可爱的小东西们，绝非标榜的那般无害。20世纪20年代，将5克赛璐珞，也就是普通发梳上含有的赛璐珞数量点燃后，产生的有毒气体足够杀死一名成年人[37]。

与普通火灾相比，囤积大量赛璐珞及其制品的"店铺""手工作坊"或工厂，一旦起火，危害更甚于前者数倍[38]。在欧洲及北美的赛璐珞工厂，工人相继死亡，尽管死亡人数不断攀升，英国政府却从未出面报道证实哪怕一起爆炸事故[39]。个别工厂制定了防护设施。"英国赛璐铬"（British Xylonite）公司员工哈里·格林斯托克（Harry Greenstock）回忆说，在工作时吸烟"是犯罪。一旦在员工的所有物中发现烟斗或火柴，该员工会被即刻开除。工厂定期进行检查，每一件衣服都会被翻检。就连内衬都被仔细搜查"[40]。这些措施听起来有点极端，但是，多起致命的赛璐珞事故的发生，包括莫里森发梳厂爆炸事故的发生，导火索都是一根随意扔在地上的火柴或烟头。

理发店和珠宝店也不安全。在那里，大大的玻璃橱窗背后展示着各类发梳，有些玻璃橱窗上安装有镜面，能够聚集太阳光热。在炎热的夏季，发梳不时被点燃[41]。工厂的火灾事故更是不胜枚举。美国有莫里森爆炸事故，一个月后，英国则出现了最大的百货公司火灾事故。时值圣诞期间，伦敦迎来了购物高峰，大火从大型百货公司"阿丁&霍布斯"（Arding & Hobbs）蹿起，这家公司拥有50间商铺和600名员工（图10）。无数待售的赛璐珞制品被烧得一干二净，火势蔓延，烧毁了另外40间商店和房屋。起火前，一位销售员走向圣诞展示橱窗去拿一把发梳，那

◀10.“阿丁&霍布斯”百货商店废墟，电灯短路导致发梳起火，1909年11月；《伦敦新闻画》(*Illustrated London News*)

个展台堆满了赛璐珞制品和棉毛制作的“人造雪花”。销售员不小心撞倒了一把雨伞，伞倒在电灯上，灯破了，保险丝短路，迅速点燃了展台。“阿丁&霍布斯”猛地陷入黑暗之中，妇女儿童尖叫着冲出建筑物，“不到十分钟，商铺里热得像烤炉”[42]。一些销售员表现英勇，带着顾客冲了出去，但商场的其他员工就没有那么幸运了。在这场巨大的、像瀑布一般的“尼亚加拉火焰瀑布”中，九名员工丧生。其中一位厨师，在帮助一位女同事安全逃离后，“倒在了恐怖的漩涡中”，一些员工在惊慌中跳窗，却落到了消防员安置的安全网的外围。火势凶猛，最后人们不得不“仅仅依靠一小片衬衣的布头和一个比较特别的领扣”，来辨认焦尸的身份[43]。

瓦约纳克斯

20世纪20年代至30年代，赛璐珞的夺命大火不时燃烧，直到新型不易燃烧的替代品问世，才告一段落。但是，我还要讲一个法国发梳制作小镇的故事。它将使大家精神一振，让我们知道，在世界上的某个国家有这么一个“反面教材”，它与剥削工人的社会现状背道而驰，通过不断努力，将安全隐患消灭于无形之中。瓦约纳克斯

（Oyonnax）——日内瓦以西50英里的一个小镇，几个世纪以来，一直从事发梳制作。当地土壤不利于大面积发展农业，因此，大部分居民以制作黄杨木发梳为生，主要客源为法兰克士兵及朝圣的清教徒们。19世纪20年代，当地转型，开始用动物角制作发梳，后来，市长参加1878年“巴黎世贸会”（Paris World's Fair）后，对赛璐珞制品赞不绝口，于是小镇开始大量进口赛璐珞。超群的技艺和新颖的设计，使瓦约纳克斯声名大噪，一时成为全世界“艺术品”赛璐珞发梳制作的中心。这些梳子多在小型的、往往是家庭式的作坊中完成。到19世纪80年代晚期，瓦约纳克斯有了大型发电机为工厂供电，于是，该镇又率先成为法国第一个电气照明的市镇[44]。1902年，当地建立了自己的赛璐珞工厂，但为了保障安全，地址设在了城市外围[45]。一张1910年拍摄的照片形象地展示了一位专为巴黎高级时装屋供应发梳的知名设计师奥古斯特·布纳斯（Auguste Bonaz）的公司成品库的情况（图11）。一排排井然有序的女性员工和少数男性员工一起，正在为堆积成山的发夹和侧梳打包装盒，以待邮寄。每位女员工的头上，都刻意佩戴有至少一枚造型独特的发梳，将头发打理得整整齐齐，还有几位头上戴着好几枚发梳。便宜的、本土制作的赛璐珞产品反映了当地的社会结构：当地没有特权阶层，甚至资产阶级。1919年民主选举的14位社会党候选人，在1921年加入了共产党。第二次世界大战期间，瓦约纳克斯成为法国抵制德国侵略的中坚力量[46]。企业主抵制大商品化的资本体系，而当地与火灾隐患的顽强对抗或许也与它的历史特色息息相关。事实上，只需一窥当年最具创造力的建筑物——“伟大的蒸汽”（La Grande Vapeur），就能获取最为直观的感受，感知此地永恒的魅力。

“伟大的蒸汽”是本地区的第一家现代工厂，1904年由建筑师奥古斯特·尚阿尔德（Auguste Chanard）设计，厂房全部由混凝土砌成。厂房中心为圆形建筑，混凝土制成的水槽像两扇“蝴蝶”翅膀一样置于中心建筑两侧，用于清洗发梳。这里共有100间电气化厂房，也叫“舱房”，最多曾容纳300名工人同时工作。直到20世纪60年代，这家工厂才被废弃不用。该设计最重要的亮点在于其高度防火性——所有房顶都设有水池蓄水。尚阿尔德利用重力原理将水流朝下引，为室内创造了绝妙的喷水灭火装置。这种带有水槽——也被称为“渠”——的灌溉装置可以让流动水经过微微倾斜的地板，从每个工作台下流过，然后通过墙面的小孔流至外墙[47]。每个工人脚边都放有一桶水，供他们在个别发梳起火时迅速灭火。这套防火系统运行良好，整个工厂未发生过严重的火灾事故[48]。另外，房间多处设有通风口，厂区甚至还有中央供暖系统，这在当时实属罕见。当然，虽然这栋建筑物能保护自己的员工远离火灾，但是独立的计件工人没办法受到这样的保护。这些“可怜人”的脑袋旁边就是转动轴或是转动带，一不小心

▲11.上：奥古斯特·布纳斯发梳厂成品库，法国瓦约纳克斯；约1910年；瓦约纳克斯"梳子和塑料博物馆（Musée de Peigne et de la Plasturgie）"档案馆收藏

➤右：孔雀式样赛璐珞发梳，约1910年，瓦约纳克斯安德鲁坦（Andruétan）创作；摄影：Florence Daudé

就可能受伤[49]。令人感到讽刺的是，尚阿尔德本人虽然设计了如此天才的防护系统，却在1919年运用掌握的"火"的相关知识，制作出了套管和熔断器，并为此申请专利。有了这两件配件，也就有了"燃烧弹"[50]。尽管瓦约纳克斯在当时已经有了进步的社会风气，强大的时尚之轮还是摧毁了它。短发波波头（Bobo）随后成为时尚新宠，女孩儿剪掉波浪长发，变成了一个个假小子，英语称为"flapper"，法语称"garçonne"，瓦约纳克斯的经济因此受到巨大冲击。包括奥古斯特·布纳斯在内的设计师们迅速反

击，用浓墨重彩的宣传广告推出专为短发设计的头饰，如bandeau束发带（图13）。但对瓦约纳克斯来说，繁荣与辉煌已经一去不返。20世纪30年代，这里仍在生产不易燃烧的塑料制品，如电木（Bakelite）制品，人造琥珀（Rhodoid）制品，以及乳石（Galalith）制品，但是，曾经的赛璐珞已经退出

▲12. 上：“伟大的蒸汽”工厂图，发梳工作台下有水渠，还有喷水灭火装置；法国瓦约纳克斯，1904年；©瓦约纳克斯“梳子和塑料博物馆”档案馆
下：“伟大的蒸汽”厂房屋顶，如果发生火灾，水可以立刻经由管道输出；1904年；©瓦约纳克斯“梳子和塑料博物馆”档案馆

▲13.由奥古斯特·布纳斯设计，专用于短发波波头的束发梳；广告刊登在《发型和模式》(*La Coiffure et les Modes*)杂志，1924年；©瓦约纳克斯“梳子和塑料博物馆”档案馆

了流行市场，一种新型奢侈品仿品，以低廉的价格，开始创造另一段“传奇”——毒玩意儿的传奇。

人造丝绸

“伦敦东区的姑娘们，小时候头戴人造长绒毛或是鸵鸟毛。现在，她们长大了，年轻优雅，能与她们沾亲带故，与有荣焉。我觉得，东区最受欢迎的产品之一，一定是人造丝绸。”

——坎特伯雷大主教(Archbishop of Canterbury)，1932年10月24日[51]

一直以来，真丝“站在时尚面料之巅，是名副其实的不败女王”[52]，直到19世纪，化学家们发明出便宜的仿造品，用木浆“变出”人造丝绸。真丝业曾极力抵制这些廉价的替代品，遗憾的是，20世纪30年代，就连法国里昂这个古老的奢华真丝制造之都的市长都不得不承认，"真丝还是女王，但人造丝已经成为她的左右手"[53]。进入20世纪50年代，就连高端时装定制品牌都开始用人造丝制作晚礼服。1952—1953年，迪奥用甜杏仁蓝色的醋酸纤维（acetate）和纤维素缎制作的晚礼服——"巴尔米拉"（Palmyre），就是其中的典型代表。这条晚礼裙为温莎公爵夫人所有，这个女人曾使国王为她退位，然而就像"人造丝"一样，再怎么美丽，她也没能成为真正的王后。科学界翘楚不断地想象，是否能复制出真丝的奢华和光泽，从而打破自17世纪以来由蚕茧统治的真丝帝国[54]。19世纪50年代，法国真丝工业受到重创，一种名为微粒子病（Pébrine）的传染病杀死了当地大部分蚕。欧洲不得不从日本和中国进口价格高昂的蚕茧和原丝，产量也从1853年的两千六百万千克降低至1865年的四百万[55]。路易斯·帕斯特（Louis Pasteur），这位"平生从未见过蚕"的科学家，受法兰西科学院（French Academy of Sciences）委派，寻找治愈这场谜一般瘟疫的解药。经过多年的系统实验，帕斯特找到蚕微粒子病的病源，帮助蚕户将有病的蚕和健康的蚕区分开来[56]。然后，虽然从表面上来看，真丝的制造业已经变得"更加健康"，但它还是无力满足消费者的需求。19世纪晚期，化学工程界取得一系列突破，"几种能够成功合成人造丝的方法，相继得到了完善"[57]。

希拉略·德·夏尔多内伯爵（Hilaire de Chardonnet）是来自法国西部贝桑松的科学家，他紧跟帕斯特的研究，继续钻研。1883年，他在朋友的成像暗室里处理火棉胶（Collodion），结果胶质物质粘在他的手指上。"Collodion"这个词来源于古希腊语，意思是"胶的"，这种硝化纤维素的黏性溶液可在醚中分解，一般用来给玻璃底片覆膜[58]。夏尔多内试着把手上的胶剥下来，结果胶质拉丝一下子让他想到了蚕丝[59]。他想到个逗乐子的好方法，于是在家里假扮成一条蚕，从嘴里拉出一条丝，以展示他的新发现。家人于是给他起了外号，叫作 ver à soie，也就是"蚕"[60]。1889年巴黎世贸会上，夏尔多内带着一架小型人造丝绸纺织机参展。人造丝从细小的玻璃管，也就是喷丝头中喷出，女同事们聪明地给机器起名为"verres à soie"，也就是玻璃蚕，这是个双关语，代表蠕虫，也代表玻璃，同时还能与法语（verre/ver，玻璃/蠕虫）近音同义[61]。19世纪90年代早期，伯爵在某位纸浆生产商的帮助下，建立了人造丝工厂。新产品名叫"soie de Chardonnet"，也就是"夏尔多内的蚕"，一开始并没有成功（图15），就像赛璐珞一样，人造丝绸也是用硝化的木浆纺制而成，说到底就是一种植物纤维。硝酸的加入使其无比易燃。1893年的几次爆炸和火灾事故摧毁了夏尔多内的工厂和实验室，幸运的是没有工人因此而丧命[62]。担心来自这种低端产品的潜在竞争，里昂的真丝厂给夏尔多内的发明起了个难听的名字，然

▲14.迪奥“巴尔米拉”人造丝绸晚礼服草图；卡耶尔·布洛斯（Cahier Bleus）；《官方色彩补充，纺织与时装类季刊》，1952年，No.5，第25版（页）；©巴黎加列拉宫时尚博物馆

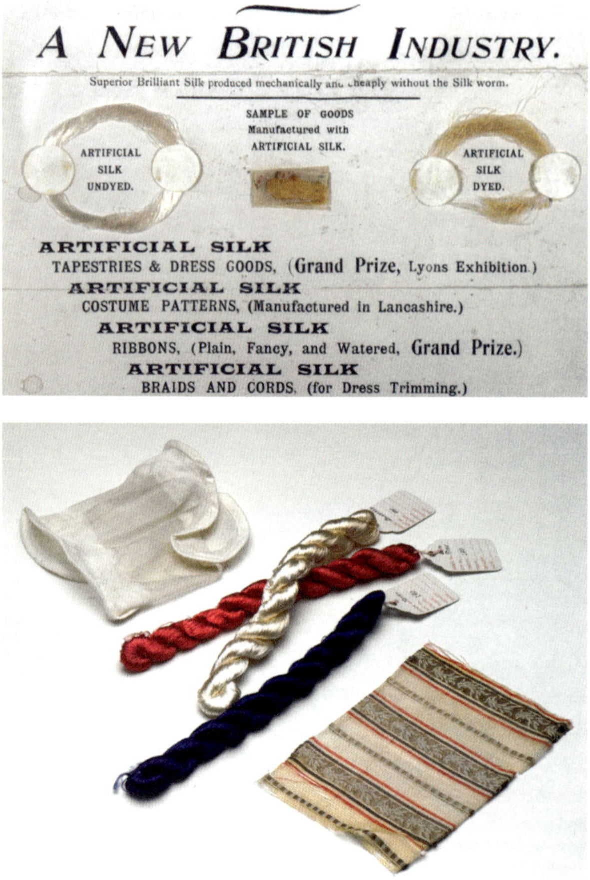

◄15.上：夏尔多内人造丝绸，原料：易燃硝化棉，1896年左右；下：粘胶人造丝，右下角有凤凰织纹，1903年；©伦敦科学博物馆

后把真丝的纺织故事放在媒体上反复宣传，他们说，“给岳母买条人造丝裙子呗，只要靠近火，她就会被点着，这样你就能摆脱她了”。天然真丝厂反复告诫女性消费者，千万别穿着人造丝淋雨，因为暴雨会让裙子完全分解，要么就会让它烂成条索从身上掉下去[63]。当然，此类抨击阻止不了人造丝绸成功的脚步，人造丝绸一开始被用来制作电灯泡的灯丝，世界各地陆续建立了人造丝工厂。英国也建了人造丝厂，在那里，人们赋予了它一个好听的名字：艺术丝绸。19世纪90年代中期，英国对这种来自欧洲森林的丝绸无比好奇，声称“随便一棵树都能取代（中国的）丝绸了”，除以之外，英国人也担心丝绸店会以次充好，把人造丝当作真丝出售[64]。然而事实上，即使是天然丝绸，也难逃被人“造假”的命运：有些人会在天然丝绸里掺上一些金属盐以增加真丝的“重量”和质感——“真”丝不真[65]。

1920年，《笨拙》杂志有这样一幅卡

▲16.F.H.汤森（F.H.Townsend），英国商人向法国游客兜售“据说”是丝绸的丝袜；《笨拙》，1920年；©多伦多公共图书馆

通画：一位着装精致的法国女郎询问店员丝袜是否由真丝制成（图16）。机智的店员回答说，绝不是真丝，但这种材料“据说”是丝绸。这种说法一语双关，一表“自称”，二指“含混不清”。这种丝袜的劣势还在于，因为添加了金属润滑原料，它比真丝更加光滑，但也因此看起来更廉价。“与真丝相比，它更重、更硬、弹性也差；对湿气非常敏感，不能清洗”，不保暖，不易上色。最重要的是，人造丝原料非常昂贵，且极度易燃[66]。尽管夏尔多内本人一再强调，“人造丝就和棉布一样安全”[67]，然而事实正如本章前半部分所披露的一样，所谓安全，其标准本就模棱两可、含混不清。1900年，新的化学合成物出现，这种铜氨人造丝在广告中把自己描述成“光感丝绸”，并且号称“绝无爆炸的危险”[68]！

大多情况下，人造丝只起点缀作用，很少大面积使用，因此几乎没有人因此着火受伤。但是，1926年的一篇医学文献显示，法国一男孩及一成年男子因佩戴廉价的硝化丝绸围脖重度烧伤[69]。及至20世纪早期，夏尔多内的化学合成手段已基本被取代，另一种不易燃烧的替代品进入市场，今天，我们把这种材料称为“粘胶（viscose）”。两名英国人查尔斯·克罗斯（Charles Cross）及爱德华·贝文（Edward Bevan）为“粘胶”申请了专利。这种材料被称为“斯特恩丝绸（Stearn silk）”，于1903年由两位查尔斯先生——查尔斯·托珀姆（Charles Topham）及查尔斯·斯特恩（Charles Stearn）——推入市场（图15-下图）[70]。生产商首先展出了一张绿色的凤凰头部图案样品，意指新“丝绸”就像神鸟一样，能够浴火无伤——在我看来，这话说得有点口是心非。虽然新产品不会着火，但它在生产制造过程中会用到杀伤力更强的化学试剂，消费者得到的将是和当年的廉价毛毡帽一样的伪劣产品。事实上，“粘胶”的制作涉及繁复的化工程序，整个过程“完全依赖”于剧毒化学物质“二硫化碳”的使用[71]。19世纪的橡胶制作同样使用二硫化碳，它极大地损害了工人的健康。橡胶工厂内不时冒出浓烟，带着刺鼻的气味。这些烟损害中枢神经系统，使工人迅速产生眩晕感，兴奋异常，甚至出现幻觉。当年的医生称这种疾病为“急性狂躁症”，中毒者往往口齿不清、胡言乱语，像“醉鬼”一样疯疯癫癫。比利时的人造丝工厂不得不承包火车车厢专供员工使用，因为这些人普遍言行放肆，会给普通乘客造成极大的困扰[72]。一位英国的工厂主特意在工厂内设置酒吧，这样，“工人即使被二硫化碳熏得发狂，也不至于跑到外面去祸害别人”[73]。长期处于二硫化碳的环境会使人抑郁或阳痿。后来，医学界一致认定，二硫化碳是导致动脉疾病、脑血管疾病、中风和帕金森病的直接原因。

尽管医生迅速确认了二硫化碳对健康的危害，人造丝行业却已赚得金银满钵。他们一致决定，打响广告战，用“光鲜亮丽”的广告，掩盖产品有毒的真相。英国的考陶尔德（Courtauld）公司和美国的杜邦（DuPont）公司是人造丝行业的两大巨头，它们派出训练有素的销售人员，将这种新型人造纤维推广到袜子及内衣领域。仅1910年一年，杜邦总部艺术广告部就做了250万美元的预算，专攻上述领域的产品推广。在此之前，“粘胶”需要换个新名字。1898年，恰逢镭元素（radium）被发现，人造丝绸这种光泽感极佳的纤维于是有个了新名头——“镭丝”[76]。美国“全国零售纺织品协会（National Retail Dry Goods Association）”发起起名竞赛，希望为“粘胶”找到一个不含“丝”字的名字。纺织生产商肯尼斯·洛德（Kenneth Lord）想到了一个词“rayon”，他认为这个词语能让人联想到镭元素“radium”，当然，也可能是受到了法语的启发，因为在法语中，“rayon”有“光束”的意思。参选名字里还有诸如“glistra”“klis”一类将“silk”这个单词中的字母倒过来拼写的新词，但是最终，“rayon”力克群雄，拔得头筹[77]。某刊物称，新名字“朗朗上口，描述性强，……（它）传

➤17.“天使的皮肤”人造丝长裙，法国巴黎殖民博览会；出自《巴黎殖民展览会上的人造丝绸》(*La soie artificielle à l'exposition coloniale de Paris*)，加鲁(Jalou)官方版，1931年

递了耀眼的日光绽放光彩的意思，同时蕴含着月光下粼粼波光的柔美之感”[78]。

其他国家也迅速采用了“rayon”这个新名字，就连法国里昂这个真丝小镇也“上了岸”，开始迎合市场需求，生产轻柔的“rayon”人造丝服装。1931年，里昂的真丝厂商发起了人造丝绸产品竞赛——“优雅大奖赛”(Grand Prix D’Élégance)，更是参加了“巴黎殖民博览会”，推广新产品。参展产品中，还有一件来自欧洲的新技术成衣，几乎令所有进口天然丝绸黯然失色。这套光彩夺目的服装，由早期一位法国电影明星苏西·弗农（Suzy Vernon）穿着展示，面料是一种闪闪发光人造丝，织有暗纹，号称“纯正的人造丝绸”（注意这里的用词），奢华的真皮衣领和袖口点缀其上，恰到好处（图17）[79]。供应商称这种面料为“Peau d’Ange”，意即“天使的皮肤”，暗示其神圣性及材料的纯粹，他们再三保证此种产品对工人健康无害，并特意提及专为工人建造的工业城里到处都是日托中心、医务室和自助餐厅。在此博览会上，知名百货公司，如老佛爷百货（Galeries Lafayette）及巴黎春天（Printemps）摆出数十具人体模型，针对中产阶级消费群体，展示多种多样价廉物美、轻盈美观的“rayon”人造丝织品。这项为人造丝更名的营销活动盛况空前，取得了极大的成功，使人造丝成为“摩登”和“诱惑”的代名词，几乎没有人能够想起它头上顶着的“粘胶”礼帽，忘记人棉不过是天然丝绸的仿品而已。1920年，人造丝绸在美国市场的占有率不过0.3%，到1936年，全美85%的裙装面料均为人造丝，自此，天然丝绸的销售地位被人造丝超越，再无翻身的记录[80]。虽然赛璐珞发梳和人造丝绸的问世拯救了动物的生命，但它们对环境的伤害无法回避。人们，不论制作者还是消费者，都曾因为这些易燃易爆有毒的化工产品，面临病痛，甚至死亡的威胁。直到今天，仍有大量森林被砍伐，被制成木浆，然后添加化学物质，最终制成人造丝绸[81]。正如本书提及的各个案例所证明的那样，奢侈品的平民化虽被视为科学及工业领域的重大胜利，但是，不论人类、动物，抑或环境，都为这一胜利付出了巨大的代价——健康和安全。

注释

1 "Nine Dead in Fire; Trapped in Factory," *New York Times*, November 9, 1909, 18.

2 Kate Sampsell-Willman, *Lewis Hine as Social Critic* (Jackson: University Press of Mississippi, 2009), 172.

3 See Chapter 3 on taxidermied birds on hats.

4 Celluloid was even more malleable than most plastics because as a "thermoplastic" it set into one shape but could be melted down and could "flow into another" shape "if reheated." *Early Plastics: Perspectives, 1850–1950*, ed. Susan Mossman (London: Leicester University Press and Science Museum London, 1997), 1–2.

5 M. Kaufman, *The First Century of Plastics: Celluloid and Its Sequel* (London: Plastics Institute, 1963), 21.

6 Ariel Beaujot, *Victorian Fashion Accessories* (London: Berg, 2012), 141.

7 "The World's Ivory Trade," *New York Times*, July 23, 1882, 8.

8 "The Explosion in Newark," *New York Times*, September 14, 1875, 8; "Explosive Teeth," *New York Times*, September 16, 1875, 4.

9 "The City Fire Inquest," *Times*, July 27, 1912.

10 John Thomson and Adolphe Smith, *Street Life in London* (1877), reprinted as *Victorian London Street Life in Historic Photographs* (New York: Dover, 1994), 39.

11 Mark Suggitt, "Living with Plastics," in *Early Plastics*, 118.

12 "Danger of Celluloid Wearing Apparel," *The Lancet* vol. 149 no. 3846 (May 15, 1897), p. 1386.

13 D.W. Wood, *Celluloid Dangers with Some Suggestions: Being Memoranda Compiled in Consultation with the Committee's Executive* (London: The British Fire Prevention Committee, 1913), appendices, n.p.

14 "Mrs. Ellis's Death Laid to Fashion," *New York Times*, January 5, 1910, 6.

15 "Mrs. Charles E. Ellis Dies," *New York Times*, January 4, 1910, 1.

16 I am grateful to Mary Hauser and the NCSU Textiles Department for testing the sequins. They seem to be made of natural shellac and balsam but many less expensive dresses would have used celluloid.

17 "Mrs. Ellis," *New York Times*, January 5, 1910, 6.

18 Kaufman, *The First Century of Plastics*, 48.

19 Ibid., 52.

20 Jen Cruse, *The Comb: Its History and Development* (London: Robert Hale, 2007), 215; Donald Johnson, "Combing the Roots of Colonialism: Jamaican Tortoiseshell Combs and Social Status, 1655–1692," *Winterthur Portfolio* 43, no. 4 (2009): 313–34.

21 Cruse, *The Comb*, 32; Robert Bollé, *Le peigne dans le monde*, (Paris: éditions Hoëbeke, 2004), 56.

22 Cruse, *The Comb*, 216; George Hughes, "The Survival Situation of the Hawskbill Sea-turtle in Madagascar," *Biological Conservation* 5, no. 2 (1973): 115.

23 "The Trade in Tortoiseshell," *Nature* vol. 59 no. 1531 (March 2, 1899), 425–6.

24 Ibid., 426.

25 Ephraim Chambers, *Cyclopaedia: Or, an Universal Dictionary of the Arts and Sciences*, vol. 4 (London: W. Strahan); J.F. and C. Rivington et al. (1783), n.p. in Johnson, "Combing the Roots" p. 330.

26 Thomson, *Street Life in London*, p. 39.

27 Ibid., 42.

28 "Deadly Danger in Your Hair," *The London Journal* (July 21, 1900), 60.

29 "A Savage Custom in Dress," *The Lancet* vol. 136 no. 3504 (October 25, 1890), 888.

30 Faucher, "Note sur un accident causé par l'inflammation subite d'un peigne en celluloid," *Revue d'hygiène et de police sanitaire* 11 (1889): 522–27.

31 "Experiments with Celluloid," *The Lancet* vol. 139 no. 3578 (March 26, 1892), 708.

32 *Girl's Own Paper* vol. 19 no. 978 (September 24, 1898), 824.

33 Alexander Ogston, "Burns from Celluloid," *The Lancet* vol. 159 vol. 4095 (February 22, 1902), 503.

34 "Fatality at a Xylonite Works," *The Lancet* vol. 143 no. 3673 (January 20, 1894), 169.

35 "Celluloid Fire Danger: New Safety Rules," *London Times* (September 1, 1921).

36 Cruse, *The Comb*, 214. The material, cellulose acetate, is still used for items like glasses frames, in *Early Plastics*, 84.

37 "Celluloid," *Hygiène du Travail* vol, 46 (Genève: Bureau International du Travail, 1925), 3.

38 Wood, *Celluloid Dangers*, appendices, n.p.

39 "Fatality at a Xylonite Works," 169.

40 *Early Plastics*, 143.

41 Wood, *Celluloid Dangers*, appendices, n.p.

42 "Fires and Panic," *Dominion* 3, no. 696 (December 22, 1909), 7.

43 "Awful Fire at a Christmas Bazaar," *Daily News*, (Perth), January 27, 1910, 2.

44 Blanche Dominjon-Bombard, *Essai monographique sur Oyonnax et l'Industrie du Celluloid* (Lyon: Bosc Frères, 1934–1935), 55. I am grateful to Téréza Le Fellic for sending me a copy of this work.

45 Ibid., 41.

46 Ibid., 242.

47 *Peignes du monde au Musée d'Oyonnax* (Oyonnax: Musée du Peigne et de la Plasturgie, 2000), 6.

48 I would like to thank Téréza Le Fellic for providing me with additional information.

49 Dominjon-Bombard, *Essai monographique*, 65.

50 US Patent US1313068 A.

51 Arnold Henry Hard, *The Romance of Rayon* (Manchester: Whittaker & Robinson, 1933), preface.

52 Lou Taylor, "De-coding the Hierarchy of Fashion Textiles," in *Disentangling Textiles*, eds. Mary Schoeser and Christine Boydell (London: Middlesex University Press, 2002), 68.

53 Edouard Herriot, *Soieries Lyon* (Lyon: Editions Archat, 1937), 9.

54 "From Nitrate Rayon to Acetate Rayon," in *Ciba Review* 2 (1967): 5–6.

55 John Tyndall, "Pasteur's Researches on the Diseases of Silkworms," *Nature* (July 7, 1870), 181.

56 Ibid., 183.

57 Paul Blanc, How *Everyday Products Make People Sick: Toxins at Home and in the Workplace*, Oakland: University of California Press, 2009. 154. His chapter "Going Crazy at Work: Cycles of Carbon Disulfide Poisoning" makes fascinating if disturbing reading and explains how the problem has been exported to newer manufacturing centres including Japan and Korea (pp. 132–71).

58 Kaufman, *The First Century of Plastics*, 21.

59 Auguste Demoment, "Le Comte Hilaire de Chardonnet (1834–1924): homme de fidélité," Besançon Archives, 186.

60 O. Chevalier, "Biographie du Comte de Chardonnet," Besançon Municipal Archives (n.d.), 607.

61 Comte de Chardonnet, *Notice sur les travaux scientifiques du Comte de Chardonnet* (Paris: Gauthier-Villars, 1918), 6.

62 *Rhodiacéta, Numéro spécial Usine textile Besançon*, no. 4 (Hiver 1963), n.p.

63 Demoment, "Le Comte Hilaire de Chardonnet," 138.

64 "A New British Industry," *London Times*, May 2, 1896, n.p.

65 "The Adulteration of Silk with Tin and of Flannel with Epsom Salts," *The Lancet* vol. 167 no. 4297 (January 6, 1906), 49.

66 "Artificial Silk," in *Ciba Review* 2 (1967): 11.

67 Hard, *The Romance of Rayon*, 21.

68 Hard, *The Romance of Rayon*, 39.

69 Fraisse, "Inflammabilité de la soie artificielle," *La Presse Médicale* (August 7, 1926), 1006.

70 *Early Plastics*, p. 45.

71 Blanc, *How Everyday Products*, 154.

72 Hard, *The Romance of Rayon*, 59.

73 Blanc, *How Everyday Products*, 171.

74 Blanc, *How Everyday Products*, 163.

75 Susannah Handley, *Nylon: The Story of a Fashion Revolution* (Baltimore: Johns Hopkins University Press, 1999), 26.

76 "A Stroll Through Yesteryear's Fabric Shops, Late 1880's–1919," Fabrics.net, http://info.fabrics.net/a-stroll-through-yesteryears-fabric-shops/, accessed October 7, 2014.

77 Handley, *Nylon*, 26–27.

78 The name had caught on by 1925. Moïs^Avram, *The Rayon Industry* (New York: D. Van Nostrand, 1927), 15–16.

79 *Le syndicat des textiles artificiels à l'exposition coloniale internationale* (Paris: Russa, 1931), 17.

80 Taylor, De-coding the Hierarchy," 69–70.

81 Hsiou-Lien Chen and Leslie Burns, "Environmental Analysis of Textile Products," *Clothing and Textiles Research Journal* 24, no. 3 (2006): 251.

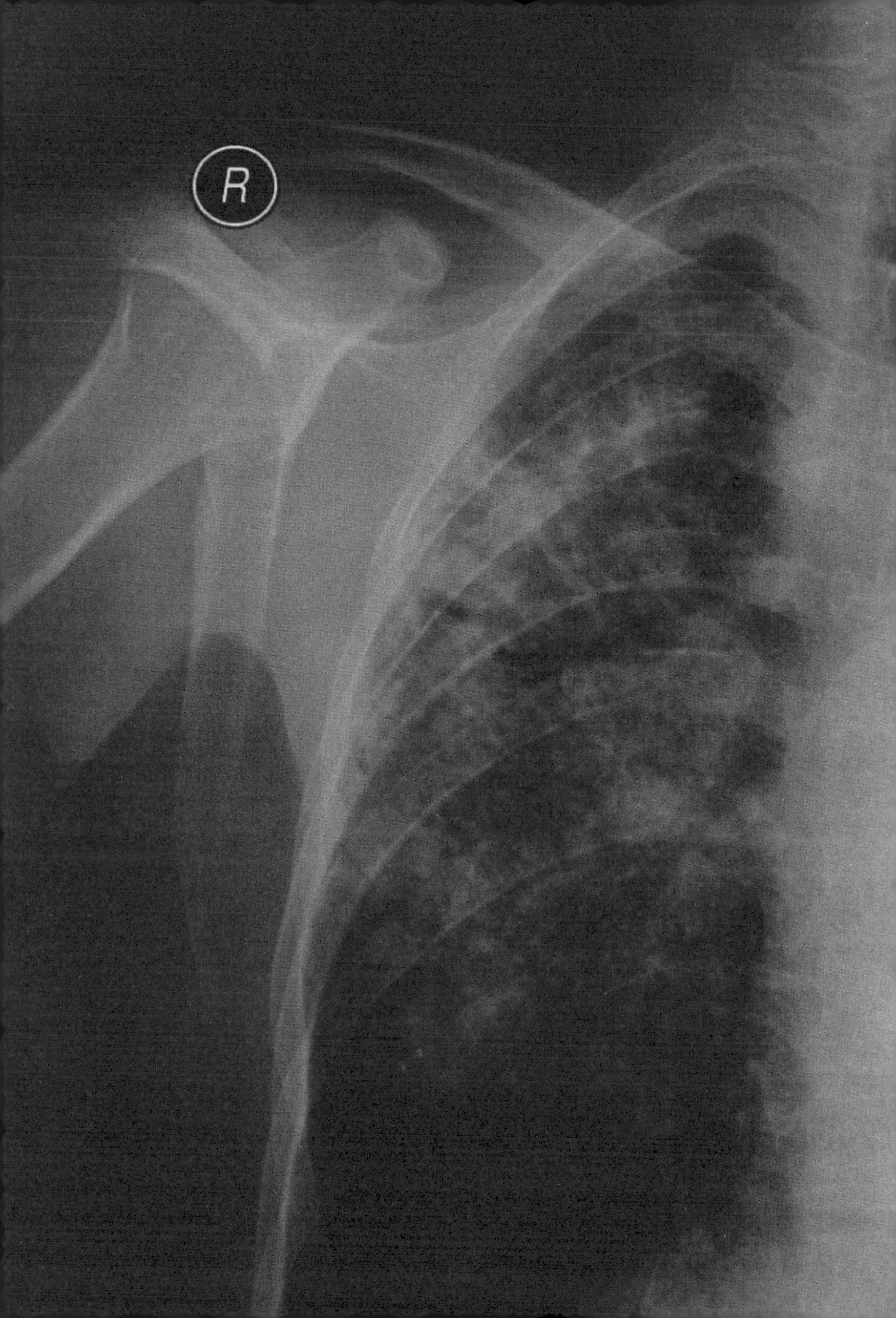
R

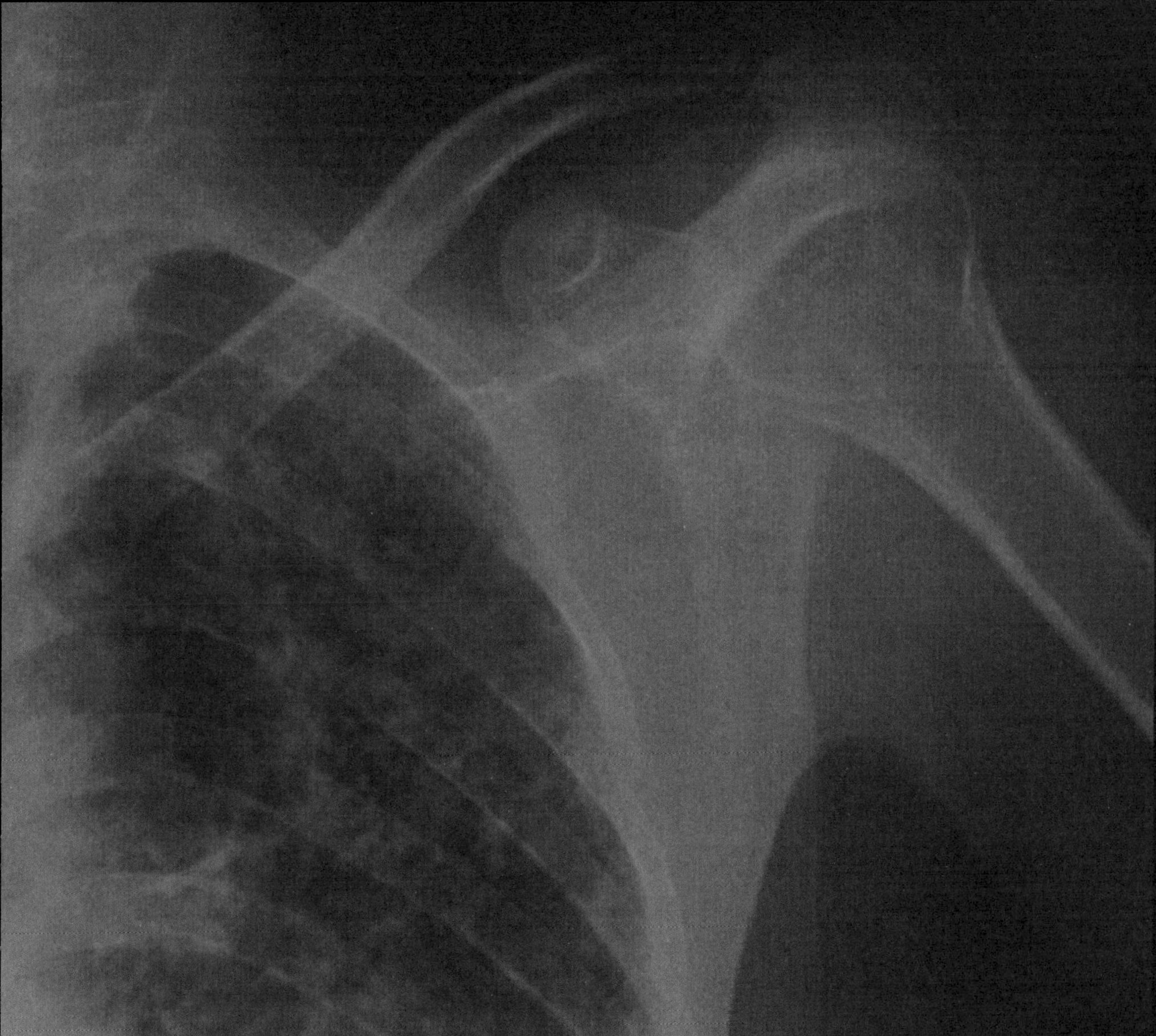

第八章

结语：时尚受害者的余生

我多么希望能在本书结尾，为读者描绘出一幅美妙的画卷，告诉大家，现代医学和科学已经解决了本书提及的所有历史问题，遗憾的是，虽然大多数旧问题已然不存在，但新问题却层出不穷。虽说这些危机大部分时候消亡于无形，人类既看不见，也想不起，但它们时时刻刻都徘徊于人世，稍不留心，就咬人一口。2009年，设计师亚历山大·麦昆（Alexander McQueen）发布了当季新品——朋克风铆钉配饰。三年后，铆钉仍然站在潮流一线。女鞋、女包以及腰带上总是镶满了细小的金属铆钉，看起来咄咄逼人。这种叛逆的时尚单品就像是一件件“武器”。这样的指控并非空穴来风，一条黑色皮质腰带，因为镶嵌801颗铆钉，足以对穿戴者内脏及生殖器官带来相当程度的伤害。这种腰带在印度生产加工后，由英国网商ASOS公司分销至14个国家。消费者不知道的是，这条腰带上的金属铆钉含有“钴60”，具有放射性。只要“佩戴超过500小时”[1]，就难逃其害。2012年12月，该腰带被印上美国边境控制设备的标志，几个月后被紧急召回，储存在放射性物质专用存储设备中。反恐机构认为印度生产商有恐怖分子嫌疑，无权收回并再生产此种产品，结果当然是工厂员工全部失业了。

令人感到讽刺的是，钴60作为金属的一种，一直被用于疾病治疗及防护。在许多金属设备中，如远距治疗用探头，都可以找到此种物质，它被用于癌症的放射性治疗中，还能够用作“低温巴氏杀菌”技术，制作无菌香料及食物。有的时候，在钢针及其他消费品中，也有钴60的身影[2]。医学及工业用放射性元素“偶尔”有丢失或被盗的情况，这些“来源不明的孤儿”被拆除或熔化成废品后变卖，因为大多数普通人不认识那个“三叶草”标志，不知道它的意思是——极度危险[3]！印度全球贸易组织IndustriALL发布警告，称出口海外的其他服装及配饰可能也有一定的放射性，因为印度已经成为西方国家高危废料的“垃圾倾倒场”[4]。这是西方世界制造的新问题，但是英国政府对此的第一反应居然是把责任推给生产商，还怀疑他是恐怖分子。

腰带有辐射，这件事或许令消费者毛骨悚然，那么想想一线的废品处理工人吧，他

➤1. 医院使用的“镭”牌羊毛毯，20世纪20年代；最初发现“镭”元素时，人们认为它安全无害，好在这条毛毯中并没有检测到任何镭元素或其他放射性元素；作者私藏

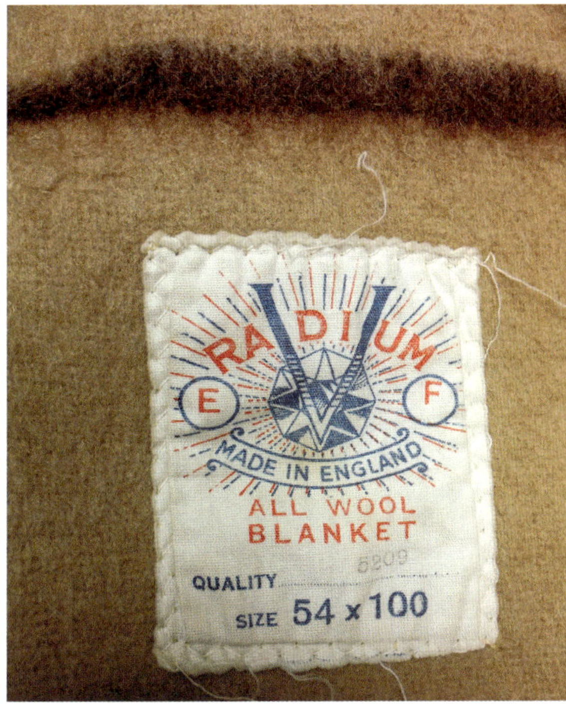

们莫名其妙地变得虚弱、反胃，甚至开始呕吐，他们的内心又该多么惶恐。他们中有人脱发，有人不得不忍受恐怖的放射性烧伤，从指头到骨头，无一幸免[5]！与较富裕的西方工人不同，印度工人几乎不可能得到先进的医疗救治。那些高端的医疗设备治愈了西方人，却在生产加工的过程中，毒害了他国的无辜人民。让质问之声响起吧！全球经济的发展带来的不平等，使人们像维多利亚时代那个镜子中的女裁缝一样，不过回首一顿，就被新的恐怖牢牢摄住，无力逃遁！

放射性腰带事件并非独有。20世纪最初20年间，人们还没能完全了解放射性物质的危害，时尚界疯狂地迷恋镭元素。居里夫人发现的这种神秘的元素闪闪发光，人们一度将它视为生命力、活力和男子气概的代名词。这种神奇又“健康”的物质比铂金还贵，生产商将这种珍贵的成分用在（或者声称用在）相当多种产品中，招招致命，包括镭元素腕表指针、“镭射牌”水壶、令皮肤“放射”光芒的“镭度牌”面霜、“永亮”牌颜料（可用于制作发光的开关，或玩具娃娃或动物发光的眼睛），甚至安全套[6]。美国联邦贸易委员会甚至因为产品“放射特性不足，与产品说明不符”，禁止一些镭产品的生产销售[7]。当时，诸如“欧镭”牌一类的羊毛面料及“爱射”牌一类的针织内衣被广而告之，生产商宣传它们是完美的婴儿服装，释放“柔和健康的热量”[8]。图1中这条英格兰制造的“镭”牌

羊毛毯被卖到了加拿大，生产时间似乎可追溯至20世纪20年代，或许是医院或卫生机构专用产品[9]。我们在瑞尔森大学物理系对其进行了检测，未在产品中检测到任何放射性物质，当然也不含镭，但是把放射性元素作为健康、温暖、舒适的卖点，也足够让现代人瞠目结舌了。

现代服饰尽管偶尔也会冒出一两种极端危险的设计，但绝大多数还是围绕舒适健康的主题展开。以运动装备为例，它们往往具有透气、干爽的特性，还能帮助提升体能或强化体征——遗憾的是，这种舒适度的获得，必须以一线生产工人的身体健康为代价。例如，制作运动鞋所使用的黏合剂里，往往含有神经毒素。长期暴露于胶水和有机溶剂之中，制鞋工人的中枢神经系统会因此受损[10]。耐克运动品牌创始人之一、教练及发明家比尔·鲍尔曼（Bill Bowerman）就是多神经病（polyneuropathy）的典型受害者。他在制鞋过程中，使用了含有己烷的胶水，“实实在在”地把身体毒出了问题——尽管设计了那么多款运动鞋，他却再也没办法穿上它们跑一圈了[11]。那么，不要的鞋子又是如何处理的呢？毕竟我们每年至少会换掉二百亿双鞋呢[12]！现代社会，服装的装饰意义远远大于其实用性，便宜的快销品、冒牌货层出不穷，消费者不需要弄瘪钱包，就能买上一柜又一柜的新衣服，购买欲得到了极大的满足。那么，这些衣服真的好吗？快时尚往往设计抽象、风格极简，为了让衣服显得有趣一些，生产商选择给服装换上明亮的色彩、金属的配饰，或是别的什么表面效果，这些添加对工人来说往往有剧毒，甚至致命。就在我们买了又丢、不断填满再清空再填满衣柜的这个过程中，我们的无心之举，或许正为发展中国家的工人们带来疼痛、折磨，甚至死亡。许多出版物揭示了在过去几十年间，英国及美国的消费情况，以及生产工人们所面临的种种危险，如露西·希格尔（Lucy Siegle）所著的《为什么你该花更多的钱，买更少的衣服？》（*To Die For：Is Fashion Wearing Out the World？*），以及伊丽莎白·L.克莱因（Elizabeth L.Cline）的《过度穿着：廉价时尚惊人的高成本》（*Over-Dressed：The Shockingly High Cost of Cheap Fashion*）[13]。

一直以来，时尚奢侈品贸易在全球范围内展开，不论是茶、香料还是羊绒围巾，都是如此。早在1862年，马克西姆·韦尔努瓦医生，也就是那位论述砷绿服饰腐蚀双手的医生，就开始思考，诸如可爱的羊绒围巾一类的产品生产，究竟会对印度工人的双手和身体带来什么样的伤害[14]。包括韦尔努瓦在内的许多医生，对服装加工带来的危害都有论述，我们必须意识到，正是这些声音引起了医学界及媒体对服装健康的关注，因为生产与消费彼此共生、不可分割。相反，在2005年，世贸组织（WTO）则废除了服装行业对面料——包括进口羊绒——的贸易限额[15]，这直接导致大量产品涌入西方市场，几乎摧毁了北半球的本土服装业。现在，我们与服装生产地远隔千山万水，压根儿没机会产生负罪感：既然看不见、摸不到、闻不着、碰不到生产中的健康隐患，即使偶尔能从经过的服装店门口或是打开的鞋盒中闻到那么一丝化工原料的味儿，那又怎么样呢！

现代西方人，虽然是廉价大陆货的消费专家，却鲜少有机会亲历服装的制造与加工。这不全是我们自己的问题，服装供应链本身就是迷雾重重。原产地及加工流程不可追溯，单以一件T恤衫为例，它的生产销售过程涉及多个国家，在被消费者穿上身之前，服装的生产销售可以被细化为原料种植、纺织、染色、设计、推广、销售等多个流程。广告也是服装行业的得力助手，它随便动动手，就能将一件没什么水平的廉价“H&M”T恤，变成消费者衣柜中的“必购单品”。我得说，与19世纪的人们相比，现代人愈发忽视时尚带来的安全隐患，因为坦白讲，19世纪的时装单品往往具有肉眼可辨的危害，市场上的化工原料也比现在要少得多。但我们的优势在于信息的丰富多样及透明化，医学、环境保护，甚至全球服装行业的职业病等越来越多的信息面向普通人打开。下文中展示的这些小插图来自世界各地，它们无一例外地向大家展示出，哪一些前文中提到的历史危机直至今日仍在伤害人类的健康与安全。尽管不尽完善，我仍在后文中总结了人们对无菌无污染的服装的渴求，以及其带来的变化，也试图回答以下问题：为什么一些新出现的绿色仍然有毒？蓝色喷砂牛仔布究竟是如何制作而成？服装为何仍会引发缠绕窒息事故？为什么要在丝网印花服装中使用致癌化学阻燃剂和内分泌干扰增塑剂？

真干净？假干净？

这个时代，只需轻轻一按，衣服就能被洗得干干净净，一切都交给了机械化，人们不再害怕斑疹伤寒制服或是“败血病”衬衣的病毒传染。当然，正是由于过去对病菌的恐惧，人们渴求白白净净、无斑无点、气味宜人的衣服[16]。可惜，对“干净”二字的狂热，带来了新的“脏”问题，大部分人对此似懂非懂。某些面料，如真丝和羊毛，不能直接水洗，因此往往使用有毒化学药剂进行“干洗”。19世纪，人们将松节油或有毒苯这类溶剂涂抹在面料的油污处，如天鹅绒、手套、毛毡帽等，起到“分解”油污的作用，但是“味道不怎么好闻”[17]。20世纪，干洗店开始使用新型合成化学洗剂，如四氯化碳，也叫四氯甲烷——物如其名，这是一种剧毒有机化学物质，伤肝伤肺[18]。一次，演奏家列勃拉斯（Liberace）犯了个“小错”——直接在狭窄、封闭的酒店房间里动手干洗那些华丽的舞台服装——差点命丧黄泉。后来，列勃拉斯被送往医院救治，中毒导致的急性肾衰竭几乎要了他的命（就在同一个夜晚，肯尼迪总统被刺身亡）[19]。20世纪中期，四氯乙烯，也就是氯乙烯取代四氯甲烷成为干洗时使用的主要洗剂，并被沿用至今，这种化学物质被“美国环境保护机构”（US Environmental Protection）归类为“城市空气污染物，会引发各种急、慢性疾病，有潜在致癌危险”。法国空气质量检测表明，干洗店附近空气中含有氯乙烯。同样高浓度的氯乙烯也曾在日本和新西兰的部分房屋中被检测到，这些房屋内均有新近干洗的衣物。另外，干洗设备附近的超市及家中的高脂食品中，甚至母乳中都曾被检测有高浓度氯乙烯。一位新手妈妈的丈夫在干洗工厂工作，因为去工厂探望丈夫，这位母亲体内染上毒素，经由母乳进入6周大的婴儿体内，致其患病[20]。希格尔建议，尽管一些连锁干洗店现已引入“无氯乙烯”技术，消费者从干洗店拿回自以为“干净”的衣物后，最好在室外放置20至30分钟，以免挥发性有机化合毒素（VOC）进入室内[21]。

为了便于清洗、有效去除异味，许多运动袜及衬衫品牌在面料中加入“银”，以起到灭菌作用。银是一种天然的杀菌剂，但是面料中用到的“纳米银”颗粒非常小，有可能被皮肤吸收，也可能被遗留在周遭的环境中，而过量的银——以“纳米银”为主——可能导致水生生物中毒[22]。或许，我们应该对这种貌似健康的灭菌成分保持警惕，学习维多利亚时代的人们对鲜艳的条纹袜所秉持的态度。另外，重金属汞阴魂不散，它不断改头换面，潜伏在人们四周，直至今日。当代的毛毡帽里当然不再有水银残留，但是成吨的水银被用来制造PVC材料，也就是聚氯乙烯[23]。20世纪60年代，帽子退出了年轻人的潮流舞台，由PVC材质制作的太空服成为时尚新宠。街头服装设计师皮尔·卡丹（Pierre Cardin）又将PVC材质广泛应用在雨衣、裙装、手套等单品上，创造出新的“太空时代”[24]。

绿色等于环保？

或许，古人对有毒的砷绿染料的狂热，让你嗤之以鼻，那么，想想自己吧！我们现代人面对这些美丽的色彩、隐形的杀手时，又是何等欢悦。19世纪名噪一时的砷绿色，即草木绿或祖母绿，近年来再次入了流行色彩预测行业的法眼，2013年甚至被评为“年度潘通色彩”。今年的流行色中，绿色也榜上有名，这是一种饱和、丰富的化学色彩，1877年首次合成问世，人们称之为“孔雀石绿”（malachite green）或“苯胺绿”（aniline green），又称“4号碱性绿”（Basic Green 4）。原材料之一的孔雀石的强度来源于其中的铜，19世纪即被碾磨成粉制成颜料使用。到了今天，这种颜料有了数以百万计的化工衍生物，被各行各业大量使用，棉料、皮料、织品、食物、纸张纸浆、印刷品、化妆品、塑料、药品都用孔雀石绿染料来上色[25]。孔雀石也是一种危险的生物毒素，养鱼人把它撒在鱼田中，杀死寄生虫和细菌，有时也进入鱼体。因为便宜有效，发展中国家尤其喜欢使用这种药品，这些国家出口的鱼肉中就能检测到这种药剂残留。2012年，亚洲化学家在北京与MIT（麻省理工学院）展开联合研究，希望找出孔雀石绿与生命体内的分泌物，如唾液及黏液，发生反应并结合的方式，该研究成果在学术期刊

《生态毒理学与环境安全》(*Ecotoxicology and Environmental Safety*）上登载发表。实验研究表明，这种染料一旦进入人体，人体自身的化学物质会将其转变成一种毒性更强的物质——隐色孔雀绿（leucomalachite green)，它能在人体内停留五个月之久。北美及欧盟国家已明令禁止使用该染料，可它仍然存在于我们的食品及日用品中，其中绝大部分产自发展中国家。孔雀石绿“有剧毒、伤害人体”，属于二类毒素（第一类毒性最强，第四类几乎无毒），含孔雀石绿的产品必须标示“警告”字样[26]。尽管科学证明该物质对动物及人体有害，在面料及纸张中使用孔雀石绿染剂却属合法行为——简直“完美”！我们不知道这种染剂会不会从面料中渗透出来进入人体，不可否认的是，这种颜色的的确确频繁地出现在T台和衣橱中，如Art-Deco的孔雀绿数字打印印花，以及迪奥2011年秋季新品秀场上的高跟鞋。我们不得不承认，绿色总能使人联想到自然，或是“绿色运动”之类的环保生态理念，但就生产制造过程而言，它绝对与环保背道而驰，是最毒的颜色之一。

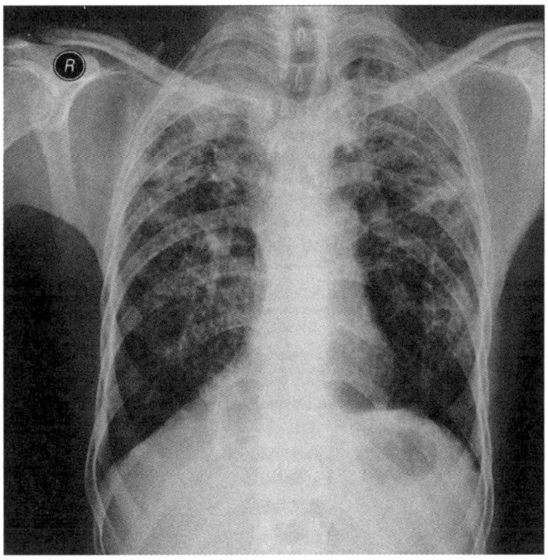

▲2.年轻的前牛仔喷砂工人的X-射线胸透片，工作年限两年，时间：2000至2003年；2011年，他们被确诊患上硅肺（复杂性），白色区域为病变区域；图片收藏：阿塔图尔克大学（Ataturk University)，梅廷·阿克贡（Metin Akgun）博士

破破烂烂的牛仔服

“每一天，世界上都有超过半数人口穿着蓝色的牛仔服[27]。”

世界上最流行的面料就是单宁（牛仔)，它就是21世纪的常服，男女老幼通杀。中国新塘镇是世界单宁生产中心，每年这里生产2亿条牛仔裤，排出的污水把珠江变成了深蓝色，甚至黑色[28]。每一批新的牛仔服制成，河水就变成化工原料调成的鸡尾酒。到20世纪70年代，问题再一次升级，对“牛仔做旧工艺”的需求使这些污水变得更毒更糟。新牛仔服做好后，还得进一步加工，去掉一些位置的颜色，形成“独特”的图案，增添复古感，让新衣服变得更有“味道”。这就需要应用一系列技术，包括用砂纸擦拭衣物表面，或者进行漂白，这些步骤只能手工完成，易使工人患上哮喘。20世纪90年代，新型“做旧”技术——“喷砂”技术引入，能使牛仔服更有“破破烂烂”的效果，但随之受到破坏的，是成百上千名土耳其工人的身体。工人们用起打磨作用的含硅海滩砂猛刷牛仔面料表层，制作形形色色的“伤口”，同时也给他们的肺部，留下永久性的伤害（图2）。2004年，土耳其两位青少年死于硅肺，当地医生对此困惑不解。这种不治之症的已知常见患病人群为矿工和采石工，服装工人实属罕见[29]。职业病研究专家展开调研测试，找到工厂员工进行问询。原来这些工人在伊斯坦布尔的一家小型服装厂工作，厂房狭小、不通风，工人每天在此工作10至12个小时，一周6到7天，主要负责做旧牛仔面料。他们大多直接睡在厂房里，拉个帘子略做分隔即可。工人基本没有防护面具，一间工作间内，超过半数工人患有硅肺[30]，但是没人因此获得赔偿金。土耳其政府于2009年禁止进行此类加工，然而此后，更不发达的国家接手了这项工作。与本书提及的其他服装一样，牛仔做旧“工艺”至今仍对参与制造的工人带来身体伤害，肺部独特的伤痕，就是工作曾来造访的痕迹[31]。

躲不掉的机器？

1997年，美国服装制造行业采纳了一项推荐性标准，规定必须在儿童外套腰部及颈部使用更加安全的抽绳及索扣，以减少儿童因衣物缠绕游乐设施或校车车门引发的伤亡事故。2012年，美国消费品委员会调研表明，这项措施的出台成效可观，死亡率降低90%以上，避免死亡事故约50起。同时，欧盟的RAPEX预警系统数据库表明，在过去的十年间，包括帽衫、外套、比基尼在内的超过1 500件童装仍然具有使人窒息死亡的安全隐患，并勒令相关产品退出市场——此举挽救了无数儿童的无辜生命[32]。但在发展中国家，快速的工业化进程引发了新一波“缠绕”窒息事故。某53岁妇女在医院洗衣房工作，头巾不小心缠在了工业用熨烫机的气缸上，惊恐的一幕随之发生[33]。印度次大陆，许多妇女仍身着传统裹身裙，如“dupatta”（这是一种长长的围巾一样的服装），男性冬季则喜好佩戴长围巾。农用机器是乡下姑娘媳妇的夺命杀手，而对城里人来说，脚踏车或是摩托车后侧的踏板，使许多人“变成了”伊莎多拉·邓肯——车轮铝环害他们死于非命。2007年至2009年三年间，仅巴基斯坦卡拉奇地区，有记录的因衣物引起的车祸伤亡事故就高达986起[34]。

溴化的凤凰

市面上虽有诸如“非燃”绒布一类的产品，但大多数面料对妇女儿童来说，仍是火灾的罪魁祸首。其中的部分原因在于，中央空调系统发明后，人们越来越青睐轻型纤维面料，如棉布及人造丝绸。1957年，《柳叶刀》杂志声称，在过去的50年内，仅英格兰和威尔士两地，就有2万5千起由衣物燃烧引发的火灾事故。随后，政府立法对睡衣的面料及式样进行了规范，化学家也对此做出回应，表示会再次研发具有更好防火性能的新型面料。在美国，五大湖化工公司（Great Lakes Chemical Company）合成“溴化合物”（bromine），最初用于生成铅化汽油。20世纪60年代，这家公司开始逐步淘汰铅化汽油，溴得以涌入市场。政府禁止在农用杀虫剂中使用该化学成分，于是公司开始另谋出路，专门生产并销售致癌、致突变（引起基因突变）以及刺激皮肤的溴化合物，并将其命名为“tris-BP”。它的主要用途，是用作儿童聚酯衣料睡衣的阻燃剂[35]。1973年，美国商务部出台强制性儿童睡衣防火标准，tris-BP由此大获全胜，被推广到各类面料的防火加工上。1977年，研究人员发现，这种溴化阻燃剂的“致癌强效性”比香烟还要高100倍。消费者害怕了！当研究再次表明，这种化学物质可以直接被皮肤吸收，婴儿和幼童在无意识“舔咬”睡衣时，会将它吃进体内，民众的恐慌加剧。权威杂志《科学》（*Science*）还在儿童尿液中发现了溴残留，尽管这些孩子身着的睡衣此前已被认真清洗过[36]。于是，溴阻燃剂被扫下了柜台，扫出了国门，然后在海外市场继续销售。可以说，从20世纪70年代起，各种各样的溴化阻燃剂被“例行添加”到各类消费品中，包括面料、泡沫家具（如沙发），以及电气设备中。20世纪80年代中期，这种化学物质的使用飞速递增，危险迫在眉睫。当时市面上有多达175种阻燃剂，而其中大部分为溴化合物，而大多数人对它的潜在危害知之甚少，只是隐约得知，这种化学合成物似乎具有神经毒性，能干扰内分泌，而且它们顽固不化，不会被分解[37]。与其他工业国家的女性相比，美国和加拿大的哺乳期妇女分泌的乳汁中，溴化合物的含量是其他国家女性的十倍。其他研究也证实，这种有害物质还存在于灰尘之中，甚至可能躲在洗衣机里某片小小的布面儿上[38]。

毒T恤

和牛仔服一样，T恤同样无处不在。我们常常看到T恤上印有过激的政治言论，但是鲜少有人知道，胸口上印制的这些言辞符号，都是有毒的化学成分相互作用的结果，容易引起荷尔蒙紊乱。2012年，绿色和平组织（Greenpeace）在29个国家的快消品牌店内购买了141件T恤，然后进行了分析实验。结果表明，三分之二的衣物中含有壬基酚邻苯二甲酸酯和邻苯二甲酸酯一类的物质，它们主要用在丝网印刷（screenprint）过程中，用于软化塑料。这些物质一经水洗，就会释放有害化学成分，危及人体和动物的健康。绿色和平组织将这些产品的图片放在官网上进行展示，图片下方附有“产品警告”标志，衣服上也有数码打印的“危险”字样标识[39]。这些伪劣产品中，甚至可见知名品牌的身影，如“维多利亚的秘密”的内衣，CK、C&A和Zara的衣服，Mango及阿玛尼的T恤。我在网页上还看到一件GAP的女式T恤，心绪难平。这件T恤是粉红色，上面印有“I（heart）fashion”（我爱时尚）的标语，可惜，有毒[40]。

本书曾讲到数起发生在过去的丑恶故事，也提到了今天人类仍然面临的时尚之害，但是在我心中，希望无处不在。作为时尚行业的研究学者和教育人士，我希望，未来我的学生们能将所学的技术、知识和无限创意应用到社会变革和环境保护中，为我们，为所有人，创造出更加美好的未来。过去的惨痛经历告诉我们，一味追逐利益和新颖，会使人们摒弃安全和健康。在更加美好的未来，服装的设计和生产首先应当起到保护作用，它不会将我们暴露在机械伤害之下，也不会使人担心疾病传染、事故发生或是化学毒素。时尚，具有日益强大的社会和经济影响力，它有能力为身边所有人，无论是从身体还是情感各方面，创造健康和幸福。我们希望，有了这本书，时尚业能少一些受害者，多一些救世主。希望，人类最终能够谱写全新的篇章，彻底遗忘莱奥帕尔迪当年那个浪漫的描述。希望，“时尚”的姐妹不再是“死亡”，与之携手共度的，变成“生命”如何？！

注释

1 Simon Neville, "Asos Pulls Belts in Radioactive Scare," *Guardian* (Manchester), May 27, 2013, http://www.theguardian.com/business/2013/may/27/asos-withdraws-belts-radioactive-scare.

2 "The Radiological Accident in Samut Prakarm," International Atomic Energy Agency (IAEA), 2002, http://www-pub.iaea.org/MTCD/publications/PDF/Pub1124_scr.pdf; Carolyn MacKenzie, "Lessons Learned the Hard Way," *IAEA Bulletin* 47, no. 2 (March 2006) pp. 62–63 http://www.iaea.org/sites/default/files/publications/magazines/bulletin/bull47-2/47202006163.pdf; "Cobalt," U.S. Environmental Protection Agency (EPA), http://www.epa.gov/radiation/radionuclides/cobalt.html.

3 "The Radiological Accident"; "Cobalt."

4 Jessica Elgot, "Asos 'Radioactive Belts': Trade Unions Warn More Radioactive Metal Could Be In Clothes," *Huffington Post UK*, May 29, 2013, http://www.huffingtonpost.co.uk/2013/05/29/asos-radioactive-belts-trade-union_n_3352794.html.

5 Ten junkyard workers and their families suffered from cobalt-60 poisoning and one died in 2000 in Thailand from a teletherapy head, "The Radiological Accident."

6 Ross Mullner, *Deadly Glow: The Radium Dial Worker Tragedy* (Washington, D.C.: American Public Health Association, 1999); *The Use of Radium in Consumer Products* (Rockville. Md.: U.S. Department of Health, Education, and Welfare, 1968).

7 Matthew Lavine, *The First Atomic Age: Scientists, Radiations, and the American Public, 1895–1945* (New York: Palgrave, 2013), 99.

8 Hugh Aldersley-Williams, *Periodic Tales: A Cultural History of the Elements, from Arsenic to Zinc* (New York: HarperCollins, 2011), pp. 166–67.

9 Jan Marriott is the textiles dealer who sold it to me; she based her dating on the colour scheme and design.

10 Duk Hee Lee et al., "Neurobehavioral Changes in Shoe Manufacturing Workers," *Neurotoxicology and Teratology* 20, no. 3(1988): 259–63.

11 Paul Blanc, *How Everyday Products Make People Sick: Toxins at Home and in the Workplace*, Oakland: University of California Press, 2009, 77.

12 T. Staikos and S. Rahimifard, "Post-consumer Waste Management Issues in the Footwear Industry," *Proceedings of the Institution of Mechanical Engineers* vol. 221 B2 (2007): 363–68.

13 Lucy Siegle, *To Die For: Is Fashion Wearing Out the World?* (London: Fourth Estate, 2011); Elizabeth L. Cline, *Over-Dressed: The Shockingly High Cost of Cheap Fashion* (New York: Portfolio/Penguin, 2012).

14 Vernois, *De la main des ouvriers et des artisans au point de vue de l'hygiène et de la médecine légale* (Paris: Balliere, 1862), 8.

15 Siegle, *To Die For*, 152–53.

16 Victoria Kelley, *Soap and Water: Cleanliness, Dirt & the Working Classes in Victorian and Edwardian Britain*, (London: I.B. Tauris, 2010). For the increasing "deodorization" of our environments. see Alain Corbin, *The Foul and The Fragrant: Odor and the French Social Imagination*, (Oxford: Berg, 1986).

17 Christina Walkley and Vanda Foster, *Crinolines and Crimping Irons: How They Were Cleaned and Cared For* (London: Peter Owen, 1978), 34, 92–93.

18 Blanc, "*How Everyday Products*," 135.

19 Dardon Asbury Pyron, *Liberace: An American Boy* (Chicago: Chicago University Press, 2013), 249.

20 L. Chiappini et al., "A first French Assessment of Population Exposure to Tetrachoroethylene from Small Dry-Cleaning Facilities," *Indoor Air* 19 (2009): 226; "Dry Cleaning, Some Chlorinated Solvents and Other Industrial Chemicals," *IARC Monograph*, vol. 63 (1995), http://monographs.iarc.fr/ENG/Monographs/vol63/.

21 Siegle, *To Die For*, 305.

22 B. Reidy et al., "Mechanisms Of Silver Nanoparticle Release, Transformation, and Toxicity: A Critical Review of Current Knowledge and Recommendations for Future Studies and Applications," *Materials* 6, no. 6 (2013): 2295–2350.

23 China has the highest mercury emissions worldwide, and PVC is the greatest source. Yan Lin et al., "Environmental Mercury in China: A Review," *Environmental Toxicology and Chemistry* 31, no. 11(2012): 2431–44.

24 Susannah Handley, *Nylon: The Story of a Fashion Revolution* (Baltimore: Johns Hopkins University Press, 1999), 93.

25 Fei Ding et al., "Potential Toxicity and Affinity of Triphenylmethane Dye Malachite Green to Lysozyme," *Ecotoxicology and Environmental Safety* 78 (April 2012), 41–49.

26 A Class II Toxin is estimated to be fatal to an adult human at a dose of 5 to 30 grams.

27 *Global Denim*, edited by Daniel Miller and Sophie Woodward (Oxford: Berg, 2011). Daniel Miller, "Buying Time," in Time, Consumption and Everyday Life: Practice, Materiality and Culture, eds. Elizabeth Shove, Frank Trentmann and Richard Wilk (Oxford: Berg, 2009).

28 Emily Chang, "China's Pearl River Under Denim Threat," cnn.com, April 27, 2010. http://www.cnn.com/2010/WORLD/asiapcf/04/26/china.denim.water.pollution/.

29 Blanc, 266; M. Agkun, "An Epidemic of Silicosis Among Former Denim Sandblasters," *European Respiratory Journal* 32, no. 5 (2008): 1295–1303.

30 Nur Dilek Bakan et al., "Silicosis in Denim Sandblasters," *Chest* 140, no. 5 (2011):1300–04.

31 On denim and how it shows the hands of its makers, see Kitty Hauser, "A Garment in the Dock, or, How the FBI illuminated the Prehistory of a Pair of Jeans," *Journal of Material Culture* 9, no. 3(2004): 293–313.

32 Gregory B. Rogers and John C. Topping, "Safety effects of Drawstring Requirements for Children's Upper Outerwear Garments," *Archives of Pediatric and Adolescent Medicine* 166, no. 7 (July 2012): 651–55. RAPEX (Rapid Alert System for Non-Food Dangerous Products), http://ec.europa.eu/consumers/safety/rapex/index_en.htm.

33 Kamil Hakan Dogan et al., "Accidental Ligature Strangulation by an Ironing Machine: An Unusual Case," *Journal of Forensic Science* 55, no.1 (2010), 251–53.

34 Vineet Jain, "Dupatta (Scarf): A Unique Cause of Cervical Spine Injury in Females," *Injury* 39 (2008): 334–38; Uzma R. Khan et al., "Clothing-Related Motorcycle Injuries in Pakistan," *International Journal of Injury Control and Safety Promotion* ISSN 1745-7300, 12/2014: 1–6.

35 For a full discussion of Tris-treated pyjamas, see Rick Smith and Bruce Lourie, "The New PCBS," *Slow Death by Rubber Duck: How The Toxic Chemistry of Everyday Life Affects Our Health* (Toronto: Alfred A. Knopf, 2009), 96–104.

36 A. Blum et al., "Children Absorb Tris-BP Flame Retardant from Sleepwear: Urine Contains the Mutagenic metabolite, 2,3 Dibromopropyl," *Science* 201, no. 4360 (September 15, 1978): 1020–1023.

37 Linda S. Birnbaum and Daniele F. Staskal, "Brominated Flame Retardants: Cause for Concern?," *Environmental Health Perspectives* 112, no.1 (2004): 9–17.

38 Arnold Schecter et al., "PBDEs in US and German Clothes Dryer Lint: A Potential Source of Indoor Contamination and Exposure," *Chemosphere* 75 (2009): 623–28.

39 "Toxic Threads: Product Testing Results," Greenpeace International. http://www.greenpeace.org/international/en/campaigns/detox/water/detox/Toxic-Threads/.

40 *Toxic Threads: The Big Fashion Stitch-Up*, Executive Summary, Greenpeace International, 3. http://www.greenpeace.org/sweden/Global/sweden/miljogifter/dokument/2012/Toxic_Threads_The%20 Big_Fashion_Stitch_Up.pdf

图书在版编目（CIP）数据

时尚的受害者：致命服饰图鉴史 / (英) 艾莉森·马修斯·戴维著；李婵译. -- 重庆：重庆大学出版社，2019.8

书名原文：Fashion Victims: The Dangers of Dress Past and Present

ISBN 978-7-5689-1430-7

Ⅰ. ①时… Ⅱ. ①艾… ②李… Ⅲ. ①社会生活－历史－世界－通俗读物 Ⅳ. ①K10-49

中国版本图书馆CIP数据核字(2019)第025798号

时尚的受害者：致命服饰图鉴史

SHISHANG DE SHOUHAIZHE ZHIMING FUSHI TUJIANSHI

[英] 艾莉森·马修斯·戴维 著

李婵 译

责任编辑 李佳熙 装帧设计 Moo Design

责任校对 刘 刚 责任印制 张 策

重庆大学出版社出版发行

出版人：饶帮华

社址：（401331）重庆市沙坪坝区大学城西路21号

电话：（023）88617190

网址：http://www.cqup.com.cn

印刷：天津图文方嘉印刷有限公司

开本：787mm × 1092mm 1/16 印张：15.5 字数：292千

2019年8月第1版 2019年8月第1次印刷

ISBN 978-7-5689-1430-7 定价：79.80元

版贸核渝字（2017）第202号

若对本书图片版权归属有异议，请与我们联系，谢谢！